Craftsman Bartender

조주기능사 필기

기출문제 (기출 + 적중모의고사)

도서출판 책과 상상
www.SangSangbooks.co.kr

Craftsman Bartender

　국가자격인 조주기능사는 주류, 음료류, 다류 등에 대한 재료 및 제법의 지식을 바탕으로 칵테일을 조주하고 호텔과 외식업체의 주장관리, 고객관리, 고객서비스, 경영관리, 케이터링 등의 업무를 수행하는 이들에게 필요한 자격으로 조주에 관한 숙련기능을 가지고 조주작업과 관련되는 업무를 수행할 수 있는 전문인력을 양성하고자 1984년 자격제도가 제정되어 지금에 이르고 있습니다.

　이 교재는 한국산업인력공단의 최근 변경된 출제기준에 따라 조주기능사 자격시험에 손쉽게 대비할 수 있도록 다음과 같은 내용으로 구성하였습니다.

　이 책의 특징은
　1. 한국산업인력공단의 출제기준과 기출문제 유형 분석을 통하여 핵심적인 이론 내용을 앞부분에 수록하였습니다.
　2. CBT 시행 이전 한국산업인력공단이 주관하여 시행한 5년간의 기출문제 및 CBT 시험 출제문제를 반영한 5회분의 적중모의고사를 수록하였습니다.
　3. 기출문제의 해설은 꼭 필요한 내용만 수록하였습니다

　다년간의 현장과 강의 경험이 녹아있는 교재인 만큼 이 교재를 선택한 여러분들에게 큰 도움이 있을 것으로 확신합니다. 끝으로, 이 교재의 발간을 위해 도움을 주신 많은 교육 현장의 선생님들과 도서출판 책과상상의 임직원 여러분들에게 감사의 말씀을 드립니다.

저자 드림

# 기술검정안내

◎ 개요

조주에 관한 숙련기능을 가지고 조주작업과 관련되는 업무를 수행할 수 있는 전문인력을 양성하고자 자격제도 제정

◎ 직무내용

주류, 음료류, 다류 등에 대한 재료 및 제법의 지식을 바탕으로 칵테일을 조주하고 호텔과 외식업체의 주장관리, 고객관리, 고객서비스, 경영관리, 케이터링 등의 업무를 수행

◎ 진로 및 전망

- 주류, 음료류, 다류 등을 서비스하는 칵테일바, 와인바, 호텔, 레스토랑 등의 외식업체에서 바텐더, 소믈리에, 바리스타 등으로 근무하며, 간혹 해외 업체로 취업을 하기도 한다.
- 주류, 음료류, 다류 등에 관한 많은 지식을 가져야 함은 물론이고 고객과의 원만하고 폭넓은 대화를 나눌 수 있는 소양을 갖추어야 하며, 외국인을 대할 기회가 많기 때문에 간단한 외국어 회화능력을 갖추는 것이 유리하다

◎ 취득방법

1. 실시기관 : 한국산업인력공단
2. 실시기관 홈페이지 : http://q-net.or.kr
3. 훈련기관 : 전문계고교 관광계열, 조리계열 및 대학의 호텔관광경영학과, 호텔외식조리관련학과와 조주기능사 관련 직업훈련 교육기관 등
4. 시험과목
    - 필기 : 음료특성, 칵테일 조주 및 영업장 관리
    - 실기 : 칵테일조주작업
5. 검정방법
    - 필기 : 객관식 4지 택일형, 60문항(1시간)
    - 실기 : 작업형(7분 내외)
6. 합격기준 : 100점 만점에 60점 이상
7. 응시자격 : 제한없음

◎ 필기시험 출제기준

시험 과목	문제수	주요 항목	세부 항목
음료특성, 칵테일조주 및 영업장 관리	60	1. 위생관리	1. 음료 영업장 위생 관리 2. 재료·기물·기구 위생 관리 3. 개인위생 관리 4. 식품위생 및 관련법규
		2. 음료 특성 분석	1. 음료 분류 2. 양조주 특성 3. 증류주 특성 4. 혼성주 특성 5. 전통주 특성 6. 비알코올성 음료 특성 7. 음료 활용 8. 음료의 개념과 역사
		3. 칵테일 기법 실무	1. 칵테일 특성 파악 2. 칵테일 기법 수행
		4. 칵테일 조주 실무	1. 칵테일 조주 2. 전통주 칵테일 조주 3. 칵테일 관능평가
		5. 고객 서비스	1. 고객 응대 2. 주문 서비스 3. 편익 제공 4. 술과 건강
		6. 음료 영업장 관리	1. 음료 영업장 시설 관리 2. 음료 영업장 기구·글라스 관리 3. 음료 관리
		7. 바텐터 외국어 사용	1. 기초 외국어 구사 2. 음료 영업장 전문용어 구사
		8. 식음료 영업 준비	1. 테이블 세팅 2. 스테이션 준비 3. 음료 재료 준비 4. 영업장 점검
		9. 와인장비·비품 관리	1. 와인글라스 유지·관리 2. 와인비품 유지·관리

NCS(국가직무능력표준) 안내

◉ NCS(국가직무능력표준)와 NCS 학습모듈

- 국가직무능력표준(NCS, National Competency Standards)이란 산업현장에서 직무를 수행하기 위해 요구되는 지식·기술·소양 등의 내용을 국가가 산업부문별·수준별로 체계화한 것으로 국가적 차원에서 표준화한 것을 의미합니다.
- NCS 학습모듈은 NCS 능력단위를 교육 및 직업훈련 시 활용할 수 있도록 구성한 교수·학습자료입니다. 즉, NCS 학습모듈은 학습자의 직무능력 제고를 위해 요구되는 학습 요소(학습 내용)를 NCS에서 규정한 업무 프로세스나 세부 지식, 기술을 토대로 재구성한 것입니다.

◉ NCS 개념도

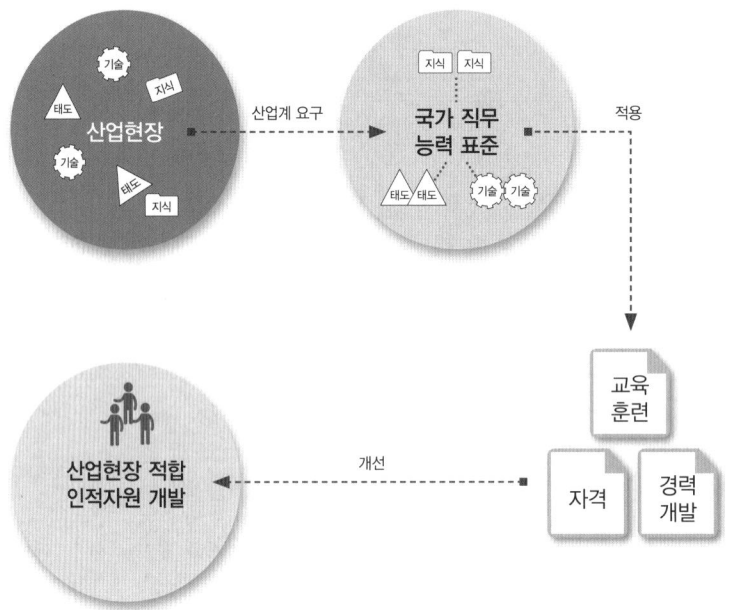

◉ NCS의 활용영역

구분		활용 콘텐츠
산업현장	근로자	평생경력개발경로, 자가진단도구
	기업	현장수요 기반의 인력채용 및 인사관리기준, 직무기술서
교육훈련기관		직업교육 훈련과정 개발, 교수계획 및 매체·교재개발, 훈련기준 개발
자격시험기관		자격종목설계, 출제기준, 시험문항, 시험방법

◉ NCS 학습모듈의 특징

- NCS 학습모듈은 산업계에서 요구하는 직무능력을 교육훈련 현장에 활용할 수 있도록 성취목표와 학습의 방향을 명확히 제시하는 가이드라인의 역할을 합니다.
- NCS 학습모듈은 특성화고, 마이스터고, 전문대학, 4년제 대학교의 교육기관 및 훈련기관, 직장교육기관 등에서 표준교재로 활용할 수 있으며 교육과정 개편 시에도 유용하게 참고할 수 있습니다.

◉ NCS와 NCS 학습모듈의 연결 체제

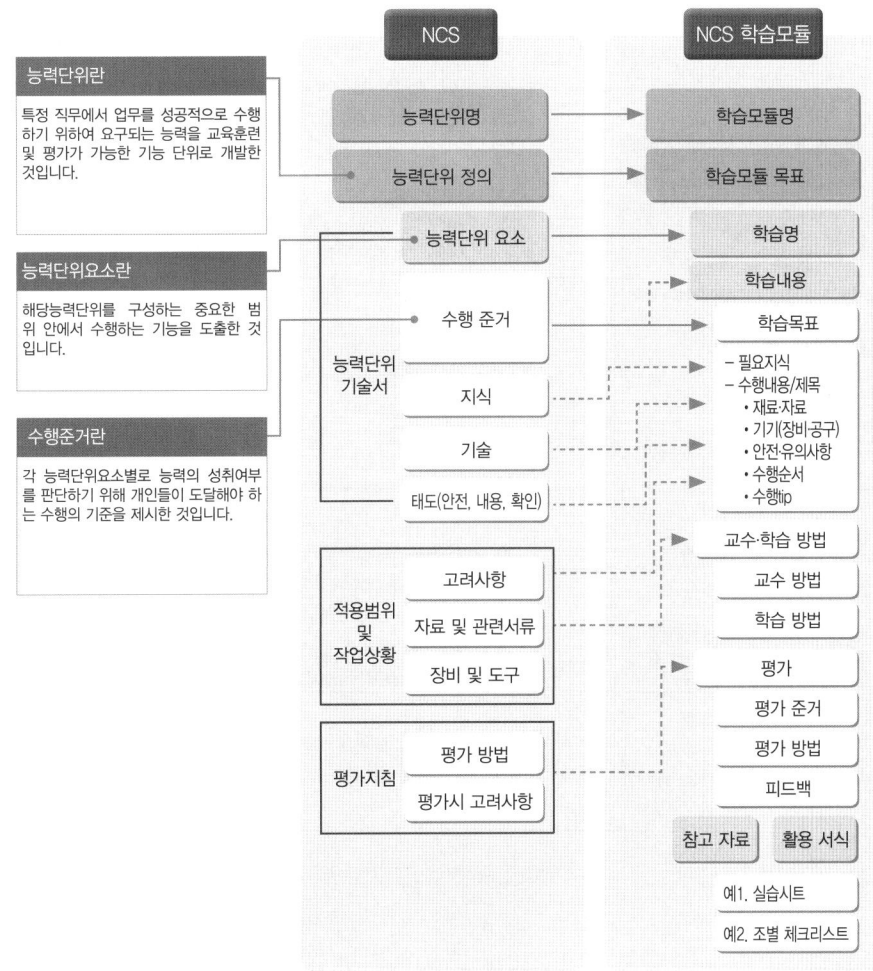

과정평가형 자격취득 안내

◉ 과정평가형 자격

과정평가형 자격은 국가기술자격법에 근거하여 국가직무능력표준(NCS)에 따라 설계된 교육·훈련과정을 체계적으로 이수한 교육·훈련생에게 내·외부 평가를 통해 국가기술자격증을 부여하는 새로운 개념의 국가기술자격 취득 제도로서 2015년부터 시행되고 있다.

◉ 과정평가형 자격 운영 절차

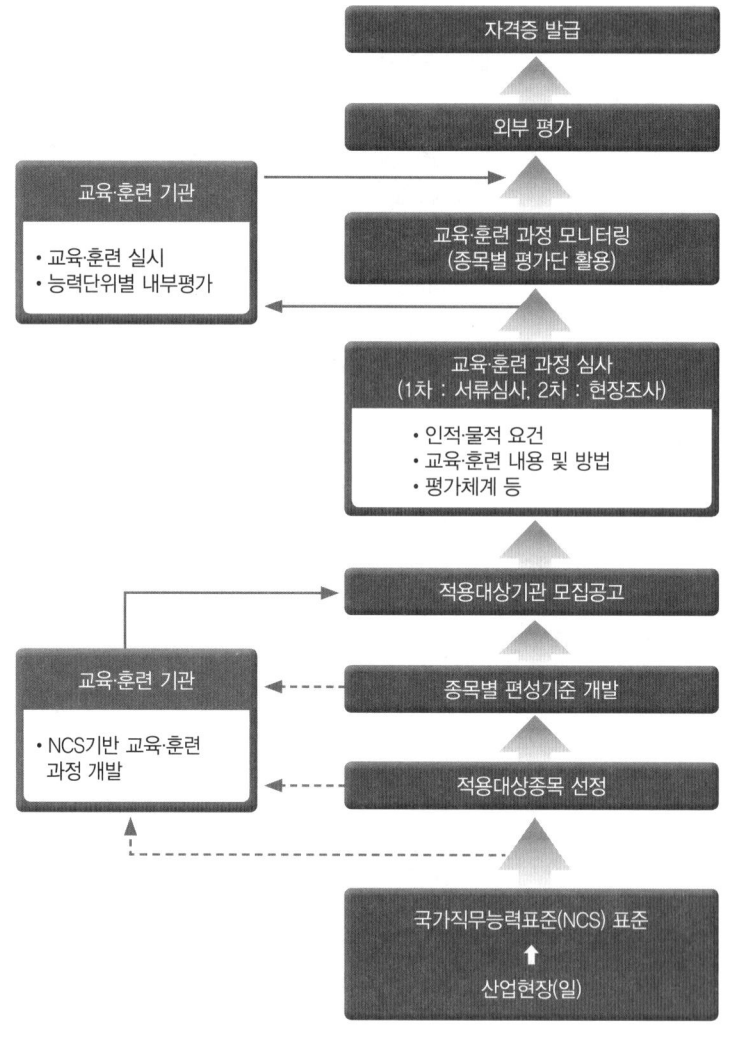

○ 시행 대상

국가기술자격법의 과정평가형 자격 신청자격에 충족한 기관 중 공모를 통하여 지정된 교육·훈련기관의 단위과정별 교육·훈련을 이수하고 내부평가에 합격한 자

○ 교육·훈련생 평가

① 내부평가(지정 교육·훈련기관)
   ㉮ 평가대상 : 능력단위별 교육·훈련과정의 75% 이상 출석한 교육·훈련생
   ㉯ 평가방법
      ㉠ 지정받은 교육·훈련과정의 능력단위별로 평가
      ㉡ 능력단위별 내부평가 계획에 따라 자체 시설·장비를 활용하여 실시
   ㉰ 평가시기
      ㉠ 해당 능력단위에 대한 교육·훈련이 종료된 시점에서 실시하고 공정성과 투명성이 확보되어야 함
      ㉡ 내부평가 결과 평가점수가 일정수준(40%) 미만인 경우에는 교육·훈련기관 자체적으로 재교육 후 능력단위별 1회에 한해 재평가 실시
② 외부평가(한국산업인력공단)
   ㉮ 평가대상 : 단위과정별 모든 능력단위의 내부평가 합격자
   ㉯ 평가방법 : 1차·2차 시험으로 구분 실시
      ㉠ 1차 시험 : 지필평가(주관식 및 객관식 시험)
      ㉡ 2차 시험 : 실무평가(작업형 및 면접 등)

○ 합격자 결정 및 자격증 교부

① 합격자 결정 기준
   내부평가 및 외부평가 결과를 각각 100점을 만점으로 하여 평균 80점 이상 득점한 자
② 자격증 교부
   기업 등 산업현장에서 필요로 하는 능력보유 여부를 판단할 수 있도록 교육·훈련 기관명·기간·시간 및 NCS 능력단위 등을 기재하여 발급

> NCS 및 과정평가형 자격에 대한 내용은 NCS국가직무능력표준 홈페이지(www.ncs.go.kr)에서 보다 자세하게 살펴볼 수 있습니다.

CBT 필기시험제도 안내

◉ CBT 필기시험 개요

CBT(컴퓨터 기반 시험) 필기시험제도는 한국산업인력공단 상설시험장과 외부기관의 시설 및 장비를 임차하여 시행하기 때문에 시험장 사정에 따라 시험일자가 달라질 수 있으며, 수험생들이 선호하는 시험장은 조기 마감될 수 있으므로 주의하여야 합니다.

◉ 원서접수 기간 및 접수처

- 한국산업인력공단이 주관 및 시행하는 기능사 정기 CBT 필기시험 및 상시 CBT 필기시험과 관련한 정보는 큐넷 홈페이지(http://www.q-net.or.kr)를 방문하여 확인합니다.
- 기능사 필기시험의 원서접수는 인터넷으로만 가능하며 정기 및 상시시험 모두 큐넷 홈페이지(http://www.q-net.or.kr)에서 접수할 수 있습니다.
- 기능사 상시시험 종목 : 한식조리기능사, 양식조리기능사, 일식조리기능사, 중식조리기능사, 제과기능사, 제빵기능사, 미용사(일반), 미용사(피부), 미용사(네일), 미용사(메이크업), 굴착기운전기능사, 지게차운전기능사, 건축도장기능사, 방수기능사 [14종목]
  ※ 건축도장기능사, 방수기능사 2종목은 정기검정과 병행 시행

◉ CBT 부별 시험시간 안내

구분	입실시간	시험시간	비고
1부	09:30	09:50 ~ 10:50	
2부	10:00	10:20 ~ 11:20	
3부	11:00	11:20 ~ 12:20	
4부	11:30	11:50 ~ 12:50	
5부	13:00	13:20 ~ 14:20	시험실 입실 시간은 시험 시작 20분 전
6부	13:30	13:50 ~ 14:50	
7부	14:30	14:50 ~ 15:50	
8부	15:00	15:20 ~ 16:20	
9부	16:00	16:20 ~ 17:20	
10부	16:30	16:50 ~ 17:50	

※ 시행지역별 접수인원에 따라 일일 시행횟수는 변동될 수 있으며, 지역에 따라 원거리 시험장으로 이동할 수 있습니다.

◉ 합격자 발표

종이 시험과 달리 CBT 필기시험은 시험이 종료된 후 시험점수와 함께 합격 여부를 확인할 수 있으며, 이 결과는 시험일정 상의 합격자 발표일에 최종 확인할 수 있습니다.

CBT 필기시험 체험하기

01 CBT 필기시험 응시를 위해 지정된 좌석에 앉으면 해당 컴퓨터 단말기가 시험감독관 서버에 연결되었음을 알리는 연결 성공 메시지가 나타납니다.

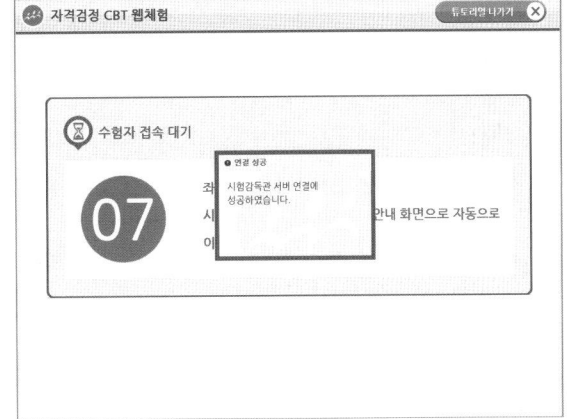

02 수험자 접속 대기 화면에서 좌석번호를 확인합니다. 좌석번호 확인이 끝나면 시험감독관의 지시에 따라 시험 안내 화면으로 자동으로 이동합니다.

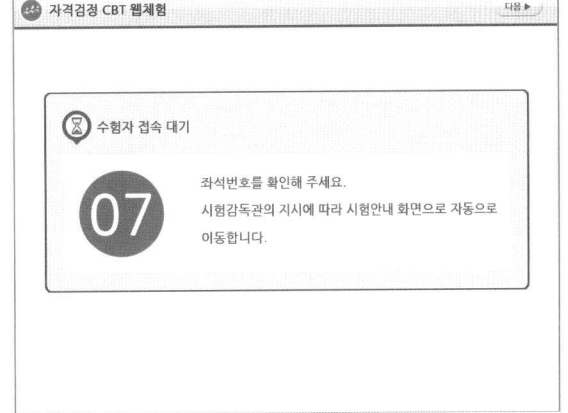

03 수험자 정보를 확인합니다. 감독관의 신분 확인 절차가 진행됩니다. 신분 확인이 모두 끝나면 시험을 시작할 수 있습니다.

04 CBT 필기시험에 대한 안내사항이 나타납니다. 화면은 예제이며, 실제 기능사 필기시험은 총 60문제로 구성되며, 60분간 진행됩니다.

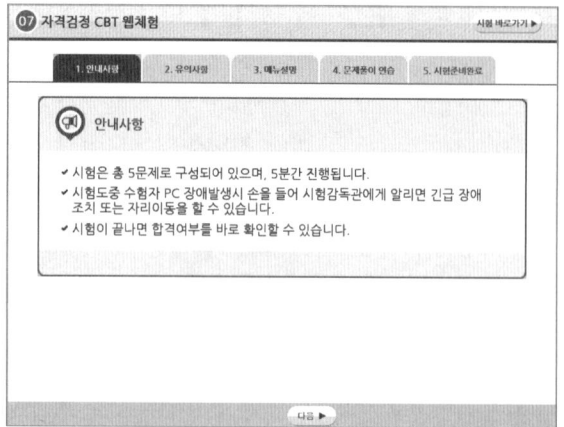

05 다음 항목에서 시험과 관련된 유의사항을 확인합니다. 특히, 시험과 관련한 부정행위 적발 시 퇴실과 함께 해당 시험은 무효처리되어 불합격 될 뿐만 아니라, 이후 3년간 국가기술자격검정에 응시할 수 있는 자격이 정지되므로 부정행위로 인정되는 내용을 꼼꼼히 확인하도록 합니다.

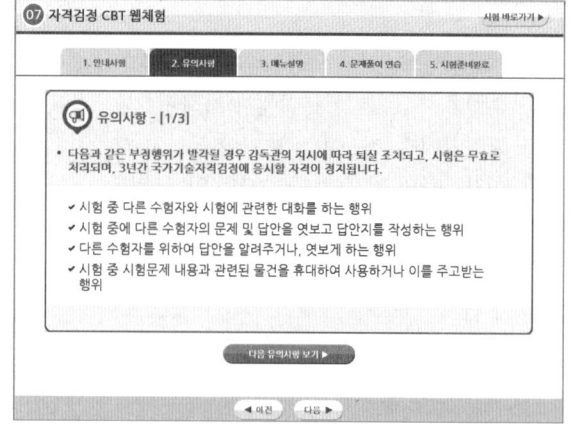

06 메뉴설명 항목에서는 문제풀이와 관련된 메뉴에 대한 설명을 확인할 수 있습니다. CBT 화면에서는 글자 크기를 크게 하거나 작게 할 수 있을 뿐 아니라, 화면 배치를 1단 또는 2단 화면 보기 혹은 한 문제씩 보기로 선택할 수 있습니다.

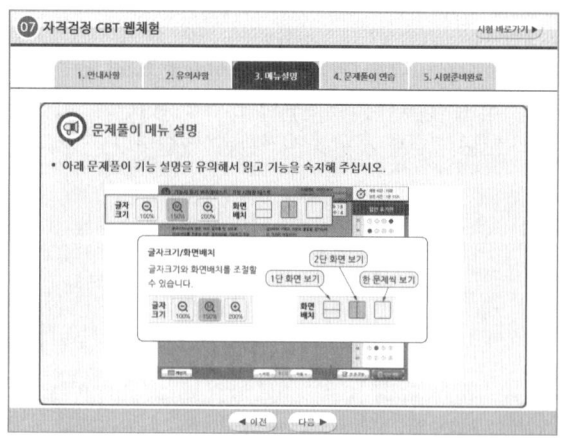

07 문제풀이 연습 항목에서는 실제 문제를 풀어보는 과정을 연습할 수 있습니다. 실제 시험에서 실수하지 않도록 하기 위해 [자격검정 CBT 문제풀이 연습] 버튼을 클릭합니다.

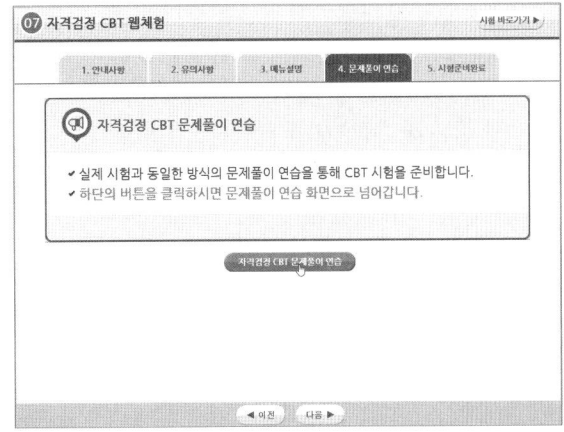

08 보기의 연습 문제는 국가기술자격시험의 정부 위탁기관인 한국산업인력공단의 본부 청사 소재지를 묻는 것입니다. 현재 한국산업인력공단 본부는 울산광역시에 소재하고 있습니다. 문제 아래의 보기에서 번호 항목을 클릭하거나 답안 표기란의 번호 항목에서 해당 답안을 클릭하여 답안을 체크합니다.

09 문제 아래의 보기를 클릭하거나 오른쪽 답안 표기란의 답안 항목을 클릭하면 화면과 같이 선택한 답안이 OMR 카드에 색칠한 것과 같이 색이 채워집니다.

> 답안을 수정할 때는 마찬가지 방법으로 수정하고자 하는 문제의 보기 항목이나 답안 표기란의 보기 항목에서 수정하고자 하는 답안을 클릭합니다.

Intro CBT 필기시험제도 안내 013

10 문제를 풀고 나면 다음 문제를 풀기 위해 화면 하단의 [다음] 버튼을 클릭하여 문제를 계속 풀어나가면 됩니다. 참고로 하단 버튼 중 [계산기]를 클릭하면 간단한 공학용 계산기를 사용하여 계산 문제를 푸는 데 도움을 받을 수 있습니다.

> 계산이 끝나고 계산기를 화면에서 사라지게 하려면 계산기 창의 오른쪽 상단에 있는 닫기 ❌ 버튼을 클릭합니다.

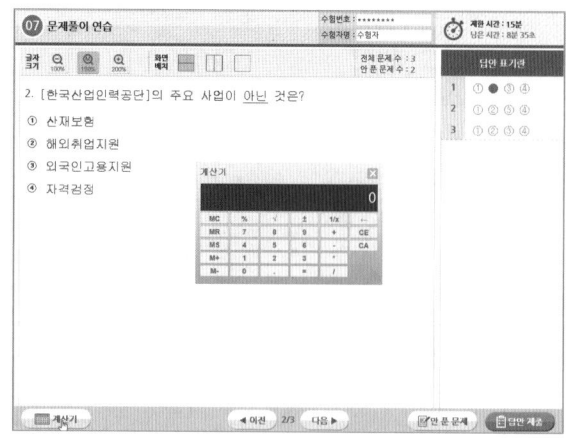

11 문제 풀이 연습이 끝나면 하단의 [답안 제출] 버튼을 클릭하여 답안을 제출합니다.

> 어려운 문제의 경우 하단의 [다음] 버튼을 클릭하여 다음 문제를 풀 수도 있습니다. 단, 이러한 경우 답안을 제출하기 전에 하단의 [안 푼 문제] 버튼을 클릭하여 혹시 풀지 않은 문제가 있는 지 최종적으로 확인하도록 합니다.

12 답안 제출을 클릭하면 나타나는 화면입니다. 수험생들이 실수로 답안을 모두 체크하지 않고 제출할 수 있는 실수를 방지하기 위해 2회에 걸쳐 주의 화면이 나타납니다. 답안을 제출하려면 [예] 버튼을 누릅니다.

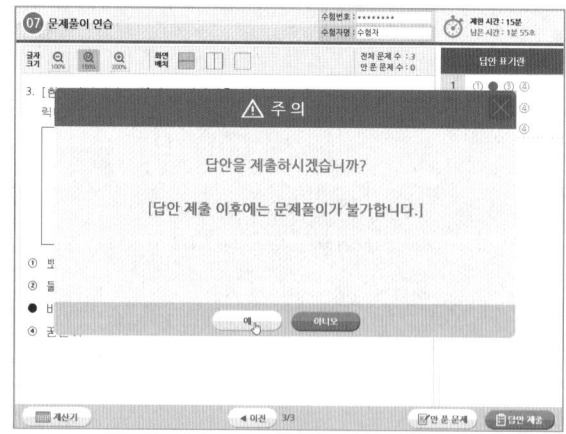

13 문제풀이 연습을 모두 마치면 나타나는 화면에서 [시험 준비 완료] 버튼을 클릭합니다. 이후 시험 시간이 되면 시험감독관의 지시에 따라 시험이 자동으로 시작됩니다.

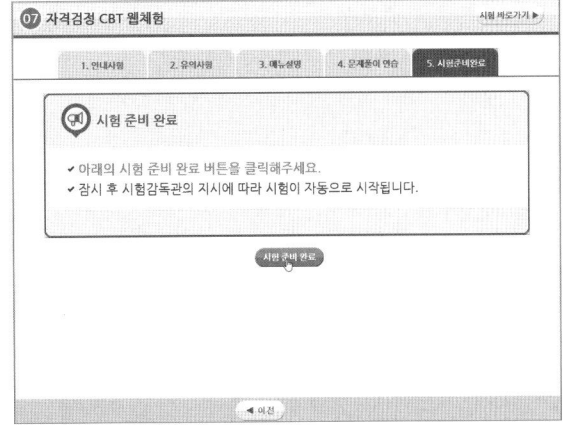

14 본 시험이 시작되면 첫 번째 문제가 화면에 나타납니다. 앞서 문제풀이 연습 때와 마찬가지 방법으로 문제의 보기에서 정답을 클릭하거나 답안 표기란에 해당 문제의 정답 항목을 클릭하여 답을 선택합니다.

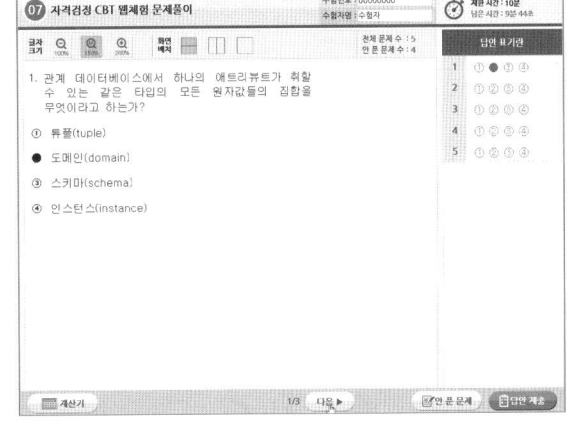

15 화면 하단의 [다음] 버튼을 클릭하면 다음 문제를 풀 수 있습니다. 앞서와 마찬가지 방법으로 답안에 체크하고 모든 문제를 풀었다면 [답안 제출] 버튼을 클릭합니다.

> 화면의 상단 오른쪽에 제한 시간과 남은 시간이 표시됩니다. 본 예제는 체험을 위한 것으로 실제 시험시간은 60분이며, 이에 따라 남은 시간도 표시됩니다.

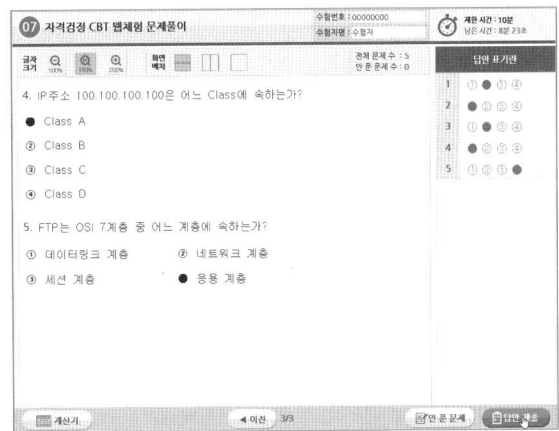

16 수험생의 실수를 방지하기 위해 2회에 걸쳐 주의 문구가 출력됩니다. 모든 문제를 이상없이 풀고 답안에 체크했다면 [예] 버튼을 클릭하여 답안을 제출하고 시험을 마무리합니다.

> 문제 화면으로 다시 돌아가고자 한다면 [아니오] 버튼을 클릭하여 이미 푼 문제들을 다시 확인하고 필요한 경우 답안을 수정할 수 있습니다.

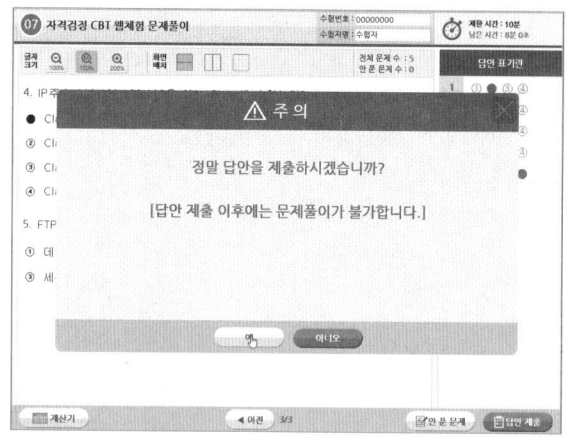

17 답안 제출 화면이 나타납니다. 잠시 기다립니다.

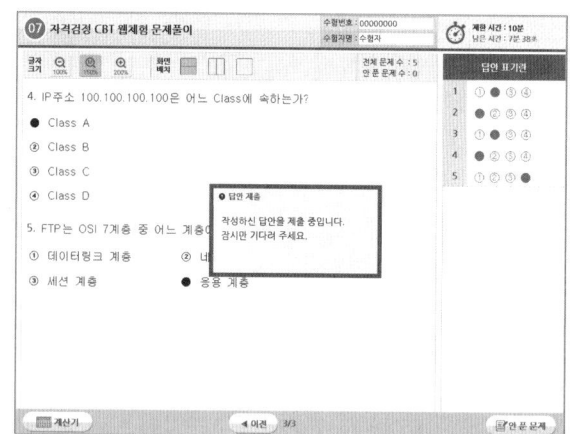

18 CBT 필기시험을 모두 끝내고 답안을 제출하면 곧바로 합격, 불합격 여부를 화면과 같이 확인할 수 있습니다. 독자분들은 꼭 화면과 같은 합격 축하 문구를 볼 수 있기를 기원합니다.

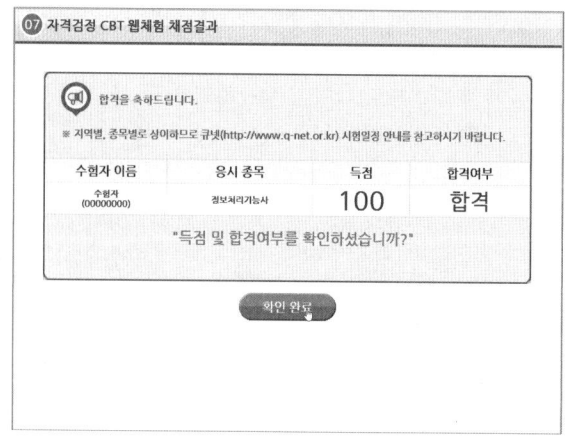

19 앞서의 합격 여부 화면에서 [확인 완료] 버튼을 클릭하면 CBT 필기시험이 종료됩니다. 고생하셨습니다.

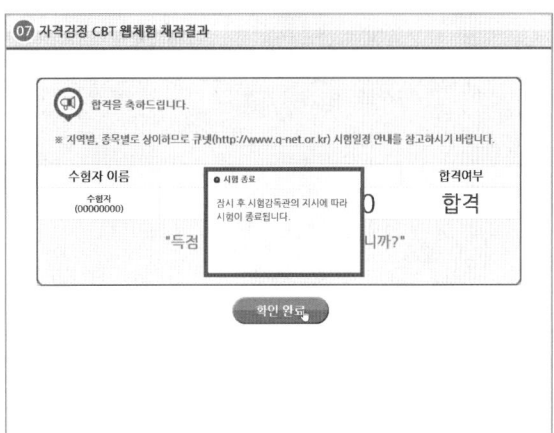

본 도서에 수록된 CBT 필기시험 체험하기 내용은 한국산업인력공단의 CBT 체험하기 과정을 인용하여 구성 및 정리한 것입니다. 직접 한국산업인력공단에서 제공하는 CBT 필기시험을 체험하고자 하는 독자께서는 한국산업인력공단이 운영하는 큐넷 홈페이지(www.q-net.or.kr)를 방문하시기 바랍니다.

Contents_차례

INTRO 00

- 머리말
- 기술검정안내
- NCS(국가직무능력표준) 안내
- CBT 필기시험제도 안내

PART 01 핵심이론 요약

CHAPTER 01	음료론	22
CHAPTER 02	양조주	24
CHAPTER 03	증류주	33
CHAPTER 04	혼성주	38
CHAPTER 05	전통주	41
CHAPTER 06	비알코올성 음료	44
CHAPTER 07	칵테일의 개론	48
CHAPTER 08	칵테일 조주법과 장식법	51
CHAPTER 09	칵테일 계량 및 단위	60
CHAPTER 10	주장 관리	62
CHAPTER 11	술과 건강	73
CHAPTER 12	실무영어	76
CHAPTER 13	주장 관련	80

PART 02 공단 기출문제

2012년 3회 기출문제	88
2012년 4회 기출문제	96
2013년 1회 기출문제	104
2013년 2회 기출문제	112
2013년 3회 기출문제	120
2013년 4회 기출문제	128
2014년 1회 기출문제	136
2014년 2회 기출문제	144
2014년 3회 기출문제	152
2014년 4회 기출문제	160
2015년 1회 기출문제	168
2015년 2회 기출문제	176
2015년 3회 기출문제	184
2015년 4회 기출문제	192
2016년 1회 기출문제	201
2016년 2회 기출문제	210
2016년 3회 기출문제	218

PART 03  CBT 대비 적중모의고사

01회 ㅣ CBT 대비 적중모의고사 ·················· 228

02회 ㅣ CBT 대비 적중모의고사 ·················· 236

03회 ㅣ CBT 대비 적중모의고사 ·················· 244

04회 ㅣ CBT 대비 적중모의고사 ·················· 252

05회 ㅣ CBT 대비 적중모의고사 ·················· 260

PART 01

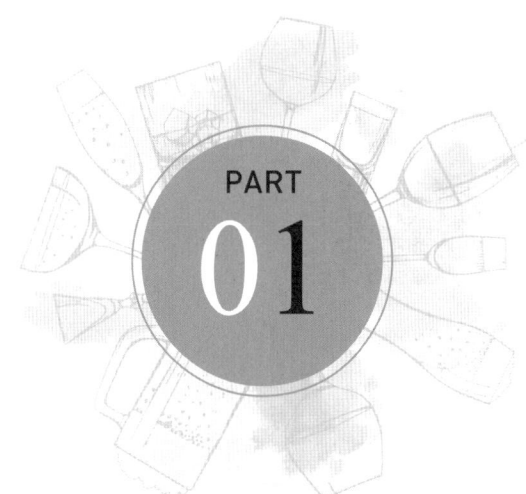

핵심이론 요약

Chapter

01. 음료론
02. 양조주
03. 증류주
04. 혼성주
05. 전통주
06. 비알코올성 음료
07. 칵테일의 개론
08. 칵테일 조주법과 장식법
09. 칵테일 계량 및 단위
10. 주장 관리
11. 술과 건강
12. 실무영어
13. 주장 관련

음료론

CRAFTSMAN BARTENDER

01 음료의 개념

음료란 음용할 수 있는 모든 액체를 말한다. 알코올 음료와 비알코올 음료로 구분하는 것이 가장 일반적이며 알코올 음료는 순수 알코올 함유량이 1% 이상 함유된 음료의 총칭을 뜻한다.

음료의 역사는 전염병을 막기 위해 가장 먼저 강물을 가공하여 물을 대신할 음료를 발견했던 유프라테스 지방이 첫 근원지로 알려져 있다. 기록으로는 BC 6000년 전에 바빌로니아에서 레몬즙을 마셨다는 것과 물에 젖은 밀빵이 발효되어 맥주가 만들어졌다는 설이 있지만 제품으로의 맥주 역사는 19세기 말, 스위스에서 사과와 포도를 이용해 만들게 된 이후부터로 보고 있다. 그리고 19세기부터 Hospitality의 발전이 음료의 다양화와 발전에 영향을 주게 되었다.

02 음료의 분류

1. 알코올 음료

(1) 양조주(Fermented Liquor)

과일의 과당이나 곡물의 전분을 당화시키거나 효모를 이용하여 발효시켜 만드는 알코올 음료이다. 와인, 맥주, 사케, 막걸리 등이 있으며 알코올 함량은 3~20% 미만이다.

(2) 증류주(Distilled Liquor)

발효된 양조주를 증류하여 만든 술로 위스키, 브랜드, 진, 보드카, 럼, 데킬라 등 알코올 함량이 35~60% 정도이다.

(3) 혼성주(Compounded Liquor)

양조주나 증류주에 인공 향료와 약초 등의 향 또는 당분을 첨가하여 만든다. 칵테일 제조 시 많이 쓰이는 리큐르(Liqueur)가 여기에 속한다.

2. 비알코올 음료

(1) 청량음료(Soft drink)

알코올 성분이 함유되어 있지 않은 음료의 총칭이다.

① **탄산음료**
- ㉮ 토닉워터(Tonic Water) : 영국에서 개발된 보건음료로 식욕부진과 원기회복을 위해 만들어졌다. Quinine 성분이 있다.
- ㉯ 콜라(Cola) : 1886년 펨벨튼에 의해 개발되었다. Cola Nuts가 주원료이다.
- ㉰ 진저엘(Ginger ale) : 생강 엑기스, 당분, 탄산가스를 혼합한 음료이다.
- ㉱ 소다수(Soda Water) : 무기염료에 탄산가스를 넣은 것으로 소화작용과 체내 보호 역할을 한다.
- ㉲ 사이다(Cider) : 사과를 산 발효하여 만든 일종의 사과주로 1~6%의 알코올을 함유하고 있다

② **무탄산음료** : 미네랄워터

(2) 영양 음료

① **주스류** : 오렌지 주스, 토마토 주스, 파인애플 주스, 사과주스 등등
② **우유류** : 생우유, 가공유, 발효유, 유산균 음료 등등

(3) 기호음료

① **차**
- ㉮ 발효시키지 않은 비 발효차를 녹차라 하고 50~60% 정도를 발효시킨 차를 우롱차, 85% 이상 발효시킨 차를 홍차라 한다.
- ㉯ 전 세계적으로 생산되는 차의 80% 이상이 홍차다.

② **커피**
- ㉮ 아라비카종(Aravica) : 에디오피아가 원산지이며 커피향과 신맛이 강한 커피로 세계 생산량의 90%를 차지한다.
- ㉯ 리베리카종(Liberica) : 배합용으로 많이 사용되는 커피이다.
- ㉰ 로브스타(Robusta) : 인스턴트 커피의 원료로 많이 사용되며 쓴맛과 떫은맛이 강하다.

양조주

CRAFTSMAN BARTENDER

01 양조주의 개념

양조주는 과당을 발효시켜 만든 술인 과일주(와인, 샴페인 등)와 곡물을 당화하여 효모를 발효시켜 만든 술인 곡물주(맥주, 사케, 막걸리 등)로 분류할 수 있다.
이외에 식물의 수액, 줄기, 뿌리 등을 원료로 만든 술도 있다.

02 와인(Wine)

1. 와인의 역사

자료에 나타난 최초의 기록은 BC 3000년경 포도씨앗이 무덤에서 발견되었다는 것이 있으며 와인 역사는 두 문명이 발달한 이집트와 메소포타미아 지역에서 발전되기 시작한 것으로 볼 수 있는데, 관련한 유적으로는 BC 8000년경 메소포타미아 유역의 그루지아(Georgia) 지역에서 발견된 압착기, BC 7500년경 이집트와 메소포타미아에서 발견된 와인 저장실, BC 4000~3500년에 사용 된 와인을 담은 항아리, BC 3500년경 사용된 것으로 보이는 이집트의 포도재배, 와인 제조법이 새겨진 유물 등이 있다. 그 후 BC 2000년 바빌론의 함무라비 법전에 와인의 상거래에 대한 내용이 있으며 이것이 와인에 관련된 최초의 기술이다.

2. 와인의 양조방법 및 테스팅

(1) 와인의 양조방법

① **레드 와인(Red Wine)**
㉮ 포도즙과 씨, 껍질을 함께 발효한다. 이때 포도의 탄닌성분으로 포도주의 떫은 맛이 생긴다.
㉯ 양조법 : 수확 - 파쇄 - 발효 - 압착 - 여과 - 숙성 - 병입

② **화이트 와인(White Wine)**
㉮ 적포도의 껍질을 제거하거나 백포도를 사용하며 포도껍질과 씨를 포도즙과 분리하여 발효한다.
㉯ 양조법 : 수확 - 파쇄 - 압착 - 발효 - 여과 - 숙성 - 병입

③ **로제 와인(Rose Wine)** : 레드 와인보다 발효시간을 짧게 하고 압착한다. 이로 인해 엷은 로제 빛의 와인이 만들어 진다.

(2) 와인 테스팅 시 주요 요소

① **색(appearance)** : 깨끗하고 선명한 색을 나타내야 한다.

② **향(bouguet)** : 와인의 대표적인 특징으로 다양한 향을 지닌다.

③ **맛(taste)** : 신맛과 떫은맛이 대표적인 맛이다.

④ **끝맛(finish)** : 와인을 마신 후 느끼는 맛이다.

⑤ **균형감(balance)** : 탄닌, 신맛, 단맛 등이 조화되는 것이 와인의 균형을 결정짓는다.

3. 포도 품종

(1) 레드와인 포도 품종

① **까베르네 쇼비뇽(Cabernet Sanvignon)** : 보르도 지방의 메독, 그라브 지역을 중심으로 숙성이 덜 된 경우 블랙커런트, 나무딸기 등 붉은색 과일 향이 감지된다. 숙성되면서 후추나 생강 등의 자극적인 향이 첨가되며, 송로버섯의 은은한 향도 느껴진다.

② **멜로(Melot)** : 블랙커런트와 나무딸기 향이 지배적으로 느껴지나 전체적으로 어느 한쪽이 두드러지지 않고 어울려져 좋은 느낌을 준다.

③ **피노누아(Pinot Noir)** : 껍질은 두꺼운 편이며 타닌과 신맛이 약하며 빛깔은 맑고 엷은 붉은색을 띤다.

④ **산지오베제(Sangiovese)** : 이탈리아의 유명한 레드 와인의 종류인 끼안티(Chianti)를 만드는 품종으로 산도가 높고 풍부한 과일향이 특징이다.

⑤ **말벡(Malbec)** : 진한 칼라, 풀바디, 탄닌이 많이 들어 있으며, 블랙커런트, 민트, 삼나무향이 난다. 신세계 지역에서도 많이 재배되고 있다.

⑥ **진판델(Zinfandel)** : 블루베리와 블랙체리 향이 진하게 나며 감초와 라즈베리 향, 후추향도 난다. 당도가 높기 때문에 알코올도수가 높은 편이다. 주로 캘리포니아 북쪽에서 재배되는데, 서늘한 해안 지역에서 좋은 품질의 와인이 많이 만들어진다.

⑦ **가미(Gamay)** : 과일향이 풍부하게 느껴지며, 사과와 파인애플 향이 두드러지게 감지된다. 전체적으로 상쾌하고 신선한 느낌이다.

⑧ **네베올로(Nebbiolo)** : 두꺼운 껍질과 짙은 보라색을 가진 이 포도는 수확이 늦은 편이다. 탄닌, 산이 많은 힘 있는 포도품종으로 롱피니시를 준다. 블랙체리, 아니스, 감초의 향이 난다.

(2) 화이트와인 포도 품종

① **샤도네(Chardonnay)** : 코트도르 지역 와인에서는 개암나무, 아몬드, 아카시아 향이 지배적으로 느껴지며, 버터, 토스트 냄새 등도 감지된다. 샤블리 지역산 와인에서는 민트향이 느껴지며, 파인애플 등 열대과일 냄새도 난다.

② **쇼비뇽 블랑(Sanvignon Blance)** : 향이 신선하고 생동감이 넘친다. 나무 상자의 풀잎 향이 강하게 느껴진다.

③ **리슬링(Riesling)** : 우아한 풀잎향이 느껴지며, 자극적인 향료와 사향 냄새도 감지된다. 리슬링으로 만든 스위트 와인의 경우에는 귤, 오렌지 향도 느껴진다.

④ **세미용(Semillion)** : 복숭아처럼 둥근 모양의 세미용은 두 가지 스타일이 있는데 배럴 발효를 통해 감미로움을 주거나 혹은 드라이함의 극치를 보여주는 것이 있다.

⑤ **피노 그리(Pinot Gris)** : 전반적으로 중성적인 느낌을 주는 피노 그리는 와인 양조 방식에 따라 가벼울 수도 있으나 매우 풍부하고 부드러우며 풀 바디감을 느끼게 할 수도 있다.

4. 와인의 분류

(1) 색상에 따른 분류

① **화이트 와인(white wine)** : 생선요리, 송아지요리 등
② **레드 와인(Red wine)** : 쇠고기요리, 양고기 등

(2) 맛에 의한 분류

① **드라이 와인(dry wine)** : 과즙의 당분을 완전 발효하여 당분함량이 1% 이하인 와인을 말한다.
② **스위트 와인(sweet wine)** : 당분함량이 8~12%로 식후주로 애용된다.

(3) 알코올 첨가 유무에 의한 분류

① **주정 강화주(fortified wine)**
  ㉮ 변질을 예방하고 장기보존을 위해 1~5%의 브랜디를 첨가하여 만든 술이다.
  ㉯ 포르투갈의 포트 와인(port wine)과 스페인의 쉐리 와인(sherry wine)이 있다.
② **비강화주(unfortified wine)** : 8~13% 정도의 알코올 농도의 발효와인이다.

(4) 탄산가스 유무에 의한 분류

① **스파클링 와인(sparkling wine)**
  ㉮ 탄산가스가 들어있는 포도주로 샴페인 지방의 것이 유명하다.
  ㉯ 나라별 명칭으로 프랑스 샴페인 지방은 샴페인(Champagne), 샴페인 지방 이외는 무세(Mousseux), 독일은 젝트(Seket), 스페인은 카바(Cava), 이탈리아는 스푸만테(Spumante), 미국은 스파클링(Sparkling)으로 불린다.
② **스틸와인(still wine)** : 탄산가스가 들어있지 않은 와인을 말한다.

(5) 식사별에 의한 분류

① **식전주**(Aperitif wine) : 식욕촉진의 쓴맛을 가진 드라이 쉐리(Dry sherry), 벌무스(Vermouth) 등이 있다.

② **테이블 와인**(Table wine) : 가볍게 식사와 함께할 수 있는 와인을 말한다.

③ **디저트 와인**(Dessert wine) : 달콤한 와인으로 포트 와인(Port wine)이 유명하다.

5. 대표적 와인 산지와 특징

(1) 프랑스 와인

① **역사** : 와인하면 떠올리는 대표적인 나라는 단연 프랑스이다. AD 100년 전부터 시작된 와인의 역사는 거의 전 지역에서 와인을 생산하고 있다.

② **생산지역**

㉮ 보르도(Bordeaux) 지방 : 세계적 명성의 레드 와인의 산지로 보르도의 레드 와인을 클레르트(claret)라고 부른다. 메독(Medoc), 그라브(Graves), 소떼른(Sauternes), 쌩테밀리옹(Saint-Emilion), 뽀므롤(Pomerol)등의 유명한 산지가 있다.

㉯ 보르고뉴(Burgundy) 지방 : 보르도에 비해 화이트 와인이 유명하다. 샤블리(chablis), 꼬뜨 드 뉘(Cote de Nuits), 꼬뜨 드 본(Cote de Beaune), 꼬드 샬로네즈(Cote Chalonnaise), 마꼬네(Maconnais), 보졸레(Beaujolais)등의 유명 산지가 있다.

㉰ 샹파뉴(Champagne) 지방 : 스파클링 와인의 대명사격인 샴페인의 산지로 유명하다.

③ **와인의 등급**

㉮ Vin de table(뱅 드 따블) : 저렴하고 일반적인 보통의 테이블 와인이다.

㉯ Vin de pays(뱅 드 페이) : 지역에서 생산되는 지방 와인으로 지역색을 잘 나타낸다.

㉰ VDQS(Vins Delimites de Qualite Superieur 베데퀴에스) : AOC급의 품질규정을 준수하며, 대개 AOC 전 단계정도의 와인이다.

㉱ AOC(appellation d'Origine Controlee 아벨라시옹 오리진 꽁뜨롤레) : 와인이 생산된 지역과 포도품종, 제조방법, 알코올 함유량, 포도의 수확방법 등의 조건들을 통제하는 제도이다.

(2) 이탈리아 와인

① **역사** : 2500년 전부터 와인을 생산해왔으며 생산되는 1500여종의 와인 중 80%가 레드 와인이다. 세계 최고의 와인 생산국이나 자국 소비율이 높다.

② 생산지역
  ㉮ 삐에몬테(Piemonte) : 강하고 진한 맛이 특징이며 유명한 와인 산지이다.
  ㉯ 토스카나(Toscana) : 키안티(chianti)가 생산되는 지방이다.
  ㉰ 기타 지역 : 이외에도 베네토(Veneto), 롬바르디아(Lombardia), 시칠리(Sicilia) 등이 있다.

③ 와인의 등급
  ㉮ Vino da Tavols : 프랑스의 vin de table 과 유사한 등급이다.
  ㉯ IGT(Indicazione di Geografica Tipica) : 지역특산 지정의 중급 와인 등급이다.
  ㉰ DOC(Denominazione di Origine Controllata) : 이탈리아 포도주협회에서 공인한 포도만으로 테스트 후에 붙여진다.
  ㉱ DOCG(Denominazione di Origine Controllata E Garantita) : 최고의 지역에서 생산하는 최상급 와인에게 붙여진다.

> 버무스(vermouth) : 이태리를 대표하며 적포도주에 약초와 향신료를 넣어 만든 혼성주

(3) 스페인 와인
① 역사 : BC 1000년 경부터 와인의 역사가 시작된 스페인은 1870년 필록세라로 인해 새로운 개척지를 나선 프랑스인들에 의해 와인기술이 발달하였다.
② 생산지역
  ㉮ 리오하(Rioja) : 주로 레드 와인을 생산한다.
  ㉯ 뻬네데스(Penedes) : 스페인 스파클링 와인인 까바(Cava)를 생산한다.
  ㉰ 헤레스(Jerez) : 식전주로 유명한 쉐리(Sherry)가 유명하다.

(4) 호주 와인
① 역사 : 18세기말 영국인에 의해 시작된 와인생산은 1960년대 이후 좋은 품질의 와인을 생산하면서 빠르게 발전하였다.
② 생산지역
  ㉮ 사우스 오스트레일리아(South Australia) : 바로사 밸리(Barossa Valley), 클레어 밸리(Clare Valley), 쿠나와라(Coonamarra) 등의 주요산지가 있다.
  ㉯ 뉴사우스 웨일즈(New South Wales) : 로어 헌터 밸리(Lower Hunter Valley), 어퍼 헌터 밸리(Upper Hunter Valley), 머쥐(Mudgee) 등이 주요산지이다.
  ㉰ 빅토리아(Victoria) : 골번 밸리(Goulburn Valley), 그레이트 웨스턴(Great Western), 야라 밸리(Yarra Valley) 등이 있다.

(5) 그 밖의 나라

① **독일 와인**
  ㉮ 기후적 어려움을 극복하고 온화한 남부지역의 화이트 와인이 유명하다.
  ㉯ 모젤 자르 루버(Mosel Saar Ruwer), 라인가우(Rheingau), 라이헤센(Rheinhessen) 등이 대표적인 생산지역이며, 대표적인 와인으로 리슬링(Riesling)이 있다.

② **미국 와인**
  ㉮ 유럽의 와인 역사에 비하면 아주 짧은 역사를 가지고 있지만 현대 와인의 혁신을 이루고 있다. 현재 와인 생산국 4위의 나라로 새로운 시도와 규제 없이 좋은 품질의 와인을 생산하고 있다.
  ㉯ 90% 이상의 와인이 캘리포니아(California)에서 생산되며 특히 나파밸리(Napa Valley)에서는 최상급의 와인들이 생산된다.

③ **칠레 와인** : 16세기 스페인의 통치가 시작되면서 발달하게 된 와인 제조는 안데스 산맥과 태평양 연안의 천혜의 조건으로 중남미의 대표적 와인생산국이 되었다.

6. 나라별 와인 라벨 읽는 법

(1) 프랑스 와인 라벨 읽는 법

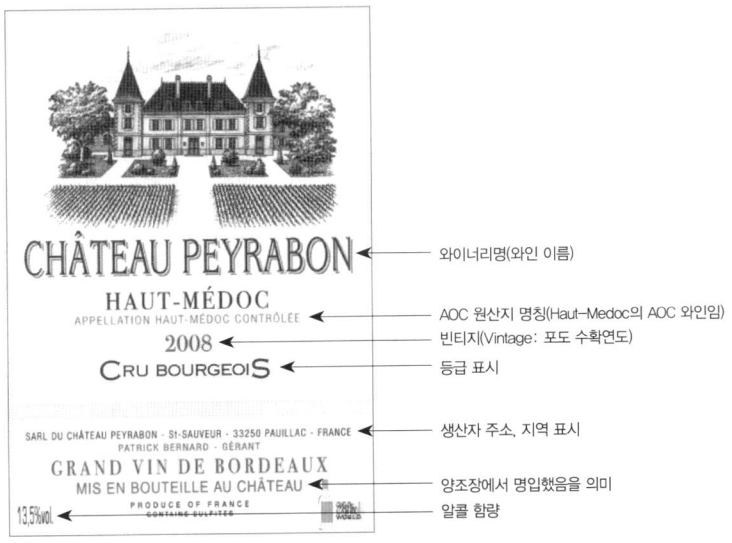

- 루지(Rouge) : 레드와인
- 블랑(Blanc) : 화이트 와인
- 쿠베(Cuvee) : 블랜딩된 와인
- 세크(Sec) : 약간 단맛이 나는
- 데미 세크(Demi Sec) : 단맛이 나는
- 브뤼(Brut) : 씁쓸한 맛이 나는
- 네고시앙(Negociant) : 자체 포도원 없이 다른 와인 공장에서 와인을 구입하여 병에 담아서 파는 회사

(2) 이태리 와인 라벨 읽는 법

이태리 와인에는 브랜드명이 가장 크게 표기된다.

- 비안코(Vianco) : 화이트 와인
- 로사토(Rosato) : 로제 와인
- 로소(Rosso) : 레드 와인
- 세코(Secco) : 단맛이 없는
- 돌체(Dolce) : 단맛이 매우 많은
- 스푸만테(Spumante) : 스파클링 와인

(3) 미국 와인 라벨 읽는 법

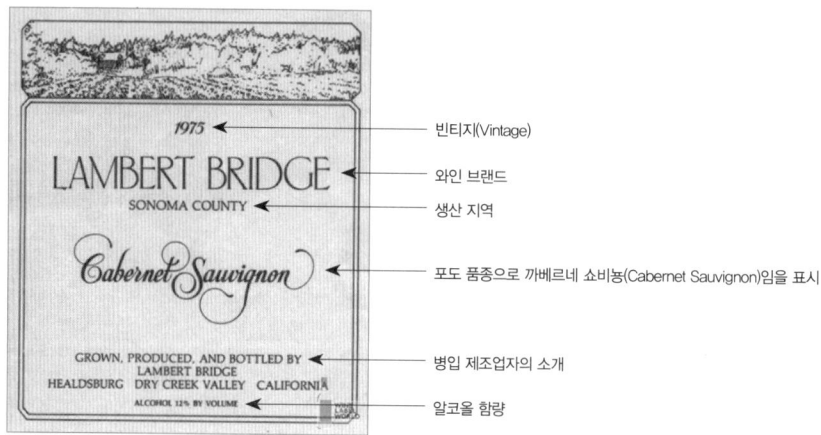

- 드라이(dry) : 단맛이 없는
- 세미 드라이(semi dry) : 약간 단맛이 없는
- 세미 스위트(semi sweet) : 단맛이 약간 있는
- 스위트(sweet) : 단맛이 많은

(4) 호주 와인 라벨 읽는 법

(5) 독일 와인 라벨 읽는 법

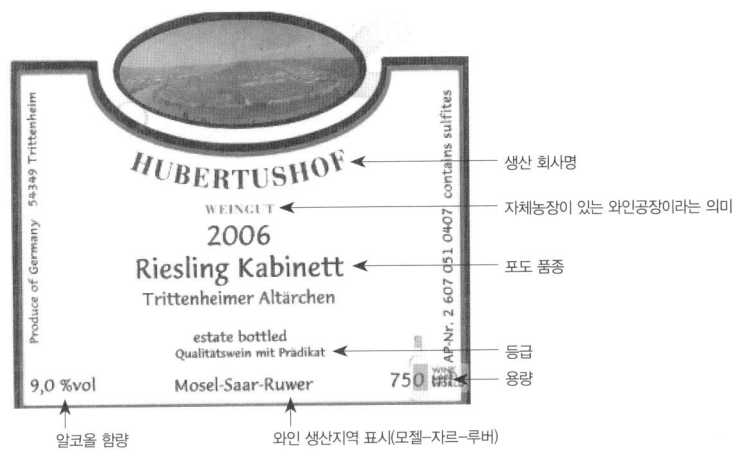

- 트로켄(Trocken) : 단맛이 없는
- 할프트로켄(Halbtrocken) : 단맛이 약간 있는
- 밀트(Mild) : 단맛이 많은
- 쉬스(Suss) : 단맛이 많은
- 리블리히(Lieblich) : 단맛이 많은
- 바이스(Weiss) : 화이트 와인
- 로트(Rot) : 레드 와인
- 바인구트(Weingut) : 자체 농장이 있는 와인 공장
- 바인켈러라이(Weinkellerei) : 자체 농장이 없이 다른 와인 공장에서 와인을 구입하여 팔거나 병입하여 파는 회사
- 섹트(Sekt) : 스파클링 와인

03 맥주(Beer)

1. 맥주의 원료, 제조과정

(1) 맥주의 원료

① **맥아(Malt)** : 보리에 싹을 틔워 건조시킨 것으로 양조용 맥주보리라고도 한다.

② **홉(Hop)** : 봄에 싹이 트고 약 6m까지 자라는 뽕나무과의 다년생 넝쿨식물이다. 맥주 특유의 향과 씁쌀한 맛을 내며 맥주의 보존성을 증가시키고, 거품을 일게 하는 작용을 한다.

③ **효모(Yeast)** : 맥아의 당분을 발효시켜 알코올과 탄산가스로 분해시키는 작용을 한다. 이때 어떤 효모를 쓰느냐에 따라 발효 후에 탄산가스가 생기면 거품과 같이 표면에 떠오르는 상면발효와 일정기간이 경과하고 밑으로 가라앉는 하면발효가 있다.

④ **물** : 맥주의 90%가 물이기 때문에 맥주를 만드는 중요한 요건이다.

(2) 맥주의 제조과정

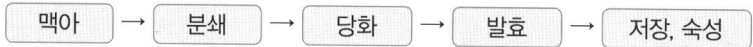

맥아 → 분쇄 → 당화 → 발효 → 저장, 숙성

2. 맥주의 분류

(1) 살균 유무에 따른 분류

① **라거 맥주(lager beer)**

㉮ 살균 처리된 맥주로 도수는 미국식 라거 3.5~4.5%, 독일식 라거 약 5% 이다.

㉯ 보관온도는 여름 3~5℃(음용온도 6~8℃), 겨울은 7℃(음용온도 10~12℃)가 적당하다.

② **드래프트 맥주(draft beer)**

㉮ 발효균이 살균되지 않은 생맥주로 장기저장이 어렵다.

㉯ 보관온도는 2~3℃(음용온도 3~4℃)가 적당하고 선입선출(FIFO)이 철저히 요구된다.

(2) 효모에 따른 분류

① **상면발효맥주** : 발효 시 표면에 떠오르는 상면발효효모를 사용하여 고온(10~20℃)에서 발효한다.

② **하면발효 맥주** : 발효 중 밑으로 가라앉는 하면발효효모를 사용하여 저온(5~10℃)에서 발효하며, 세계맥주생산량의 70%를 차지한다.

증류주

CRAFTSMAN BARTENDER

01 증류주의 개념

양조주를 가열하여 생긴 증기를 증류기를 통해 냉각하여 만든 맑은 액체의 술을 증류수라 한다. 증류수는 대체로 알코올 도수가 높으며 대표적인 술로는 위스키, 브랜디, 진, 보드카, 럼, 데킬라 등이 있다.

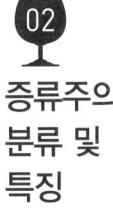

02 증류주의 분류 및 특징

1. 위스키(Whisky)

(1) 위스키의 개요

위스키란 켈트어의 우스게바하(Uisqe Beatha)가 어원이 되었고 라틴어의 Aqua Vitae 와 같은 "생명의 물"이라는 의미이다. 연속식 증류법의 발전으로 대량생산이 가능해 졌고, 숙성기간에 따라 상품의 맛과 가격차이가 나며 장기저장이 가능하다.

(2) 위스키의 지역적 분류

① 스카치 위스키
  ㉮ 스코틀랜드에서 생산되는 위스키의 총칭이며 위스키 생산량의 60%를 차지 한다.
  ㉯ 몰트(60%)와 기타 곡류(40%)를 혼합하여 엿기름을 이용하여 당화·발효한다. 이것을 단식 증류하여 최소한 3년간 오크통에 숙성시킨다.
② **아이리쉬 위스키** : 아일랜드에서 생산되는 위스키의 총칭이다.
③ **아메리칸 위스키** : 미국에서 생산되는 위스키의 총칭이다. 옥수수를 기주로 위스키 를 만들기 시작했다.
④ **캐나디안 위스키** : 캐나다 온타리오호에서 호밀 50~70% 미만 밀, 옥수수를 보리 엿기름으로 당화·발효·증류시켜 오크통에 숙성한다.

(3) 위스키의 원료별 분류

① **브랜디드 위스키** : 몰트 위스키(30% 이상)와 그레인 위스키(70% 미만)을 혼합한 것 이다.

② **몰트 위스키** : 맥아를 건조시킬 때 이탄(peat)을 사용하여 독특한 향이 난다.
③ **그레인 위스키** : 분쇄한 맥아에 발아시키지 않은 옥수수, 소맥, 귀리 등을 분쇄·첨가하여 만드는 것으로 부드럽고 순한 맛이 특징이다.

(4) 위스키의 증류법에 의한 분류

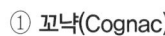

대맥발아 → 분쇄 → 당화 → 발효 → 증류 → 숙성

① **단식 증류법(Pot Still)**
  ㉮ 밀폐된 상태에서 추출하기 때문에 원료의 맛과 향의 손실이 적다.
  ㉯ 시설비가 적게 들지만 소량을 생산한다.
② **연속식 증류법에 의한 위스키(Patent Still)**
  ㉮ 원료의 다른 비중과 비등점을 이용하여 대량생산이 가능하지만 고온의 연속작업으로 중요성분을 잃을 수 있다.
  ㉯ 시설비가 많이 든다.

2. 브랜디(Blend)

(1) 브랜디의 개요
① 과실의 발효액을 증류한 알코올 성분이 강한 술로 13세기에 들어서부터 시작되었다고 한다.
② 브랜디의 제조과정은 증류 → 저장(숙성, aging) → 혼합(blending)이다.

(2) 브랜디의 지역적 분류

① **꼬냑(Cognac)**
  ㉮ 프랑스 보르도 북동쪽의 지명이름으로 꼬냑 지역에서만 생산되는 브랜디를 말한다.
  ㉯ 프랑스산 브랜디의 80%를 생산한다.
② **알마냑(Armagnac)**
  ㉮ 보르도의 남쪽의 가스코뉴 지역에서 생산되는 브랜디로 반연속식 증류기에 단식증류로 생산하여 알코올 도수가 낮다.
  ㉯ 숙성을 할 때에는 블랙오크통을 사용하여 꼬냑보다 색이 짙고 숙성이 빠르며 향기가 강하다.

(3) 꼬냑 브랜디의 종류
까뮈(Camus), 쿠로바지에(Courvoisier), 헤네시(Hennessy), 마르텔(Martell), 몬네트(Monet), 레미 마틴(Remy Martin) 등이 있다.

(4) 과일 브랜디의 종류(포도 이외의 과일로 만든 브랜디)
 ① **사과 브랜디** : 칼바도스, 영국과 미국에서는 애플잭이라고도 한다.
 ② **기타 브랜드** : 체리 브랜디, 자두브랜디, 배 브랜디, 라스베리 브랜디, 살구 브랜디, 복숭아 브랜디 등이 있다.

(5) 브랜디의 저장과 숙성년도 표시

등급	숙성년도	약어의 뜻
★	2~5년	
★★	5~6년	
★★★	7~10년	V : Very
★★★★★	10년 이상	O : Old
V.O	10~15년	S : Superior
V.S.O	15~20년	P : Pale
V.S.O.P	25~30년	F : Fine
X.O	40~45년	X : Extra
EXTRA	70~80년	E : Especially

3. 진(Gin)

(1) 진의 개요

1660년 경 네덜란드의 실비우스(Dr. Sylvius)가 호밀을 증류한 뒤 두송실(Juniper berry)을 넣어 만든 것을 이뇨해열의 약용주로 사용하였다.

(2) 진의 원료와 특징

 ① 곡류(호밀, 옥수수, 보리)를 혼합·당화하여 발효한 후 증류한다. 이때 두송자 열매를 넣고 2차 증류·희석 후 병입한다.
 ② 진은 신선한 향과 음주 시 청량감이 있고 다른 술과 조화를 잘 이루는 특징이 있어 칵테일의 기주로 많이 사용되며, 숙성시키지 않고 바로 시음이 가능한 술이다.

(3) 진의 분류

 ① **영국 진**
  ㉮ 런던 드라이진(London Dry Gin) : 질이 우수한 전형적인 진으로 비피터(beefeater), 보드스(Boord's), 부스(booth's), 길베이(Gilbey's), 고든스(Gorden's) 등이 있다.

- ④ 플리머스 진(Plymouth Gin) : 잉글랜드 남서부 프리마우스 군항에서 생산되는 드라이진의 일종으로 런던 드라이진보다 강한 향미를 가지고 있다.
- ② 네덜란드 진(Holland Gin)
  - ㉮ 단식 증류기로 3회 증류해서 알코올 도수가 높은 술로 맛과 향이 강해 주로 스트레이트 용으로 쓰인다.
  - ㉯ 볼스 브이오 제네바(Bols V.O Geneva), 볼스 실버 탑(Bols Sliver Top), 볼스 실버 올드 탐 진(Bols Sliver Old Tom Gin)등이 있다.
- ③ 아메리카 진(America Gin)
  - ㉮ 합성 진으로 중성 알코올에 향료를 넣은 것이다.
  - ㉯ 히람 워커(Hiram Walker), 플레이스크만(Fleischmann's), 씨그램(Seagram's Gin) 등이 있다.
- ④ 플래이버드 진(Flavored Gin)
  - ㉮ 두송자 대신 다른 과실로 향기와 착색을 한 스위트 진이다.
  - ㉯ 슬로우 진(Sloe Gin), 레몬진(Lemon Gin), 체리진(Cherry Gin), 민트진(Mint Gin), 진저진(Ginger Gin) 등이 있다.

4. 보드카(Vodka)

(1) 보드카의 개요

12세기경 러시아 농민에 의해 만들어진 증류주이다.

(2) 보드카의 원료와 특징

감자 60%에 다른 곡물을 40% 첨가한다. 곡류에 대맥의 맥아를 첨가하여 당화·발효하여 연속식 증류기에서 95%의 주정을 만들고 거기에 40~50% 정도로 희석한 후 활성탄으로 20~30번 여과한다. 이 여과과정을 거쳐 만들어진 순수한 알코올이 보드카이다.

(3) 보드카의 명칭과 종류

- ① **보드카(Regular Vodka)** : 스미노프(Smirnoff), 스톨리치아나(Stolichnaya), 길베이(Gilvey's Vodka) 등이 있다.
- ② **플레이벌 보드카(flavored Vodka)** : 레귤러 보드카에 레몬껍질이나 오렌지 등의 과실이나 벌꿀, 약초 등을 이용하여 향과 맛을 첨가한 것이다.

5. 럼(Rum)

(1) 럼의 개요

럼의 어원은 서인도제도의 원주민의 언어로 흥분과 소동의 의미인 럼블리언(Rumbullion)에서 왔다는 설과 라틴어의 사탕수수란 뜻의 사카럼(Saccharum)에서 생겨났다는 설도 있다.

(2) 럼의 원료와 특징

당밀(Sugar cane)과 사탕수수를 주원료로 발효, 증류하여 만든술로 17세기 카리브 해에서 사탕수수에서 설탕을 분리한 후 부산물에서 얻게 되었다. 알코올 함유량은 40~80%이며 독특하고 강렬한 특징이 있다.

(3) 럼의 명칭과 종류

① **헤비 럼(Heavy Rum) 또는 다크 럼(Dark Rum)**
  ㉮ 단식 증류기를 이용하여 참나무통에 장시간 숙성시킨 것이다.
  ㉯ 맛과 향이 강해서 스트레이트용으로 적합하며 자메이카산(Jamaica)이 유명하다.

② **미디움 럼(Medium Rum)**
  ㉮ 헤비 럼과 라이트 럼의 중간타입으로 위스키나 브랜디의 색을 선호하는 기호에 맞춰 캐러멜로 착색한 것이다.
  ㉯ 도미니카(Dominica)와 말티니크(Martinique)가 주산지이다.

③ **라이트 럼(Light Rum) 또는 화이트 럼(White Rum)**
  ㉮ 연속식 증류기를 이용하여 부드럽고 가벼우며 담색 또는 무색으로 칵테일의 베이스로 많이 사용되며 쿠바, 푸에르토리코가 주산지이다.
  ㉯ 종류로는 바카디(Bacardi), 럼 메리또(Rum Merito), 럼 리코(Rum Rico), 럼 네그리타(Rum Negrita) 등이 유명하다.

6. 데킬라(Tequila)

(1) 데킬라의 개요

① 멕시코 중앙고원지대의 "데킬라"시에서 유래되었으며 데킬라의 주원료는 선인장의 일종인 용설란(Agave 또는 Pulque)으로 멕시코에서는 마케이(Maguey)라고 한다.
② 원료인 풀케를 당화·발효한 후 2차 증류를 거친다. 증류 후 저장·숙성 과정을 거쳐 활성탄으로 정제한 후 병입하게 되며 보통 40~50%의 알코올을 함유한다.

(2) 데킬라 색에 의한 분류

① **화이트 데킬라(White Tequila)** : 단식 증류기로 2회 증류한 것으로 무색 투명하며 물로 알코올 도수를 조절하지 않는다.
② **골드 데킬라(Gold Tequila)** : 증류한 원주를 오크통에서 2년 이상 저장·숙성하여 호박색을 띠며 풍부한 향을 가진다.

혼성주

CRAFTSMAN BARTENDER

01 혼성주의 개념

혼성주는 약초를 와인에 녹여 병자들의 원기회복에 사용되었다. 제조법으로는 원료를 알코올에 담가 그 침출액을 가열하여 증류기로 증기를 받아내는 증류법과 원재료에 주정이나 당분을 첨가하여 그 침출액을 여과하는 방식의 침출법이 있다.

현재 가장 많이 사용되는 방식의 에센스법은 천연 또는 합성향료의 감미와 색을 혼합하여 제조하는 방식으로 비용 절감의 장점이 있다.

02 혼성주의 종류

1. 오렌지 리큐르

(1) 특징

감기, 피로회복에 효과가 있으며 여성들에게 인기가 좋다.

(2) 오렌지 리큐르의 종류

① **큐라소(Curacao)** : 남미 카리브해에서 생산되며 시나몬(Cinamon), 마카(Maca) 등을 혼합하여 만든다.
② **트리플 섹(Triple Sec)** : 프랑스 남쪽에서 생산되며 브랜디, 오렌지, 약초 등을 혼합하여 만든다. 칵테일용으로 가장 많이 사용되는 리큐르로 도수는 26.5%이다.
③ **코인트루(Cointreau)** : 오렌지와 브랜디를 혼합하여 만들고 도수는 40%이다.
④ **그랑 마니에(Grand Marnier)** : 숙성한 꼬냑(Cognac)에 오렌지 껍질을 첨가, 오크통에서 숙성시킨 것으로 도수는 40%이다.

2. 과일류 리큐르

(1) 특징

과일과 증류주를 혼합한 리큐르로 브랜드와 진을 베이스로 한다.

(2) 과일류 리큐르의 종류

① **슬로우 진(Sloe Gin)** : 야생자두인 오얏열매(Sloe berry)와 당분을 첨가하여 30%의 도수를 가지고 칵테일에 많이 사용된다.

② 그 외에 체리브랜디(Cherry Brandy), 피치브랜디(Peach Brandy), 살구브랜디(Apricot Brandy), 마라치노(Mara Chino) 등이 있다.

3. 크림류 리큐르

(1) 특징

당분이 40~45% 정도로 단맛을 내는 리큐르이다. 과일, 꽃, 커피, 차 등을 원료로 한다.

(2) 크림류 리큐르의 종류

① **크림 드 카시스(Cream De Cassis)** : 까치밥나무 열매(Black Currants)로 만든 검붉은 색의 리큐르로 약간의 산미가 있다.

② **크림 드 바이올렛(Cream De Violet)** : 제비꽃을 주원료로 하여 향초류 등과 혼합하여 만든다.

③ 이외에도 크림 드 민트(Cream De Minte), 크림 드 바나나(Cream De Banana), 크림 드 카카오(Cream De Cacao) 등이 있다.

4. 에프리티프류(aperitif)

(1) 특징

식욕증진을 위한 식전용 술로써 많이 사용된다.

(2) 에프리티프류(aperitif)의 종류

① **버무스(Vermouth)**
  ㉮ 약초인 향쑥을 주원료로 하여 키나, 코리엔더 등의 열매를 넣은 리큐르이다. 약초 함유량이 많아 칵테일용으로 사용 시에는 1온스 이상 사용하지 않는 것이 좋으며 온더락(On the Rock)용으로도 가능하다.
  ㉯ 도수 18~20%의 무색을 띄는 드라이 버무스(Dry Vermouth)와 도수 16~17% 정도의 스위트 버무스(Sweet vermouth)가 있다.

② **앙고스트라 비타(Angostura Bitter)**
  ㉮ 쓴맛의 술이란 뜻의 리큐르로 럼주에 키나 등의 약초를 첨가하여 만들고 48%의 도수에 강장, 해열제의 효능이 있다.
  ㉯ 반드시 물이나 칵테일용으로 희석해서 사용해야 하며, 침전물이 생기므로 흔들어 사용한다.

5. 기타 리큐르

(1) 종자류 리큐르

① **아니세트(Anisette)** : 증류주에 아니스 열매, 레몬, 코리앤더 등을 혼합하여 만든다.

② **칼루아(Kahlua)** : 커피, 코코아, 바닐라향을 혼합한 멕시코산 리큐르이다.

(2) 향초류 리큐르

① **베네딕틴(Benedictine)**
  ㉮ 1510년경 프랑스에서 만들어진 리큐르로 안젤리카, 박하, 주니퍼 베리, 시나몬, 너트메그 등 27종의 약초를 혼합하여 만들었다. 술병에 적힌 D.O.M은 Deo Optimo Meximo 라는 라틴어로 "가장 선하고 위대한 신에게"라는 뜻이다.
  ㉯ 40%의 도수에 피로회복의 효능을 가지고 있다.

② **샤르트뢰즈(Chartreuse)** : 프랑스어로 수도사란 뜻으로 리큐르의 여왕이라 불리며 알프스의 약초를 포도주에 담가 만들었다.

③ **갈리아노(Galliano)** : 오렌지, 아니스, 바닐라 등 40여종의 약초를 혼합하여 만들며 도수 35~40%의 이탈리아를 대표하는 리큐르이다.

(3) 벌꿀류

① **드람브이(Drambuie)** : "사람을 만족시키는 음료"란 뜻의 스코트랜드를 대표하는 리큐르로 스카치 위스키에 꿀, 허브 등을 첨가하여 만든다.

② **아이리쉬 미스트(Irish Mist)** : 아이리쉬 위스키와 꿀, 허브 등으로 만든 아일랜드의 리큐르이다.

전통주

CRAFTSMAN BARTENDER

01 전통주의 개념

전통주(민속주)의 역사는 약 3000년 전으로 곡류를 주원료로 하여 발효주를 만들어 제사에 주로 사용했다고 알려지고 있다. 전통주의 특징은 술이 부드럽고 향기가 있으며 건강에 도움이 되는 약술로써의 효능이 있다. 크게 탁주, 약주, 소주로 분류되는데 탁주가 가장 오랜 역사를 지녔고 탁주에서 재를 제거하여 약주를 만들며 이것을 증류하면 소주가 된다.

02 전통주의 종류

1. 안동소주

경상북도 무형 문화재로 지정되어있는 안동지방에서 내려오는 순곡 소주로 누룩과 멥쌀을 주원료로 하였으며 알코올 도수는 45도 정도이다.

2. 호산춘

조선조 황희정승의 가문에서 전해 내려오는 술로 멥쌀, 찹쌀에 솔잎을 혼합하여 솔향기가 나고 맑은 황갈색의 빛을 띤다. 제조시 후수(알코올분을 제품규격에 맞게 가수하여 제품화하는 과정)를 하지 않아 술에 끈기가 있다.

3. 이강주

부드러우며 뒤끝이 깨끗한 한국 고유의 약주로 소주에 배, 생강, 울금, 계피, 설탕을 넣어 중탕한 약소주이다.

4. 두견주

충북 서북부 해안지방의 전통주로 고려 백지겸이 고칠 방도가 없는 병을 앓고 있을 때 백일기도 끝에 터득한 비법에 따라 만든 술로 질병을 고쳤다고 한다. 찹쌀, 멥쌀, 누룩, 두견화를 주원료로 하고 안샘의 단물로 빚어 달콤한 맛과 독특한 향미를 지닌 술이다.

5. 문배주

조와 찰수수만으로 만드는 순곡의 증류식 소주로 술이 익으면 배꽃의 향이 난다고 하여 문배주라 이름 하였다. 좁쌀, 수수, 누룩이 주원료이다.

6. 동동주

찹쌀과 누룩이 주원료이고 고려시대부터 전해오는 맑은술로 술 표면에 밥알이 떠있는 것이 마치 개미와 같다 해서 "부의주"라고도 한다.

7. 소곡주

우리나라에서 전래되는 전통주 중에 가장 오래된 술로 백제 때부터 찹쌀, 멥쌀, 누룩, 엿기름 등을 주원료로 하여 술을 만들었다. 저온에서 100일간 숙성하며 누룩을 적게 넣기 때문에 소곡주 라고 하였다. 일명 "앉은뱅이술"이라고도 한다.

8. 연엽주

병자호란 때 이완 장군이 병사들의 사시를 높이기 위해 약용과 가향의 성분을 고루 갖춘 연엽주를 마시게 하였는데, 연근과 솔잎이 첨가되어 향기가 독특하며 사람의 피를 맑게 하고 술독 제거 기능이 있다.

9. 김천과하주

명나라 장수 이여송이 김천지방의 과하천의 물맛이 중국 금릉의 물맛과 같다하여 과하천이라고 하였으며 그 물로 빚은 술을 과하주라 하였다. 주재료는 찹쌀과 누룩이며 술맛이 달작지근하며 곡주 특유의 향을 지닌다. 끈기가 많고 황갈색을 띠며 여름을 지날 수 있는 술이라는 뜻으로도 과하주라고 한다.

10. 송화백일주

인조 때 진묵대사에 의해 개발된 술로 고산병 예방과 보완을 위해 산수유, 감초, 구기자, 당귀, 국화를 조, 찹쌀, 곡자와 혼합하여 만든다. 향이 좋고 자색을 띠며 신경통에 좋고 뼈를 단단하게 해주며 원기 회복에 좋은 술이다.

11. 삼해주

조선시대 궁중에서 빚어 마셨다고 전해지는 이 술은 정월 돼지날(亥日) 담가 삼월 돼지날 마신다 하여 삼해주라 하였으며 멥쌀과 누룩을 원료로 한다. 투명하고 장기 보존이 가능하며 술맛은 순하면서 진하다. 일명 버드가지술이라고도 한다.

12. 송절주

소나무 마디를 넣고 끓인 물을 혼합수 대신 사용하며 멥쌀, 찹쌀, 분곡, 송절, 희첨이 주원료이다. 소나무향이 은은하고 원기를 돋고 각기병에 좋다고 한다.

13. 칠선주

7가지 약초를 재료로 해서 빚은 술로 멥쌀, 찹쌀, 칡, 더덕, 구기자, 모과, 당귀, 감초가 주원료이다. 보신용으로 위장과 간장을 보호하며 식욕증진에 효과가 있다고 한다.

비알코올성 음료

CHAPTER 06

♀ C R A F T S M A N   B A R T E N D E R

01 기호음료

1. 커피

(1) 커피의 유래

커피(Coffee)의 어원은 분명하지 않지만 아랍어에 뿌리를 두었다고도 하고 에티오피아의 카파(Kaffa)라는 지명에서 나왔다고도 한다. 다른 학자들은 아랍어로 힘을 뜻하는 카후아(Kahuha)에서 유래되었다고도 한다. 커피의 유래 중 가장 많이 알려진 것은 아비시니아(에티오피아의 옛 이름)의 목동 칼디와 관련된 것이다. 칼디의 유래로부터 그 열매를 '졸음을 쫓고 영혼을 맑게 하며 신비로운 영감을 느끼게 하는 성스러운 것으로 여겼다고 한다.

(2) 커피의 재배 조건

커피를 재배하고 있는 연강수량이 1,500~2,000mm이고, 평균기온이 20℃ 전후이면서 온난기후인 적도를 낀 남북의 양회귀선(북위 25도, 남위 25도)안에 있는 열대와 아열대 지역은 커피를 재배하기에 적합한 기후와 토양을 가지고 있기 때문에 커피벨트(커피존)라고 부른다. 브라질이 전체 생산량의 30%, 콜롬비아가 10%, 그 다음으로 아프리카와 아라비아가 30%, 나머지 10%가 아시아의 여러 나라에서 생산된다.

(3) 커피의 품종

① 아라비카종(Arabica)
  ㉮ 원산지는 에티오피아로 전 세계 생산량의 60~70%를 차지하고 나무의 높이는 5~6m로 기온 20~24℃, 800~1,500m의 고지에서 재배되며 기후와 토양의 선택성이 강하고 내병성이 약하다.
  ㉯ 브라질, 콜롬비아 외 중남미, 아프리카, 아라비아, 인도 등 커피 존 전역에서 재배된다.

② 로부스타종(Robusta)
  ㉮ 원산지는 아프리카 콩고로 전 세계 생산량의 20~30% 정도를 차지하고 기온은 24~30℃, 800m 이하에서 재배 가능하며 병에 대한 저항력이 강하다. 품질은 아라비카에 미치지 못하기 때문에 스트레이트용으로는 적합하지 않다.
  ㉯ 아프리카의 여러 나라와 인도, 인도네시아 등지에서 재배된다.

③ **리베리카종**(Liberica)
    ㉮ 아프리카의 라이베리아가 원산지로 기온 15~30℃, 200m 이하에서도 생산이 가능하다.
    ㉯ 내병성과 적응성이 강하다.

(4) **커피의 종류**

① **에스프레소**(Espresso) : 향기롭고 진한 커피 원액이 특징이며 이탈리아에서는 식후 즐겨 마신다. 커피 자체의 맛을 즐길 수 있는 커피이다.
② **카페 라떼**(Caffe Latte) : 진한 에스프레소에 스팀 밀크와 약간의 우유거품으로 만든다.
③ **카푸치노**(Cappuccino) : 에스프레소에 라떼보다 적은 우유와 우유거품을 얹어 만든다. 우유위에 계피가루를 뿌린다.
④ **카페 모카**(Caffe Mocha) : 초코렛 모카시럽과 에스프레소를 스팀 밀크와 혼합한 후 휘핑크림을 얹는다.
⑤ **에스프레소 콘 빠냐**(Espresso Con Panna) : 에스프레소에 생크림을 얹은 커피이다.
⑥ **에스프레소 마끼아또**(Espresso Macchiato) : 에스프레소에 우유거품을 얹은 커피이다.
⑦ **아메리칸 커피**(American Coffee) : 연한 커피, 에스프레소에 뜨거운 물을 넣는다.
⑧ **아이리쉬 커피**(Irish Coffee) : 아이리쉬 위스키에 설탕과 커피를 혼합한 후 휘핑크림을 얹어준다.
⑨ **카페 로얄**(Caffee Royal) : 커피에 브랜디를 넣어 만든다.
⑩ **카페 칼루아**(Caffee Kahlua) : 칼루아에 설탕과 커피를 혼합한 후 휘핑크림을 얹어준다.

2. 차

(1) **차의 유래**

문헌상 차의 기원은 정확히 알 수 없으나, 약 5000년 전 중국에서 신농씨가 차를 처음 마셨다는 설이 있고 3000년 전부터 차를 재배했다는 기록이 있다. 우리나라에는 9세기쯤 중국에서 전래되었으며 고려시대에 불교문화와 함께 널리 보급되었다.

여러 가지 복합적인 변화에 의해 독특한 향기, 맛, 색 등을 나타내는 과정으로 발효정도에 따라 녹차와 같은 비발효차, 발효가 10~65% 정도 일어난 포롱차, 우롱차 같은 반발효차, 발효정도가 85% 이상의 홍차와 같은 발효차 등으로 분류된다.

(2) **차의 종류**

① **아쌈**(Assam) : 인도 북동부 지방의 아쌈에서 생산되며 남성적인 맛과 장미향이 난다.

② **잉글리시 블랙퍼스트(English Breakfast)** : 세 가지 종류의 홍차 잎을 섞어 만든 것으로 박하, 감, 배와 같은 과일향이 난다.

③ **실론(Ceylon)** : 부드러운 향과 깨끗한 색을 가지고 있으며 스리랑카에서 재배된다. 우유와 곁들여 마셔도 좋다.

④ **얼 그레이(Earl Gray)** : 중국이 원산지이며 감귤류의 껍질에서 추출한 오일을 첨가하여 배, 박하향이 강하다. 기름기가 많은 식사 후에 마시면 개운하다.

⑤ **다질링(Darjeeling)** : 인도 북부의 히말라야에서 생산되며 감칠맛과 독특한 향으로 세계 최고급 홍차이다.

02 영양음료 및 청량음료

1. 영양음료

(1) 과실, 채소 등 주스류

① 주스는 신선한 과일이나 야채의 즙을 짜서 만든 음료로 사람의 몸에 유익한 비타민을 공급하고 갈증 해소에 도움을 주는 음료이다.

② **주스의 종류**

㉮ 과일 주스 : Orange, Pineapple, Grape, Grapefruit, Mango, Peach, Pear, Apple, Lemon, Lime Juice

㉯ 야채 주스 : Tomato, Carrot, Strawberry, Celery Juice

(2) 우유 및 유제품

① 유지방이 많이 함유된 음료로 크게 우유(생유, 생산양유, 살균양유, 탈지유, 가공유)와 유제품으로 나눌 수 있다.

② **우유**

㉮ 우유란 암소의 젖에서 분리되는 생유를 살균하여 마시기 편하도록 만든 음료를 말한다.

㉯ 일반적으로 우유의 유지방분은 0.3% 이하, 1.5~1.8%, 3.5%가 포함되어 있다.

③ **유제품**

㉮ 유제품이란 크림, 버터, 치즈, 전지분유, 탈지분유, 발효유(Yoghurt) 등을 말한다.

㉯ 유지방 함유량이 18% 이상인 것을 크림(Cream), 18~25% 함유한 것은 생크림(Light Cream), 45% 이상 함유된 것은 휘핑크림(Whipping Cream)이라 한다.

㉰ 살균처리에 따라 살균우유(Pasteurized)와 비살균우유(Non-Pasteurized)로 구분된다.

2. 청량음료

(1) 탄산음료

① 탄산가스를 함유하고 있는 음료로 감미료, 산미료, 착향료 등을 넣어 맛이나 향기를 느낄 수 있게 한 음료이다.

② **탄산음료의 종류**

㉮ 콜라(Cola) : 1886년 미국 존스타인 펨버튼에 의해 만들어졌고 서아프리카, 서인도제도, 브라질, 실론, 말레시아 등에서 재배되는 콜라열매로 만들어졌다. 여기에 레몬, 라임, 설탕, 시나몬, 탄산가스를 혼합한 것이다. 커피의 2배 정도의 카페인을 함유한 음료이다. 칵테일 조주 시 Bourbon Whisky, Rum과 잘 어울린다.

㉯ 사이다(Cider) : 사과를 발효하여 만든 일종의 과실주를 말한다. 우리나라에서는 주로 구연산, 감미료, 탄산가스를 함유한 음료를 말한다.

㉰ 진저엘(Ginger Ale) : 생강향과 설탕, 탄산가스를 혼합한 음료이다. 칵테일 조주시 Brandy, Gin과 잘 어울린다.

㉱ 토닉워터(Tonic Water) : 열대지방에 있는 영국식민지에서 말라리아 예방과 더위 및 식욕부진을 방지하기위해 영국에서 처음 개발된 것으로 레몬, 라임, 키니네, 당분, 탄산가스로 만들어졌다. 칵테일 조주 시 Gin과 잘 어울린다.

㉲ 칼린스 믹서(Collins Mixer) : 소다수에 레몬, 라임, 설탕, 탄산가스를 혼합한 음료이다.

㉳ 소다수(Soda Water) : 탄산가스와 무기염류를 함유한 물을 말하며, 또한 순수한 물에 탄산가스를 인공적으로 혼합한 물을 말한다. 칵테일 조주 시 Whisky와 잘 어울린다.

(2) 무 탄산음료

① 자연수로써 무색, 무미, 무취의 액체로 탄산가스가 함유되지 않은 음료를 말한다.

② **종류**

㉮ 물(Pure Water) : 산소와 수소의 결합물로 바닷물, 강물, 지하수 등등의 액체 및 고체 상태로 존재한다.

㉯ 광천수(Mineral Water) : 지역에 따라 물에 석회석이 다량 함유되어 있어서 광천수를 음료로 이용하였는데 칼슘, 인, 칼륨, 라듐, 염소, 마그네슘, 철 등의 무기질이 함유되어 있다. 에비앙(Evian), 비텔(Vittel), 비시(Vichy), 뻬리에(Perrier), 셀처(Seltzer) 등이 있다.

칵테일의 개론

CHAPTER 07

CRAFTSMAN BARTENDER

01 칵테일 개요

1. 칵테일의 유래

칵테일이란 수탉(cock)과 꼬리(tail)의 합성어로 이것의 유래는 약 30여 가지가 있다. 그 중 가장 많이 알려진 것으로 옛 멕시코의 유가탄 반도의 항구도시에서 유래되었다는 설이다. 무역이 성행하던 이 시기에 영국의 선원들이 술집 카운터에서 잘 다듬어진 나무막대로 믹스드링크를 젓고 있는 것을 보고 그것이 무엇인가를 물었다. 바텐더는 수탉의 꼬리를 닮은 막대를 묻는 줄 알고 꼬라 데 가죠(Cora de gallo)라고 대답하였는데 이것이 Tail of cock, Cocktail의 유래가 되었다고 한다.

2. 칵테일의 정의 및 특징

(1) 칵테일의 정의

칵테일이란 술과 술을 섞거나 술에 탄산음료, 과즙음료, 기타 부재료를 혼합하여 만든 음료, 즉 2가지 이상의 재료를 혼합하여 만든 음료를 총칭한다.

(2) 칵테일의 특징

① 칵테일은 맛, 색깔, 향기, 알코올 도수가 다양한 음료이다.
② 칵테일은 화려함으로 미각, 특유의 향의 후각, 다양한 장식의 역할인 시각적으로 즐길 수 있는 음료이다.
③ 칵테일은 식욕을 증진시키는 식전주와 시간의 마지막을 장식하는 식후주로도 애용된다.
④ 칵테일은 무알코올로도 가능하기 때문에 남녀노소, 어린이에 이르기까지 다양한 연령층에게 가능한 음료이다.
⑤ 칵테일은 쓴맛(Dry), 달콤한 맛(Sweet), 신맛(Sour)의 대표적인 맛이 있다.

02 칵테일의 분류

1. 알코올성 칵테일(Alcohoholic cocktail)

(1) 롱 드링크(Long Drink)

얼음과 하나 또는 두 가지 알코올 드링크에 비 알코올 드링크를 혼합하여 만드는 칵테일이다.

① 하이볼(Highball)
  ㉮ 얼음을 넣은 하이볼에 증류주와 탄산음료를 혼합하며 가니쉬는 레몬장식을 한다.
  ㉯ 진토닉(Gin&Tonic), 데킬라토닉(Tequila&Tonic), 럼콕(Rum&Coke), 버번콕(Bour-bon &Coke) 등이 있다.

② 콜린스(Collins)
  ㉮ 얼음을 넣은 잔에 증류주와 레몬주스 또는 라임주스와 설탕을 넣고 소다수를 혼합한다. 잔은 콜린스 글라스를 사용하며 가니쉬는 레몬과 체리장식을 한다.
  ㉯ 탐 콜린스(Tom Collins-Gin base), 럼 콜린스(Rum Collins-Rum base), 위스키 콜린스(Whisky Collins-Whisky base) 등이 있다.

③ 피즈(Fizz)
  ㉮ 얼음을 넣은 하이볼에 리큐르와 레몬주스 또는 라임주스와 설탕을 넣고 소다수를 혼합한다. 가니쉬는 레몬을 사용한다.
  ㉯ 슬로우진 피즈(Sloe Gin Fizz), 카카오 피즈(Cacao Fizz), 민트 피즈(Menth Fizz), 갈리아노 피즈(Galliano Fizz)등이 있다.

④ 사워(Sour)
  ㉮ 증류주와 레몬주스, 설탕을 혼합하여 샤워글라스에 담아 서브한다. 얼음과 소다수를 같이 혼합하는 경우와 그렇지 않은 경우가 있다.
  ㉯ 위스키 샤워(Whisky Sour), 브랜디 샤워(Brandy Sour), 진 샤워(Gin Sour), 럼 샤워(Rum Sour) 등이 있다.

(2) 쇼트 드링크(Short Drink)

두 가지 이상의 알코올을 혼합하여 알코올 도수가 비교적 높으며 대부분 칵테일 글라스에 제공되는 혼합음료를 말한다.

① **알렉산더(Alexander)** : 브랜디(brandy), 카카오(Cacao), 크림(Cream)을 쉐이크한다. 넛맥을 이용해 비린내를 제거한다.

② **맨하탄(Manhattan)** : 버번위스키(Bourbon Whisky), 비터(Bitter), 스위트 벌무스(Sweet Vermouth)를 휘젓기 기법(Stir)을 사용하여 혼합하고 체리로 장식한다.

③ **마티니(Martini)** : 여러 종류의 마티니가 있으며 그중 진(Dry Gin)과 드라이 벌무스(Dry Vermouth)를 혼합한 것이 가장 유명하며 올리브로 장식한다.

④ **핑크 레이디(Pink Lady)** : 계란 흰자와 진(Gin), 그라나딘 시럽(Grenadin Syrup)과 크림을 쉐이크하여 칵테일 글라스에 제공한다.

2. 그 밖의 칵테일 분류

(1) 비알코올성 칵테일(Non-Alcohoholic cocktail)

① **스쿼시(Squash)** : 얼음을 넣은 하이볼에 레몬 또는 라임주스, 설탕과 소다수를 넣어 레몬으로 장식한다.

② **밀크쉐이크(Milk shake)** : 우유에 설탕, 향료, 얼음을 가하여 강하게 쉐이크(shake)하여 만든다.

③ **파르페(Parfait)** : 아이스크림에 과일, 초코렛, 생크림을 곁들여 만든다.

④ **커피칵테일(Coffee Cocktail)** : 비엔나 커피(Vienna Coffee), 카푸치노(Cappuccino), 초코렛 커피(Hot Java Coffee) 등이 있다.

(2) 시간, 용도에 따른 칵테일

① **애피타이저 칵테일(Appetizer Cocktail)**
　㉮ 식욕 촉진용으로 쓴맛이 나는 칵테일이 제공된다.
　㉯ 캄파리 소다(Campari Soda), 깁슨(Gibson), 스크류 드라이버(Screw Driver), 솔티독(Salty Dog), 마티니(Martini), 맨하탄(Manhattan) 등이 있다.

② **서퍼 칵테일(Supper Cocktail)** : 드라이한 칵테일이며 만찬용으로 쓰인다.

③ **에프터 디너 칵테일(After Dinner Cocktail)**

　㉮ 식후에 소화 촉진을 돕기 위해 달콤한 맛이 감미 되어있는 칵테일을 제공한다.
　㉯ 블랙 러시안(Black Russian), 그래스 호퍼(Grass hoper) 등 달콤한 리큐르도 제공한다.

④ **나이트캡 칵테일(Night Cap Cocktail)** : 아니세트(Anisette), 코인트로(Cointreau) 등이 잠자리에 들기 전에 마시는 칵테일이다.

칵테일 조주법과 장식법

CRAFTSMAN BARTENDER

01 칵테일 조주법, 부재료

1. 칵테일 조주법

조주법	설명
빌드(Build) 기법	글라스에 직접 재료를 넣어 만드는 칵테일 기법이다.
스터(Stir) 기법	칵테일을 차게 잘 혼합하기위해서 믹싱 글라스(Mixing Glass)에 재료와 얼음을 넣고 바스푼(Bar spoon)으로 휘젓는 칵테일 기법이다.
쉐이커(Shaker) 기법	비중이 무거운 가루 설탕이나 크림류, 계란 등 혼합하기 어려운 재료를 얼음과 함께 잘 섞이도록 쉐이커(Shaker)를 이용하여 만드는 기법이다.
플로트(Float) 기법	비율이 따라 서로 섞기지 않는 성질을 이용하여 술을 쌓는 기법이다. 알코올 도수가 높고 당의 비율이 낮을수록 비중이 가벼워 바스푼을 이용하여 위로 쌓는다.
블랜드(Blend) 기법	쉐이커 기법으로도 혼합하기 힘든 과실 등의 고체류를 혼합할 때 사용되는 기법으로 프로즌 스타일 칵테일 만들 때 사용한다.

2. 칵테일의 부재료

(1) **과즙류**(Fruit Juice)

① **레몬주스**(Lemon Juice) : 칵테일 제조 시 가장 많이 쓰인다.

② **라임주스**(Lime Juice) : 레몬보다 조금 작으나 신맛이 강하다. 김렛(Gimlet), 진릭키(Gin Ricky), 바카디(Bacardi) 등이 있다.

③ **오렌지주스**(Orange Juice) : 스크류 드라이버(Screw Driver), 오렌지 블라섬(Orange Blossom) 등이 있다.

④ **파인애플주스**(Pineapple Juice) : 단맛의 칵테일을 선호하는 고객에게 많이 제공된다. 파나 콜라다(Pina Colada), 밀리언 달러(Million Dollar)등이 있다.

⑤ **토마토주스**(Tomato Juice) : 블러드 메리(Bloody Mary)가 대표적 칵테일이다.

⑥ **자몽주스**(Grapefruit Juice) : 향이 좋고 신맛이 강하다.

(2) 시럽류(Syrup)

백설탕과 물을 일정 비율로 넣어 끓인 것으로 여러 가지 과즙, 향, 색을 넣어 다양한 시럽을 만든다.

① **플레인 시럽(Plan Syrup)** : 가장 기본이 되는 시럽으로 조주시간을 단축하는 장점이 있다.

② **그레나딘 시럽(Grenadine Syrup)** : 석류열매의 맛과 향을 가미한 시럽으로 붉은색을 띤다.

③ **검 시럽(Gum Syrup)** : 응고를 방지하고 끈기가 있도록 하기 위해서 플레인 시럽에 아라비아 검 분말을 첨가한 시럽이다.

④ **메이플 시럽(Maple Syrup)** : 사탕단풍의 수액으로 만든 시럽으로 핫 케이크에 뿌려 먹는다.

⑤ **기타 시럽(Syrup)** : 라스베리 시럽(Raspberry Syrup), 딸기 시럽(Strawberry Syrup), 블랙베리 시럽(Blackberry Syrup) 등이 있다.

(3) 가니쉬류(Garnish)

칵테일은 외관적으로도 화려하고 아름답게 만들기 위해서 과일, 꽃잎 등으로 장식을 한다.

① **올리브(Olive)** : 드라이한 칵테일에 주로 사용되며 씨를 빼고 붉은 고추를 끼운 스타프트 올리브, 씨가 들어 있는 플래인 올리브, 씨가 있고 까맣게 익은 라이프 올리브, 완숙되지 않은 올리브를 가성소다에 넣어 만든 스턴트 올리브 등이 있다.

② **체리(Cherry)** : 체리를 설탕시럽에 담가 병조림된 것을 사용한다. 적색의 마라스키노와 초록색의 민트체리 두 종류가 있다.

③ **어니언(Onion)** : 작은 양파를 식초와 소금의 혼합액에 병조림하여 사용한다.

④ **레몬(Lemon), 오렌지(Orange)** : 슬라이스하여 많이 사용된다.

(4) 스파이스류(Spice)

칵테일의 풍미를 더욱 풍부하게 하고 지방이 많은 재료의 비린내를 없애기 위해 사용된다.

① **시나몬(Cinnamon)** : 계피 또는 육계라고 하고 매콤한 향이 특징이다.

② **넛맥(Nutmeg)** : 육두구 나무 열매의 분말로 만든 것으로 계란, 버터, 우유 등의 비린내를 제거하기위해 쓰인다. 알렉산더(Alexander)가 대표적 칵테일이다.

③ **민트(Mint)** : 박하향이 나는 민트의 잎을 분말로 만들어 사용한다.

④ **클로브(Clove)** : 높은 온도에서 단향을 내며 진향나무의 꽃봉오리를 건조하여 사용한다.

(5) 얼음

① **큐브 아이스(Cubed Ice)** : 칵테일에 가정 많은 용도로 사용하는 얼음으로 정육면체 얼음이다.

② **쉐이브드 아이스(Shaved Ice)** : 프라페 스타일의 칵테일이나 빙수용처럼 쓰이는 얼음의 형태로 가루 얼음이라고 한다.

③ **크러시드 아이스(Crushed Ice)** : 큐브 아이스를 잘게 부순 형태로 두들겨 깨거나 분쇄 제빙기로 갈아 만든다.

④ **크랙트 아이스(Cracked Ice)** : Ice Pick(얼음 송곳)으로 깨뜨린 작은 얼음이다.

⑤ **블록 오브 아이스(Block of Ice)** : 연회나 큰 파티 때 펀치보울(Punch Bowl)을 넣어 사용하는 1kg 이상의 큰 얼음이다.

3. 칵테일 용어

용 어	설 명
스트레이트(Straight)	주로 도수가 강한 술을 아무것도 혼합하지 않고 마시는 것이다.
온더락(On the Rock)	얼음을 잔에 넣고 술을 부어 마시는 형태를 말한다.
온스(Ounce)	칵테일 용량 단위로 1온스는 30㎖, 1온스 = 1포니 = 1shot = 1finger 이다.
대쉬(Dash)	흔들어 뿌리는 정도로 1 dash = 5~6 drop 정도이다.
싱글(Single), 더블(Doule)	주류를 스트레이트로 제공시 1잔에 해당하는 것(1oz) 이 싱글이고 그 두 배가 더블이다.
드라이(Dry), 스위트(Sweet)	쓴맛이라는 표현의 드라이와 달콤한 맛의 의미인 스위트는 서로 반대의 개념이다.
디캔터(Decanter)	레드와인의 침전물을 거를 때 사용하는 디캔터와 음료를 나누어 서브할 때 사용하는 디캔터로 구분된다.
프로스팅(Frosting)	글라스 가장자리에 레몬즙을 묻힌 후 소금 또는 설탕을 찍어내는 방법이다.
피일(Peel)	과일의 껍질로 칵테일에 주로 쓰이는 것은 레몬껍질이다. 레몬껍질을 꼬아 장식할 때 쓰이는 용어는 트위스트 레몬 필(Twist of lemon peel)이다.
패니어(Pannier)	와인을 고정시킬 수 있게 해주는 바구니이다.
헤어 오브 독(Hair of Dog)	술은 술로 푼다는 의미이다.

칵테일 잔과 기구

1. 칵테일 조주 기구류

(1) 쉐이커(Shaker)

계란, 설탕, 꿀, 시럽, 크림 등 잘 섞이지 않는 재료들을 혼합함과 동시에 차갑게 하는 기구이다. 캡(cap), 스트레이너(strainer), 바디(body) 세부분으로 구성되어 있다.

(2) 믹싱 글라스(Mixing Glass)

쉐이커를 사용하지 않아도 잘 혼합 될 수 있는 재료를 섞을 때에 사용된다. 각종 재료와 얼음을 넣고 바스푼으로 저어서 혼합한다.

(3) 바 스푼(Bar Spoon)

믹싱 글라스에서 칵테일을 섞을 때 사용하며 중앙의 나선형부분은 미끄럼 방지와 스푼을 부드럽게 사용하기 용이하도록 되어있다.

(4) 스트레이너(Strainer)

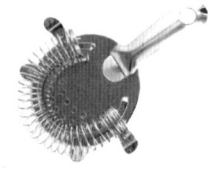

믹싱 글라스에서 만든 칵테일을 술잔에 따를 때 얼음을 거르는 용도로 사용한다.

(5) 지거(Jigger)

음료의 양을 측정하는 기구로 작은 부분은 포니라고 하며 30㎖(1oz), 큰 부분은 45㎖를 1Jigger라고 한다.

(6) 푸어러(Pourer)

술병 입구에 끼워 술을 따를 때 넘치는 것을 방지하는 도구이다.

(7) 스퀴저(Squeezer)

레몬이나 오렌지 등의 과즙을 짤 때 사용하는 기구이다.

(8) 아이스 픽(Ice Pick)

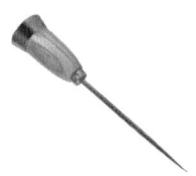

얼음을 적당한 크기로 깰 때 쓰는 송곳이다.

(9) 아이스 텅(Ice Tongs)

얼음을 집을 때 사용하는 집게이다.

(10) 코르크 스크류(Cork Screw)

와인이나 샴페인의 코르크 마개를 빼내는 도구이다.

(11) 오프너 (Opener)

병과 캔의 뚜껑을 여는 도구이다.

(12) 페티 나이프(Petit Knife)

칵테일 장식에 사용하는 과일들을 자르는 작은 칼이다.

(13) 커팅 보드(Cutting Board)

칵테일 장식에 사용하는 과일들을 자를 때 사용하는 도마이다.

(14) 아이스 크러쉬(Ice Crusher)

가루얼음을 만드는 기구이다.

(15) 아이스 페일(Ice Pail), 아이스 바스켓(Ice Basket)

고객 서비스 시 얼음을 넣어두는 통이다. 조금 큰 사이즈의 통은 아이스 바스켓이다.

(16) 칵테일 핀(Cocktail Pin)

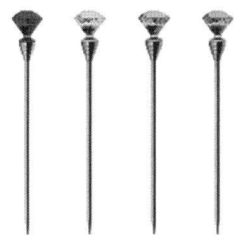

가니쉬로 쓰이는 장식용 과일을 꽂는 핀이다.

(17) 스토퍼(Stopper)

탄산음료를 오픈한 후 탄산가스가 새어 나가지 못하게 막아 주는 보조 병마개이다.

(18) 머들러(Muddler)

롱 드링크의 칵테일을 섞거나 잔 속의 과일 덩어리의 으깨기 위해 사용하는 막대이다.

(19) 아이스 스쿠프(Ice Scoop)

얼음을 푸는 작은 삽을 말한다.

2. 칵테일 유리 기구류

(1) 글라스의 명칭

① **림(Rim)** : 글라스의 가장자리 부분
② **보울(Bowl, Face)** : 몸체
③ **스템(Stem)** : 손잡이 부분의 기둥
④ **풋 혹은 베이스(Foot, Base, Bottom)** : 받침

(2) 글라스의 손질법

중성세제로 소독, 세척 → 따뜻한 물로 헹굼 → 흐르는 물로 헹굼 → 물기를 빠지도록 거꾸로 놓아둔다. → 물기가 빠진 글라스를 마른 타월로 잘 닦는다.

(3) 글라스 보관시 주의점

① 위생적인 기물관리를 위해 가능한 사용 후 즉시 세척한다.
② 글라스는 육류창고에 함께 보관하지 않는다.
③ 바텐더는 글라스를 사용할 때 가장자리 파손 여부를 가장 먼저 체크해야 한다.
④ 글라스는 포개어 놓지 않는다.

(4) 형태별 분류

① **텀블러형 글라스(Tumbler Ware)**

올드패션 글라스   하이볼 글라스   콜린스글라스

브랜디글라스   고블렛글라스   머그글라스

② 스템형 글라스(Stem Ware)

칵테일글라스   샴페인글라스   샴페인글라스

샤워글라스   리큐어글라스   와인글라스

(5) 용도별 분류

① **칵테일 글라스(Cocktail Glass)** : 칵테일을 담는 글라스로 역삼각형의 모양이 많다. 종류는 2온스(60㎖), 3온스(90㎖), 4온스(120㎖)가 있다.

② **샴페인 글라스(Champagne Glass)** : 샴페인을 제공할 때 사용하여 계란을 사용하는 칵테일 일때도 많이 사용된다.

③ **사우어 글라스(Sour Glass)** : 사우어 칵테일을 제공할 때 사용한다.

④ **리큐르 글라스(Liqueur Glass)** : 코디얼(Cordial)글라스라고도 한다.

⑤ **와인 글라스(Wine Glass)** : 크게 레드 와인과 화이트 와인잔으로 분류된다.

⑥ **올드 패션 글라스(Old Fashioned Glass)** : 올드 패션 칵테일(Old Fashioned)을 제공할 때 사용하며 주류를 온 더 락으로 마실 때도 사용한다.

⑦ **하이볼 글라스(Highball Glass)** : 롱 드링크(Long Drink)나 알코올성분이 없는 음료를 마시는 등 광범위하게 사용된다.

⑧ **콜린스 글라스(Collins Glass)** : 원통형의 톨 글라스(Tall Glass) 또는 좀비 글라스(Zombie Glass)라고 하며 롱 드링크를 제공할 때 사용한다.

⑨ **브랜디 글라스(Brandy Glass)** : 튤립형의 글라스로 브랜디를 마실 때 사용되며 손의 체온으로 컵을 따뜻하게 하여 더 깊은 향기를 즐기면서 마실 수 있도록 해준다.

⑩ **고블렛 글라스(Goblet Glass)** : 물과 탄산음료, 맥주 등을 제공할 때 사용한다.

⑪ **맥주 글라스(Beer Glass)** : 맥주를 제공하는 글라스이다.

CHAPTER 09 칵테일 계량 및 단위

CRAFTSMAN BARTENDER

01 주정도(酒精度) 표시법과 칵테일 계량 및 단위

1. 주정도

알코올의 농도란 온도 15도일 때 원용량 100분 중에 함유하고 있는 에틸알코올의 용량(Alcohol Percentage by Volume)을 말한다.

2. 국가별 주정도

(1) 영국의 주정도

① 사이크(Syke)가 고안한 알코올 비중계에 의해 사이크 프루프(Syke Proof)로 표시한다.
② 이것은 50°F에 있어서 같은 용량의 증류수의 12/13의 중량을 가진 스프리트를 알코올 함유의 표준강도라고 하고 이것을 한국 도수로 계산하면 57.1%가 된다. 이 스프리트를 100으로 해서 물이 0일 때 순수 알코올을 175등분하여 100을 초과하면 오버 프루프(O.P), 100을 초과하지 않으면 언더 프루프(U.P)라고 한다.

(2) 미국의 주정도

① 술의 강도 표시를 Proof 단위로 사용한다.
② 60°F(15.6℃)에 있어서의 물을 0으로 하고 순수 에틸알코올을 200Proof로 한다. 강도가 100Proof는 주정도 50%라는 의미이다.

(3) 독일의 중량비율

① 독일은 윈디쉬(Windish)가 고안한 중량비율(Percent by Weight)을 사용한다.
② 100g의 액체 중에 몇 g의 순 에틸알코올이 함유되어 있는가를 표시한다.

(4) 우리나라의 주정도

① 스프리트가 완전 에틸알코올일 때를 100으로 해서 이것을 100등분으로 표시한다.
② %와 도(°)는 같은 표기이다.

02 칵테일의 계량 단위

조주계량용어	표준계량 환산
1 dash	= $\frac{1}{32}$ oz (0.9㎖)
1 tea spoon	= $\frac{1}{8}$ oz (3.7㎖)
1 table spoon	= $\frac{3}{8}$ oz (11.1㎖)
1 pony	= 1finger = 1shot = 1oz = 29.5㎖
1 jigger	= $1\frac{1}{2}$ oz (44.5㎖)
1 Cup	= 8 oz (257㎖)
1 Pint	= 16 oz (472㎖)
1 Quart	= 32 oz (4 Cup = 944㎖)
1 Gallon	= 128 oz (4 Quart = 3776㎖)

칵테일의 알코올 도수 계산법

재료 A와 재료 B로 칵테일을 만들었을 때의 알코올 도수는 다음과 같은 식에 따라 구한다.

칵테일의 알코올 도수 = $\dfrac{(A의\ 알코올\ 도수 \times A의\ 사용량) + (B의\ 알코올\ 도수 \times B의\ 사용량)}{총사용량(= A의\ 사용량 + B의\ 사용량)}$

주장 관리

CHAPTER 10

CRAFTSMAN BARTENDER

01 주장의 개요

1. 주장의 개념

고객과 바텐더 사이에 놓인 널판을 의미하는 Bariere에서 유래하였는데 이것은 말을 묶어놓는 말뚝이었고 그 말뚝이 있는 술집이라 하여 Bar 라고 한 것이 오늘날 음료 판매가 가능한 일정한 시설을 갖추고 간단한 스낵을 판매하는 곳의 총칭이 되었다.

2. 주장의 구분

(1) 레스토랑 바(Restaurant Bar)

식사 위주의 서비스를 하는 식당이며 술이나 음료도 판매한다.

보이지 않는 곳에서 음료를 준비하는 서비스 바(Service Bar), 고객들의 대기 장소에 마련되어 있는 대기공간의 바(Waiting Bar)와 음료를 만들고 서빙하는 바(Pick up Station) 등을 말한다.

(2) 스넥바(Snack Bar)

음료 위주 판매의 바 형태로 간단한 요리도 판매한다.

(3) 호텔바(Hotel Bar)

로비 바(Looby bar)는 로비라운지에 설치된 바, 칵테일 바(Cocktail bar)는 전통적 바 형태를 가지며 호텔의 메인 바의 역할을 한다. 또한, 포터블 바(Potable bar)는 원하는 장소에 이동하여 서비스하는 바이다. 이외에도 나이트 클럽 바(Night club bar), 룸 서비스바(Room service bar), 방켓 바(Banquet bar), 캐터링 바(Catering bar)가 있다.

02 주장의 조직과 직무

1. 주장의 조직 개요

직 책	역 할
바텐더(Bartender)	영업장의 책임자로서 모든 영업에 책임을 지는 사람이다.
바 헬퍼(Bar Helper)	바에서 칵테일을 조주하는 사람이다.
바 웨이터(Bar Waiter)	테이블을 정돈하고 고객으로부터 주문을 받아 서비스하는 사람이다.

2. 직무 및 기타 사항

(1) 바 매니저(Bar Manager)의 직무

① 주장 종사원의 근무편성과 바 영업을 책임진다.
② 모든 주류와 음료에 대한 풍부한 지식을 가지고 종사원의 교육을 담당한다.
③ 국내뿐 아니라 외국인 고객을 접객하기 위해 외국어 실력을 배양한다.
④ 고객서비스를 철저히 지휘 감독하여 고객만족에 힘쓴다.
⑤ 필요시에는 직접 접객 서비스도 한다.
⑥ 영업 종료 후 영업 보고 및 보고서를 작성 제출한다.
⑦ 매일 위생검열을 실시하고 모든 기기와 기물들을 점검하여 항상 청결한 상태를 유지하는데 책임을 가지고 감독한다.
⑧ 가격조정과 원가계산도 하고 월말 재고조사를 직접 실시한다.

(2) 바텐더(Bartender)의 직무

① 파 스톡(Par Stock, 일일 적정재고량)을 체크하여 영업에 사용할 주류와 재료들을 수령한다.
② 바 카운터, 작업대, 진열장의 청결 상태를 유지한다.
③ 글라스류 및 칵테일용 기물을 세척 정돈한다.
④ 냉장고, 맥주 저장고(Beer Cooler), 제빙기 등 모든 기기들이 정상적으로 작동하는가를 점검한다.
⑤ 주장에 필요한 가니쉬와 얼음류를 준비한다.
⑥ 고객의 주문이 들어오면 모든 주류 및 칵테일을 조주하며 카운터의 손님은 직접 주문을 받아 서비스한다.
⑦ 칵테일 레시피에 준하여 지정된 계량기를 사용하고 지정된 글라스에 제공한다.
⑧ 모든 음료와 재료들의 저장 관리를 담당한다.
⑨ 필요시에는 연회 출장 서비스도 담당한다.
⑩ 영업 종료 후 일일 재고조사(Inventory)를 하여 사용보고를 한다.

⑪ 품목별 판매 집계를 한다.

⑫ 영업 종료 후 바 청소와 재고 정리 및 기물 정리를 담당한다.

(3) 바텐더의 근무 수칙

① 칵테일 레시피는 규정된 처방에 준하여 만들어야 한다.

② 모든 주류는 표준 처방대로 조주하여야 하며 고객이 보는 앞에서 만들어 제공한다.

③ 특정 고객이나 동료 종사원에게 무료로 주류를 제공해서는 안 된다.

④ 바 카운터에서는 취식이나 취음을 해서는 안 된다.

⑤ 요금의 정확성과 거스름돈의 남김은 하지 않는다.

⑥ 레시피에 있는 술이 없을 경우, 유사품으로 대치하고 특별히 다른 술이 첨가될 때에는 적정한 가격을 책정하여 부과한다.

⑦ 근무 시간외나 비번 시에는 바의 출입을 금한다.

⑧ 빈 술병을 허락없이 손님이나 동료 종사원에게 주어서는 안 된다.

(4) 바텐더가 갖추어야 할 자세

① **단정한 용모** : 제일 먼저 바에서 고객을 대하는 직원으로써 깔끔한 복장과 이미지를 주는 것이 중요하다. 유니폼은 업장에 따라 다양하게 선택할 수 있으며 항상 단정한 구르밍(Grooming)을 유지한다. 남자직원은 두발과 면도 등을 점검하고 여자직원은 화장과 손톱정리, 장신구 등을 점검한다.

② **전문가다운 관리** : 바의 영업과 관리뿐 아니라 고객에 대해서도 전문가가 되어야 한다. 경영자 마인드를 가지고 고객의 특이사항을 숙지하고 친절한 봉사를 바탕으로 고객과의 신뢰도를 유지하여 매출의 증대에도 힘쓴다.

③ **풍부한 교양** : 다양한 고객층과 접하게 되는 직정의 특성상 여러 방면의 상식과 교양을 쌓기 위해 노력하며 고객과의 유대관계를 만든다. 가장 기본이자 중요한 조주에 관한 지식과 그에 관한 설명과 스토리텔링으로 고객의 관심과 흥미를 갖도록 한다.

④ **사명감(vocation)** : 바텐더란 직업에 대한 자부심과 사명감을 가지고 고객에게 즐거움과 유쾌한 기분을 가질 수 있도록 노력한다.

⑤ **정보, 자료(information)** : 최신 트렌드를 파악하고 업데이트되는 조주와 새로운 업장의 정보에 대처하여 개인적 역량과 업장의 발전을 도모한다.

⑥ **신중함(Caution)** : 조주 시나 고객과의 대화에서 모두 신중하고 예의바른 모습을 유지하도록 하고 모든 고객에게 관심을 기울이고 최상의 서비스를 제공하도록 노력한다.

⑦ **마감, 마무리(Ending)** : 고객의 계산서를 신중하게 검토하여 과당 지불이 없도록 하여야하며 잔돈을 거슬러 주지 않는 행위를 해서는 안 된다.

(5) 고객을 접객하는 매너

① 바텐더의 주 업무는 주문에 따른 조주와 고객의 전체적인 분위기를 만드는 것이다.
② 모든 서비스는 친절하고 신속하고 정확하게 이루어져야 한다.
③ 유리로 된 기물이나 위험성 있는 기물을 사용할 때는 주의를 기울인다.
④ 롱 드링크나 칵테일은 8부정도, 와인은 5~6부 정도로 서브한다.
⑤ 모든 음료의 조주에는 적합한 조주 기물을 사용한다.
⑥ 항상 직원 위생을 철저히 한다.
⑦ 동일 고객이 3회 이상 방문하는 단골고객(Loyalty Guest)일 경우 고객의 명함을 받도록 하며 성함과 직함, 즐겨 드시는 음료 등의 특이사항을 숙지한다.

03 주장 운영 관리

1. 구매, 검수 및 저장과 출고

(1) 구매(Purchasing)

① 음료와 식료에 대한 원가관리의 기초가 되는 것으로 단순한 물품구입이 아닌 바의 경영을 계획, 통제, 관리하는 중요한 부분이다.
② 저렴한 가격에 양호한 품질의 재료를 합리적으로 구입하여 고객이 선호하는 메뉴와 가격구조, 회사의 자금회전과 공급시장의 환경, 저장시설의 충족여부 및 수요예측을 고려하여야 한다.

구매 절차	내 용
구매의 필요성 인식	• 구매업무서 작성-특정품목, 소요량을 파악하여 서류를 작성
물품요건의 기술	• 구매 대상품목에 대한 개인적 지식, 과거의 기록 자료, 상품안내책자 활용으로 비용발생 억제와 영업기회 상실의 방지
시장조사	• 가격과 공급시장의 파악, 견적서 접수
거래처 선정	• 최소비용으로 최고의 품질로 생산성과 수익성 고려
발주 및 주문에 대한 점검	• 주문서 사본 작성(검수부, 회계부, 물품사용부서, 재정관리부서) • 적시공급을 위해 주문서는 도착 시 확인
송장의 점검	• 주문내용과 송장내용의 내역과 가격을 비교한다.
검수작업	• 구매주문서와 현물 확인 대조 • 주문내용에 대해 발생된 차질의 처리와 반품검수일지 작성 및 입고 확인
기록 및 기장관리	• 구매내용의 정리, 보관 • 주문서 사본, 구매 청구서, 물품인수 장부검사와 반품에 대한 보고 기록

(2) 검수(Receiving)

① 납품업자가 구매명세서의 주문에 따라 식재료의 수량, 용량, 품질, 상표, 유효기간, 신선도, 위생 상태를 검사하고 수령하여 확인하고 서명 날인을 통하여 관리하는 활동을 말한다.

② 검수의 절차는 납품자재에 대한 주문서 접수 및 처리, 거래명세서 접수 및 확인, 현품 검수, 합격품의 배달, 검수 불합격에 대한 구매부서에 대한 통보와 반품, 거래보고서 작성 및 협의 등을 하며 거래명세서를 작성하고 검수관계서류를 관련 부서에 송부한다.

(3) 저장과 출고

① 검수과정을 거쳐 입고된 식재료를 영양가, 맛 등의 식품고유의 특성을 보존하고 위생상의 유해 방지. 식품의 손실방지, 식재료의 원활한 유통, 비축, 저장창고의 적정 온도를 유지하는 등의 관리를 말한다. 올바른 저장과 출고가 되기 위해서는 기준재고량(Par Stock)의 관리와 선입 선출법(First In, First Out)을 지켜야 한다.

② 기준재고량(Par Stock)을 파악하기 위해서 일별 재고조사(Daily Inventory), 주별 재고조사(Weekly Inventory), 월별 재고조사(Monthly Inventory)를 통해 파악, 보고하며 저장위치 표시, 분류저장, 공간 활용의 원칙을 지켜야 한다.

2. 바의 시설과 기물 관리

(1) 바의 시설

① **백 바(Back bar)** : 보통 술병과 글라스들을 장식하는 용도로 사용된다.

② **프론트 바(Front bar)** : 주문과 서브가 이루어지는 곳으로 폭은 40cm, 높이는 120cm가 표준이 된다.

③ **언더 바(Under bar)** : 바텐더가 조주작업을 하는데 중요한 시설이다.

(2) 주장의 시설

① 주 고객층의 대상을 설정한다.(Targeting)

② 고객에 맞는 서비스를 계획한다.(Service Planing)

③ 고객의 취향, 능률성을 고려하여 업장을 설계한다.(Arrange Lay out)

3. 바의 경영관리

궁극적인 목표는 이익창출이며, 이를 높일 수 있는 방법은 매출을 증가시키는 매출액 증대와 효율적인 원가 관리를 통해 지출되는 비용을 줄여서 실제 이익을 증가시키는 원가절감방법이 있다.

(1) **총수익**(Gross Profit)**과 순수익**(Net Profit)
  ① 총수익(Gross Profit) = 판매총액 - 재료원가
  ② 순수익(Net Profit) = 판매총액 - 재료원가(직접비) - 기타비용(간접비)

(2) **매출액 증대 방안**
  ① 매출액 = 고객수 × 객단가 (고객만족을 통해 고정고객을 증가시킨다.)
  ② 고객수 = 고정고객 + 일반고객 (판매촉진광고를 통해 일과성 고객을 증가시킨다.)
  ③ 고객단가 = 메뉴가격 × 주문수량 (추가주문을 지향하며 다양한 메뉴개발로 주문의 선택의 폭을 넓혀준다.)
  ④ 판매가 = 기준단가 ÷ (재료비/100) (Happy Hour와 같은 시간대별 차등요금을 적용하거나 부가적 서비스를 실시한다.)

4. 원가절감방안

원가란 상품의 제조, 판매, 서비스 제공 등을 위하여 투입된 경제 가치로서 소비재를 사용해서 발생되는 원가요소인 재료비, 인적용역의 소비에서 발생되는 원가요소인 노무비, 감가상각비, 이자비와 같은 경비로 나누어진다.

(1) **원가의 종류**
  ① **고정비** : 임대료, 세금, 각종 보험료, 수도 광열비, 감가상각비 등과 같이 상품판매와 관계없이 고정적으로 드는 비용이다.
  ② **변동비** : 식자재비, 소득세와 같이 매출액 증가에 따라 발생하는 비용을 말한다.
  ③ **반변동비** : 고정적으로 지출되는 종사자의 월급, 시간제 근무자의 시급 등 인건비 등이 있다.

(2) **원가의 구성**
  ① **직접원가**(Direct Cost) : 직접 재료비 + 노무비 + 경비
  ② **제조원가**(Manufacturing Cost) : 직접원가 + 제조 간접비
  ③ **총원가**(Total Cost) : 제조원가 + 판매직접비 + 판매 간접비 + 일반관리비
  ④ **판매가격**(Selling Price) : 판매제품원가 + 총수익
  ⑤ 판매단가 = 재료원가 ÷ 평균원가율

(3) 인건비 관리

① 원가관리와 함께 효율적인 인건비관리는 매우 중요하다.

② 스케줄 작성 및 변경, 적정인원의 시간대별 근무 및 휴무로 인건비를 최소화해야 한다.

(4) 부정관리

① 개인용 음료의 반입판매를 금한다.

② 무료 서브의 남용을 막고 칵테일의 양을 정확하게 제공한다.

③ 과다청구 및 거스름돈의 부수입을 막고 근무 중 음료, 술의 섭취를 금한다.

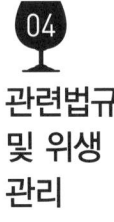

04 관련법규 및 위생 관리

1. 주세관련 법규

(1) 용어의 정의

① 주류란 다음 각 항목을 말한다.

㉮ 주정(酒精)[희석하여 음료로 할 수 있는 에틸알코올을 말하며, 불순물이 포함되어 있어서 직접 음료로 할 수는 없으나 정제하면 음료로 할 수 있는 조주정(粗酒精)을 포함한다.]

㉯ 알코올분 1도 이상의 음료를 말한다. 단, 약사법에 따른 의약품으로서 알코올분이 6도 미만인 것은 제외한다.

② **알코올분** : 전체용량에 포함되어 있는 에틸알코올(섭씨 15도에서 0.7947의 비중을 가진 것)을 말한다.

③ **불휘발분** : 전체용량에 포함되어 있는 휘발되지 아니하는 성분을 말한다.

④ **주조연도** : 매년 1월 1일부터 12월 31일까지의 기간을 말한다.

⑤ **밑술** : 효모를 배양·증식한 것으로서 당분이 포함되어 있는 물질을 알코올 발효시킬 수 있는 재료를 말한다.

⑥ **술덧** : 주류의 원료가 되는 재료를 발효시킬 수 있는 수단을 재료로 사용한 때부터 주류를 제성(製成)하거나 증류(蒸溜)하기 직전까지의 상태에 있는 재료를 말한다.

⑦ 국(麴)이란 다음 각 항목을 말한다.

㉮ 녹말이 포함된 재료에 곰팡이류를 번식시킨 것

㉯ 녹말이 포함된 재료와 그 밖의 재료를 섞은 것에 곰팡이류를 번식시킨 것

㉰ 효소로서 녹말이 포함된 재료를 당화(糖化)시킬 수 있는 것

(2) 주세법에 따른 주류의 종류

① **주정(酒精)**
   ㉮ 녹말 또는 당분이 포함된 재료를 발효시켜 알코올분 85도 이상으로 증류한 것
   ㉯ 알코올분이 포함된 재료를 알코올분 85도 이상으로 증류한 것
② **발효주류** : 탁주, 약주, 청주, 맥주, 과실주
③ **증류주류** : 소주(증류식, 희석식), 위스키, 브랜디, 일반 증류주, 리큐르
④ 기타주류

(3) 주류의 규격

① 알코올분의 도수는 섭씨 15도에서 전체용량 100분(分) 중에 포함되어 있는 알코올의 용량으로 한다.
② 불휘발분의 도수는 섭씨 15도에서 전체용량 $100cm^3$ 중에 포함되어지는 불휘발분의 그램(g) 수로 한다.
③ 주류에는 식품위생법이나 그 밖에 대통령령으로 정하는 위생관계법을 위배하는 유해한 성분이 포함되어서는 안 된다.

2. 식품위생관련 법규

(1) 식품위생법

① 식품위생법은 주장의 영업 허가와 관련한 근거가 되는 법률이다.
② HACCP(Hazard Analysis and Critical Control Point)
   ㉮ 식품위해요소중점관리기준으로 우리나라에서는 1995년 12월에 도입되었다.
   ㉯ 식품의 원재료 생산에서부터 최종소비자가 섭취하기 전까지 각 단계에서 위해물질이 해당 식품에 혼입되거나 오염되는 것을 방지하기 위한 것이다.

(2) 허가 전 준비사항

① **신규위생교육 이수**
   ㉮ 영업자 지위승계신고 포함
   ㉯ 교육기관 : 일반음식점 한국 음식업 중앙회
② **건물용도 확인** : 건축물 관리대장상에 허가를 받을 수 있는 용도 여부 확인
③ 도시계획 확인(도시계획 지역 확인)
④ 액화석유가스사용시설 완성 검사필증
   ㉮ 대상 : 일반 음식점 중 지하층, 지상층에 위치한 업소로 영업장 면적이 $100m^2$ 이상 업소는 액화석유가스 안전검사를 받아야 한다.
   ㉯ 안전검사필증 발급기관 : 가스안전공사

⑤ **소방시설 완비**
  ㉮ 대상 : 일반음식점(지하층에 위치하고 바닥면적의 합계가 66m² 이상인 경우)
  ㉯ 완비증명 발급기관 : 소방서
⑥ **건강진단**
  ㉮ 대상 : 일반음식점 업주 및 종사자
  ㉯ 실시기관 : 보건소, 병원, 의원

(3) 식품접객영업허가 관련법령

학교보건법, 주차장법, 액화석유 가스의 안전 및 사업관리법, 소방법, 건축법, 면허세법, 기타 관광 진흥법, 각종 세법 등

3. 위생관리

(1) 위생관리의 개요

위생관리란 고객보호, 직원보호와 재산보호를 위해 안전을 저해하는 각종 위험요소를 사전에 제거하거나 예방하는 활동을 말한다.

(2) 시설별 위생관리

① **영업장** : 독립된 건물이거나 다른 용도로 분리되며, 시설물의 자재가 식품에 나쁜 영향이 없고 환기가 잘되게 한다.
② **조리장** : 위생적이고 청결한 환경이어야 하며 개방적이고 바닥으로부터 20cm 이상의 위치에 기구를 보관할 수 있고 식품별로 보관이 적합한 냉장, 냉동시설을 갖추어야 한다.
③ **급수시설** : 수돗물이나 수질기준에 적합한 물을 공급할 수 있는 시설이어야 한다.
④ **조명시설** : 영업장은 30럭스(Lux)이상, 조리장은 50럭스(Lux) 이상이어야 한다.
⑤ **화장실** : 조리장에 영향을 미치지 않는 장소로 정화조를 갖춘 수세식으로 내수처리를 해야 하며 손 씻는 시설을 갖추어야 한다.
⑥ **탈의실** : 영업장 면적이 100m² 이상일 경우 탈의실을 설치한다.

05 고객 서비스

1. 서비스의 방법과 순서

(1) 테이블 매너

① 접시에 담긴 음식은 고객 뒤의 오른쪽에서 오른손으로 서브한다. 음료의 서브방법도 동일하다.
② 음식접시를 트레이를 이용할 때는 왼손으로 트레이를 들고 오른손으로 서브한다.
③ 식사가 끝난 후에도 서브의 방향은 동일하게 오른쪽에서 오른손으로 한다.
④ 물은 항상 7부 정도를 채우도록 서브한다.
⑤ 차나 커피, 물 잔은 오른쪽에 놓는다.
⑥ Hot sauce, Steak sauce, Salt & Pepper 등 병에 든 양념류는 항상 뚜껑과 입구 쪽을 깨끗이 닦아준다.
⑦ 디저트까지 모두 서브되면 더 필요한 것이 있는지 확인한 후 계산서를 제공한다.
⑧ 호텔의 투숙객일 경우 룸 넘버와 서명을 정확히 확인한다.

(2) 바 종사원의 자세

① 서비스 맨은 언제나 고객에게 상품을 팔기 이전에 자기 자신을 팔아야 한다.
② 단순히 상품만을 파는 것이 아니라 서비스와 친절을 함께 판다는 것을 명심해야 한다.
③ 가치를 팔아야하며 분위기와 무형적인 것도 동반한다.
④ 조주는 규정된 레시피에 의해 제공되어야하고 고객이 보는 앞에서 이루어져야 한다.

(3) 주문받는 요령

① 단골고객의 성명과 인상착의를 기억하고 즐겨 찾는 제품과 특징을 숙지하여 신속하고 정확한 서비스로 환대로서 맞이한다.
② 고객이 착석하면 적절한 인사로 맞이한다.
③ 주문을 받을 때 그날의 주빈과 호스트를 파악하고 대처 한다.
④ 주문 후에는 고객의 대화에 방해가 되지 않도록 신속하고 정확하게 서비스한다.
⑤ 고객 글라스가 반 이상 비워졌을 때 재 주문을 받는다.
⑥ 고객이 퇴실 시 예의 있고 진심을 담아 환송한다.
⑦ 고객이 떠난 후 신속하고 청결하게 테이블, 의자, 바닥 등을 정리한다.

2. 음료별 적정 서비스

(1) 레드와인

① 손님에게 주문한 와인을 확인한다.

② 왼손으로 와인을 잡고 오른손으로 코르크 나이프를 이용하여 캡슐을 제거한다.

③ 냅킨으로 병목 주위를 닦은 다음 Cork Screw로 코르크를 오픈한다. 주문한 손님에게 코르크를 보여준다. 이때 병이 움직이지 않게 조심스럽게 다루고 병목 안쪽도 깨끗이 닦고 서브한다.

④ 서브요령은 와인을 오른손으로 가볍게 쥐고 주문한 손님(Host)에게 먼저 테스팅을 하고 승낙이 있으면 성별과 연령을 고려하여 서브한다.

⑤ 글라스와 술병의 높이는 약간 떨어지게 하여 와인잔의 1/3 정도 따른다.

⑥ 와인을 따를 때 병을 살짝 돌려 와인이 병 표면으로 흐르지 않도록 한다.

⑦ 서브가 끝날 때마다 술병을 조심스럽게 닦아 술 방울이 테이블이나 손님에게 떨어지지 않도록 한다.

(2) 화이트와인

① 레드와인과는 달리 적절한 온도를 유지하기 위해 얼음과 물로 채워진 와인 쿨러나 냉장고에 넣어 둔다.

② 병마개는 와인 쿨러에 담겨진 채로 오픈한다.

③ 이후의 서비스 방법은 레드와인과 같이 서브한다.

(3) 샴페인

① 와인 쿨러에 물과 얼음을 넣고 샴페인을 넣어 차갑게 한 후 서브한다.

② 병마개의 뚜껑을 손으로 벗긴 후 병마개를 왼손 엄지손가락으로 누르면서 오른손으로 감겨진 철사를 푼다.

③ 왼손으로 샴페인병을 잡고 오른손으로 코르크를 소리가 나지 않게 조심스럽게 빼낸다.

④ 병에 물기를 제거한 후 오른손 엄지를 병 밑쪽 파인 곳에 넣고 나머지 손가락으로 병을 잡고 왼손으로 병목 부분을 받치고 따른다.

(4) 드링크 서비스

① 주문을 받고 난 뒤 코스터를 테이블에 놓는다.

② 잔을 코스터 위에 올려 준다. 이때 잔은 오른손으로 오른쪽에서 서비스 한다.

③ 믹스로 함께 음료가 제공될 시에는 잔 옆쪽에 놓아준다.

④ 믹스 음료를 다 따르고 난 디캔터는 테이블에서 정리한다.

술과 건강

CHAPTER 11

CRAFTSMAN BARTENDER

01 술이 인체에 미치는 영향

1. 개요

술에 대한 연구결과를 보면 적당한 음주는 전혀 마시지 않는 사람에 비해 오히려 사망률이 0.8배가 낮아 적절한 음주는 건강에 해가 되지 않는다고 본다. 그러나 세계 보건기구에 따른 우리나라의 알코올 섭취량의 결과는 성인 한 명당 14.8리터로 계속 증가하고 있어 알코올 섭취가 건강에 미치는 영향에 대한 올바른 인식과 개선이 필요하다고 하겠다.

(1) 알코올도수 계산법

$$\frac{(재료의\ 알코올\ 도수) \times (재료의\ 알코올\ 도수) \times (재료의\ 양)}{재료의\ 총량}$$

(2) 마신 알코올 량 계산법

$$\frac{술의\ 농도(\%) \times 마시는\ 양(ml)}{100}$$

2. 술이 인체에 미치는 영향

(1) 술이 인체에 미치는 긍정적인 영향

① **심장병 예방** : 적당량의 술을 마시게 되면 알코올이 심근경색 등의 질환을 예방해 주며, 혈액의 응고를 방지하고 혈류를 부드럽게 만들어 동맥경화를 예방한다고 한다.

② **협심증 완화** : 협심증은 관상동맥 경화로 통증을 유발하게 되는데, 협심증 증상이 생길 때 작은 잔으로 한 두 잔의 소주나 위스키 또는 브랜드 등을 마시면 일반적으로 2~3분 내로 완화된다고 한다.

③ **풍부한 영양** : 술에는 탄수화물, 단백질, 아미노산, 각종 비타민, 칼슘, 인, 철 등 우리 몸에 필요한 풍부한 영양소가 함유되어 있다.

④ **소화 작용** : 식사 전의 적당한 음주는 소화계통 내의 각종 소화액 분비를 촉진하여 위장의 소화와 섭취능력을 향상시킨다.

(2) 술이 인체에 미치는 부정적인 영향

① **심장병** : 알코올을 오랫동안 마시면 맥박이 빨라지고 숨이 가쁘며 혈액순환에 장애가 발생한다. 이것을 알코올성 심근증이라고 한다.

② **간 기능의 저하** : 간은 모든 영양물질을 합성 또는 분해하여 저장해 두고, 모든 독소를 해독하는 작용을 한다. 그러나 다량의 술을 마시면 간이 정상적인 기능을 할 수 없게 되고 알코올 성분 이외의 성분들은 지방으로 변하여 지방간이 생기기도 한다.

③ **뇌손상** : 짧은 시간에 많은 양을 음주할 경우 대뇌피질이 마비상태가 되어 언어를 상실하고 인사불성이 되고 이것이 계속 진행된다면 생명 중추가 마비되고 심장 박동과 호흡이 중지되어 사망할 수 있다.

음주를 자제해야 하는 경우
- 미성년자
- 가족 중 알코올 중독자가 있는 경우
- 출혈성 뇌졸중 환자
- 위장관계에 암의 전구질환이 있는 경우
- 임산부
- 가족 중 유방암 환자가 있는 경우
- 간 또는 췌장 질환이 있는 환자

02 건전한 음주 문화

1. 건강한 음주법

(1) 공복 시 술을 마시지 않으며 음주 전에 반드시 식사를 한다

빈 속에 술을 마시면 위벽을 상하게 할 뿐 아니라 알코올의 흡수 속도가 빨라 혈중 알코올 농도가 급격히 상승하여 간에 큰 부담을 준다. 그러므로 비타민과 고단백질을 많이 포함한 음식을 섭취한 뒤 술을 마시는 것이 좋다.

(2) 음주와 흡연을 함께 하지 않는다

담배는 니코틴 외에 인체에 유해한 각종 물질과 발암물질을 많이 포함하고 있어, 음주 시 알코올에 용해되어 저항력과 암 발생 억제력을 감소시켜 인체에 쉽게 흡수된다. 술을 마시면서 담배를 많이 피우는 사람은 구강암, 식도암, 후두암 등에 걸릴 위험이 높다.

(3) 적당히 마신다

건강에 도움이 되는 적당한 양은 사람, 성별, 나이에 따라 다르기 때문에 건강과 불안감 해소, 식욕증진, 스트레스 해소에 의한 기분전환의 효과를 느낄 정도면 적당한 양이라 할 수 있다. 통계 조사에 의하면 일주일 기준으로 성인 남성은 14잔 이하, 성인 여성과 65세 이상 남성은 7잔 이하, 노인여성은 3잔 이하를 마시는 경우를 말한다.

(4) 매일 마시지 않는다

술을 마신 뒤에는 적어도 2, 3일 동안은 술을 마시지 않아야 한다. 매일 소량의 술을 마시는 것보다 한번에 많은 술을 마신 뒤 며칠간 금주하는 것이 오히려 건강에 덜 해롭다.

(5) 음주 후 목욕은 피한다

술을 마신 뒤 목욕을 하면 체내에 저장된 포도당이 급격히 소모되어 체온이 떨어지고 알코올이 간의 포도당 저장기능을 저해시켜 쉽게 혼절할 수 있다.

2. 잘못된 술에 관한 상식

(1) 술은 불면증에 도움이 된다

적당한 음주는 불면증에 도움이 된다고 생각하는 경우가 많다. 그러나 수면을 방해하여 음주 후 몇 시간이 안 돼 자주 깨게 된다.

(2) 알코올 도수가 높은 술은 숙취가 없다

술을 마신 뒤 흔히 겪는 두통, 메스꺼움, 구토 등은 아세트알데히드에 의한 것으로 이러한 현상은 술의 도수보다는 알코올 흡수량과 관련이 깊다.

(3) 탄산수를 섞어 마시면 빨리 취한다

독주를 탄산수와 섞어마시면 알코올 도수가 낮아져 마시기는 편하지만 희석된 탄산수는 위속의 염산과 작용하여 위를 자극해 위산과다를 촉진 시킨다.

(4) 해장술

술을 마시면 알코올이 1차 분해되며 생긴 아세트알데히드라는 독소를 해독하느라 숙취가 발생하게 된다. 이 고통을 잊기 위해서 마시는 해장술은 뇌의 중추신경을 마비시켜 잠시 고통을 잊게 해주는 일시적인 효과일 뿐 건강에는 해로운 결과를 가져온다.

(5) 맥주를 마시면 살이 찐다

맥주나 막걸리와 같은 곡주를 마시면 높은 칼로리 때문에 살이 찐다고 생각하는데 이때 맥주와 함께 하는 안주의 칼로리 때문이다.

CHAPTER 12 실무영어

CRAFTSMAN BARTENDER

1. 와인(Wine)

① **식전 와인(Aperitif Wine)** : Dry sherry
② **테이블 와인(Table Wine)** : Red wine, White wine, Rose wine
③ **디저트 와인(Dessert Wine)** : Port wine, Cream sherry wine, Sauternes, Barsac
④ **스파클링 와인(Sparkling Wine)** : Champagne, Cremant, Sekt, Spumante, Cava
⑤ **포도 품종(Grape Variety)**
  - Red : Cabernet Sauvignon, Merlot, Pinot Noir, Syash(Shiraz), Gamay, Malbec, Sangiovese, Tempranillo
  - White : Chardonnay, Sauvignon Blanc, Semillon, Riesling, Gewurztraminer, Chenin Blanc
⑥ **기타 와인관련 용어**
  - Sommelier : 와인 전문 담당자로 wine steward, wine master
  - Corkscrew : 와인 병뚜껑을 따는 기구
  - Decanting : 와인의 불순물을 거르고 향과 맛을 더해주기 위해 담아 서브하는 기구
  - Vintage : 포도의 수확 연도
  - Claret : 보르도 지방에서 나오는 가벼운 스타일의 레드 와인
  - Hock : 독일산 백포도주
  - Phylloxera : 포도나무뿌리를 공격하고 토양 속에 사는 작은 기생충
  - Aroma & Bouquet : 와인의 포도향과 숙성향
  - Terroir : 포도가 자라는 데 영향을 주는 지리적, 기후적인 요소, 포도재배법 등을 모두 포괄하는 단어
  - Clos : 담장이 있는 포도원
  - Magnum : 포도주 등을 담는 1.5리터짜리 병
  - Jeroboam : 스파클링 와인, 샴페인일 경우에는 3리터의 크기이며 보르도와 브르곤류에서 생산되는 일반 와인일 경우에는 4.5리터를 담을 수 있는 크기
  - Pannier : 와인 병을 뉘어 놓을 수 있는 바구니로 와인을 따를 때 앙금이 생기지 않도록 하기 위한 도구
  - French Paradox : 프랑스인들이 미국인과 영국인 못지않게 고지방 식이를 하고도

허혈성 심장병에 덜 걸리는 현상을 의미
- Wine cellar : 포도주 저장실
- Corkage charge : 외부로부터 반입된 음료를 서브하고 그에 대한 서비스 대가를 받는 요금.
- Body : 입안에서 감지되는 와인의 무게감, 와인의 스타일을 결정해주는 요소 중 하나
- Free Run, Press : 자연 유출액, 압착액
- House Wine : 가볍게 마시는 대중적인 와인
- Polyphenol, Tannin : 포도껍질과 씨에 함유된 와인의 특정성분으로 심혈관계 질환에 도움
- Negociant : 와인 제조업자
- Chateau : 개인이나 단체가 소유하고 있는 포도밭에서 생산된 포도주에만 샤토라는 명칭과 포도밭의 이름 및 소유자 이름 등을 상표에 표기할 수 있음

2. 맥주(Beer) - 대표적 이름들

① 미국 : Miller, Budweiser, Coors, Rolling Rock 등
② 독일 : Warsteiner, Henninger Bier, Beck's 등
③ 영국 : Guinness Stout, Bass, Pale Ale, Young's 등
④ 체코 : Pilsner, Urquel 등
⑤ 네덜란드 : Heineken, Bavaria, Breda, Grolsch, Amstel, Oranjeboom 등
⑥ 덴마크 : Carlsberg, Tuborg, Faxe, Green Bacchus, Scandia 등
⑦ 노르웨이 : Frydenlund, Ski 등
⑧ 프랑스 : Pelfore, Kronenbourg, Jenlain 등
⑨ 중국 : Tsingtao, Yanjing, Jintaiyang, Shidao 등
⑩ 일본 : Kirin, Asahi, Sapporo

3. 증류주(Distilled Liquor)

① Rum : Bacardi, Myers's, Havana Club, Captain Morgan, Pampero, Zacapa

② Gin : Beefeater, Gordon, Tanqueray, Bombay Sapphire, Hendrick's Gin, Gilbey's

③ Vodka : Stolichnaya, Moskovskaya, Smirnoff, SKYY, Finlandia, Absolute, Ciroc, Grey Goose

④ Tequila : Jose Cuervo, Sauza, Pepe Lopez, Two Fingers, Mariachi, Patron

⑤ Whisky
- Scotch Whisky : Johnnie Walker, Chivas Regal, Royal Salute, Ballantine's, J&B
- American Whisky : Jim Beam, Wild Turkey, Old Crow, I. W. Harper, Jack Daniel's
- Irish Whisky : John Jameson, Old Bushmills
- Canadian Whisky : Crown Royal, Canadian Club, Seagram's V. O, Black Belvet
- Malt Whisky : Macallan, The Glenlivet, Glenfiddich

⑥ Brandy 등급표시 V.O , V.S.O , V.S.O.P ,X.O , EXTRA
- Cognac : Martell, Hennessy, Courvoisier, Remy Martin, Camus
- Armagnac : Chabot, Malliac, Janneau, Marquis de Vibrac
- 기타 : Calvados, Grappa, Aquavit

4. 혼성주(Compounded Liquor)

Anisette, Benedictine, Campari, Chartreuse, Cynar, Galliano, Jagermeister, Sambuca, Curacao, Kahlua, Amaretto, Drambuie, Irish Mist, Advocaat, Angostura Bitters

5. 칵테일 분류

① Rum : Bacardi, Daiquiri, Cuba Libre, Mai Tai, Pina Colada, Blue Hawaiian, Mojito

② Gin : Gimlet, Gibson, Negroni, Dry Martini, Singapore Sling, Orange Blossom, Paradise, Tom Collins, Pink Lady

③ Vodka : Kiss of fire, Cosmopolitan, Emerald Martini, Apple Martini, Screwdriver, Moscow Mule, Bloody Mary, Harvey Wallbanger, Long Island Iced

tea, Black Russian

④ **Tequila** : Tequila Sunrise, Margarita

⑤ **Whisky** : God Father, New York, Rusty Nail, Rob Roy, Manhattan, Old Fashion, Whisky Sour, Irish Coffee

⑥ **Brandy** : Stinger, Sidecar, Brandy Alexander, Olympic, Honeymoon, Brandy Sour, Brandy Eggnog

⑦ **Liquor** : Golden Cadillac, B-52, Grasshopper, Malibu Bay Breeze, Midori Sour, Bailey's Milk, Brain Haemorrhage, Spumoni, Sloe Gin Fizz, Angel's Kiss

⑧ 칵테일 만드는 기법에 의한 분류
- Build(직접 넣기) : Black Russian, Screwdriver
- Stir(휘젓기) : Martini, Gibson, Manhattan, Rob Roy
- Shake(흔들기) : Pink Lady
- Blend(블랜딩) : Mai Tai

주장 관련

CRAFTSMAN BARTENDER

1. 주장 서비스 영어

- 식사 전에 음료한잔 하시겠습니까?

    Would you like something to drink before your meal?

- 지금 포도주를 따라 드릴까요?

    Would you like me to serve the wine now?

- 와인목록을 갖다 드릴까요?

    May I give you a wine list?

- 어떤 주스를 원하십니까?

    What kind of juice would you like?

- 저희는 오렌지, 당근, 자몽, 키위주스가 있습니다.

    We have orange, carrot, grapefruit and kiwi juice.

- 몇 분이십니까?

    How many persons, please?

- 네 사람입니다.

    A table for four, please.

- 기다리게 해서 죄송합니다.

    I'm sorry to have kept you waiting.

2. 호텔 관련 영어

- 죄송합니다만 오늘밤은 예약이 다 되어 있습니다.

    I am afraid we are fully booked for tonight.

- 예약을 확인해 드리겠습니다.

    May I confirm your reservation?

- 예약부를 확인해 보겠습니다.

    Let me look in the reservation book, sir/ma'am.

- 손님을 위해 준비해 놓겠습니다.

    I will have it ready for you.

- 대기목록에 올려드릴까요?

    May I put you on a waiting list?

- 괜찮으십니까?

    Will that be all right?

- 영수증에 서명을 부탁합니다.

    Would you sign your name on the receipt.

- 언제 룸을 사용하실 것인가요?

    When do you want to use the room, sir/ma'am?

- 죄송합니다만, 손님의 예약기록이 없습니다.

    I'm sorry, I'm afraid I can't find your reservation.

- 어떻게 계산하시겠습니까?

    How would you like to pay the bill?

- 음료를 제외한 뷔페가격은 40,000원입니다. 세금과 봉사료는 포함되어 있습니다.

    The buffet price without beverage is forty thousand won, including service charge and tax.

- 여행자 수표는 저희 호텔에서 현금과 교환하실 수 있습니다.

    Traveler's checks can be cashed in our hotel.

- 도움이 필요하시면 저를 불러 주십시오.

    Please call me if you need any other assistance.

- 오시기를 기대하겠습니다.

    We are looking forward to serving you.

- 인천공항은 약 2시간이 소요됩니다.

    It take about two hours to Incheon international airport.

- 리무진버스는 아침 5시 55분부터 30분 간격으로 출발합니다.

    The limousin bus runs every thirty minutes from five fifty AM.

- 리무진버스 요금은 이만원입니다.

    The limousin bus fare is twenty thousand won.

- 죄송합니다, 매니저를 곧 불러드리겠습니다.

    I'm sorry, I'll get my manager right now.

- 예약하신 방으로 안내하여 드리겠습니다, 이리로 오십시오.

    I will show you to your room. Please, come this way.

- 왼쪽의 엘리베이터를 이용하세요.

    Please, take the elevator on your left.

- 먼저 가십시오.

    After you.

- 더 필요하신 것은 없으십니까?

    Is there anything else.

- 여기 물품보관증이 있습니다. 찾으실 때 이것을 보여 주십시오.

    Here is your cloak ticket. Please, show this when you claim your belonging.

- 티켓을 잃어버리셨을 때는 즉시 알려주십시오.

    If you lose this ticket, please inform us right away.

- 감사합니다만, 저희는 노팁정책을 하고 있습니다.

    Thank you, but we have a "no tipping" policy.

- 메모를 남기시겠습니까?

    Would you like to leave a message?

- 즉시 확인하여 보겠습니다.

    I will check it right away.

- 늦어져서 죄송합니다.

    We are sorry for the delay.

- 호텔브로셔는 콘시어즈 데스크 옆에 비치되어 있습니다.

    You can find a hotel brochure beside the concierge desk.

- 10%의 세금과 10%봉사료가 추가됩니다.

    A Ten percentage tax and a ten percentage service charge will be added on your bill.

- 고객에게는 3시간까지 무료 주차권을 드립니다.

    We offer 3 hours free parking for guests.

- 즉시 조치를 취해 드리겠습니다.

    I will take care of it immediately.

- 귀중품은 리셉션에 맡겨 주십시오.

    Would you leave valuables at the reception desk?

- 죄송합니다만, 확답을 드릴 수 없습니다.

    I'm afraid I can't guarantee it.

- 손님별로 따로 빌을 드릴까요? 같이 해드릴까요?

    Shall I make separate or one check?

- 총 금액은 5만원입니다.

    Your amount comes to fifty thousand won.

- 날씨가 따뜻합니다.

    It is warm today.

- 약국은 로비를 지나서 있습니다. 제가 안내하여 드리겠습니다.

    The drug store is across the lobby. I will show you the way.

- 이층으로 가셔서 왼쪽으로 두 번 도십시오.

    Please, go up to the second floor and turn left twice.

- 엘리베이터를 타고 지하2층으로 가시면 됩니다.

    Please, take the elevator down to the second basement.

- 고객을 위해 무료로 운행되고 있습니다.

    It runs free of charge.

- 매니저와 연결하여 드리겠습니다.

    I will contact you to our manager.

- 전화상태가 고르지 않습니다. 죄송하지만 다시 걸어주시겠습니까?

    I'm afraid the line is noisy. Would you call again?

- 모든 습득물은 보관소에 보관합니다.

  Everything we find is turned into the lost and found.

- 재확인했으나, 아무것도 없습니다. 죄송합니다.

  We rechecked but nothing has been found. I' sorry.

- 아침 8시에 엽니다.

  It opens at eight in the morning.

- 디저트는 무엇으로 하시겠습니까?

  What would you like for dessert?

- 주문하신 음식이 나왔습니다.

  Excuse me, here you are.

- 카페에서는 간단한 식사도 하실 수 있습니다.

  We serve light meals in the cafe.

- 죄송합니다, 잘못 알아들은 거 같습니다. 다른 것으로 가져오겠습니다.

  I'm sorry, we must have misunderstood you. I'll bring another one right away.

- 쉬림프 칵테일에는 오로라 소스가 제공됩니다.

  The shrimp cocktail is served with aurora sauce.

- 조갯살은 버터에 요리되어 양송이가 함께 나옵니다.

  The scallops are sauteed in butter and served with mushroom.

- 스테이크는 그릴요리로 제공되며 당근과 튀긴 감자가 함께 나옵니다.

  The steak is grilled and served with carrot and french fries

- 달걀을 어떻게 요리해 드릴까요?

  How would you like your eggs?

- 고기는 어느 정도 익힐까요?

  How would you like your steak?

- 커피 더 드시겠습니까?

  Would you like more coffee?

- 하이체어를 가져다 드릴까요?

  Would you like a high chair for your child?

- 예약하셨습니까?

  Do you have a reservation?

- 죄송합니다만, 지금은 자리가 없습니다.

  I'm sorry, we don't have any open tables at the moment.

- 30분 정도 있으면 좌석을 마련해 드릴 수 있습니다. 기다리시겠습니까?

  We can make a table in about half an hour. Would you mind waiting for a while?

- 저희는 매일 아주 신선한 것들을 준비합니다.

  We get them very fresh everyday.

- 생선요리는 저희 식당의 특별요리중의 하나입니다.

  Fish is one of the specialties of the house.

- 이리로 오시겠습니까?

  Would you come this way, please?

- 여기 앉으십시오.

  Here is your table.

- 코트를 받아드릴까요?

  May I take your coat?

- 주문하셨습니까?

  Have you ordered?

- 저희 스테이크를 추천해드리겠습니다.

  I would like to recommend our steak.

- 식당의 중앙에 앉으셔도 괜찮으시겠습니까?

  Would you mind sitting in the middle of the room?

- 잠시 후에 다시 오겠습니다.

  I'll be with you in a moment.

- 실례하겠습니다, 접시를 가져가도 되겠습니까?

  Excuse me, shall I take your plate away?

- 새벽 2시에 문을 닫습니다.

  It closes at two AM(ante meridiem).

- 아침 8시에 엽니다.

  It opens at eight in the morning.

- 카페에서는 간단한 식사도 하실 수 있습니다.

  We serve light meals in the cafe.

PART 02

공단 기출문제

Chapter

01. 2012년 1회
02. 2012년 2회
03. 2013년 1회
04. 2013년 2회
05. 2013년 3회
06. 2013년 4회
07. 2014년 1회
08. 2014년 2회
09. 2014년 3회
10. 2014년 4회
11. 2015년 1회
12. 2015년 2회
13. 2015년 3회
14. 2015년 4회
15. 2016년 1회
16. 2016년 2회
17. 2016년 3회

2012년 3회 07월 22일 시행

공단 기출문제

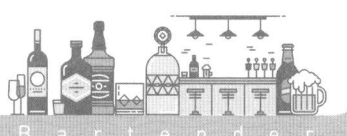

01 곡류를 원료로 만드는 술의 제조 시 당화과정에 필요한 것은?

① Ethyl Alcohol
② CO_2
③ Yeast
④ Diastase

> 당화는 녹말을 당으로 만들어 발효시키는 것을 뜻하며, 디아스타제는 아밀라아제의 옛 명칭이다.

02 데킬라에 오렌지 주스를 배합한 후 붉은색 시럽을 뿌려서 모양이 마치 일출의 장관을 연출케 하는 환희의 칵테일은?

① Stinger
② Tequila Sunrise
③ Screw Driver
④ Pink Lady

03 과일이나 곡류를 발효시킨 주정을 기초로 증류한 스피릿(Spirits)에 감미를 더하고 천연향미를 첨가한 것은?

① 양조주(Fermented Liquor)
② 증류주(Distilled Liquor)
③ 혼성주(Liqueur)
④ 아쿠아비트(Akvavit)

04 커피의 맛과 향을 결정하는 중요한 가공요소가 아닌 것은?

① Roasting
② Blending
③ Grinding
④ Weathering

> • Roasting : 원두를 볶는 것
> • Blending : 원두를 혼합하는 것
> • Grinding : 원두를 갈아내는 것
> • Weathering : 기후 조건

05 보드카(Vodka)에 대한 설명 중 틀린 것은?

① 슬라브 민족의 국민주라고 할 수 있을 정도로 애음되는 술이다.
② 사탕수수를 주원료로 사용한다.
③ 무색(Colorless), 무미(Tasteless), 무취(Odorless)이다.
④ 자작나무 활성탄과 모래를 통과시켜 여과한 술이다.

06 다음 중 용량이 가장 큰 계량 단위는?

① 1 Teaspoon
② 1 Pint
③ 1 Split
④ 1 Dash

> 1Teaspoon = 1/8oz, 1Pint = 16oz, 1Split = 6oz, 1Dash = 1/32oz

07 칵테일 장식에 사용되는 올리브(Olive)에 대한 설명으로 틀린 것은?

① 칵테일용과 식용이 있다.
② 마티니의 맛을 한껏 더해 준다.
③ 스터프트 올리브(Stuffed Olive)는 칵테일용이다.
④ 롭 로이 칵테일에 장식되며 절여서 사용한다.

08 다음 중 혼성주의 제조방법이 아닌 것은?

① 샤마르법(Charmat Process)
② 증류법(Distilled Process)
③ 침출법(Infusion Process)
④ 배합법(Essence Process)

09 프랑스에서 가장 오래된 혼성주 중의 하나로 호박색을 띠고 '최대 최선의 신에게'라는 뜻을 가지고 있는 것은?

① 압생트(Absente)
② 아쿠아비트(Akvavit)
③ 캄파리(Campari)
④ 베네딕틴 디오엠(Benedictine D.O.M)

D.O.M : Deo Optimo Maximo(=The Optimum Maximum)

10 흑맥주가 아닌 것은?

① Stout Beer
② Munchener Beer
③ Kolsch Beer
④ Porter Beer

11 다음 중 그레나딘(Grenadine)이 필요한 칵테일은?

① 위스키 사워(Sour)
② 바카디(Bacardi)
③ 카루소(Caruso)
④ 마가리타(Margarta)

• 위스키 사워(Sour) : Whiskey + Lemon Juice + sugar
• 바카디(Bacardi) : Rum + Lime Juice + Grenadine Syrup
• 마가리타(Margarta) : Tequila + Triple Sec + Lime Juice

12 스파클링 와인에 해당되지 않는 것은?

① Champagne
② Cremant
③ Vin doux naturel
④ Spumante

13 수분과 이산화탄소로만 구성되어 식욕을 돋우는 효과가 있는 음료는?

① Mineral Water
② Soda Water
③ Plain Water
④ Cider

14 정찬코스에서 hors-d'oeuvre 또는 Soup 대신에 마시는 우아하고 자양분이 많은 칵테일은?

① after dinner Cocktail
② Before dinner Cocktail
③ Club Cocktail
④ Night cap Cocktail

15 다음 중 뜨거운 칵테일은?

① 아이리쉬 커피
② 싱가폴 슬링
③ 핑크레이디
④ 피나 콜라다

16 알코올성 음료 중 성질이 다른 하나는?

① Kahlua
② Tia Maria
③ Vodka
④ Anisette

17 에일(Ale)이란 음료는?

① 와인의 일종이다
② 증류주의 일종이다
③ 맥주의 일종이다
④ 혼성주의 일종이다

18 다음 중 오드비(Eau de vie)가 아닌 것은?

① Kirsch
② Apricots
③ Framboise
④ Amaretto

19 보르도(Bordeaux)지역에서 재배되는 레드와인용 품종이 아닌 것은?

① 메를로(Merlot)
② 뮈스까델(Muscadelle)
③ 까베르네 쇼비뇽(Cabernet Sauvignon)
④ 까베르네 프랑(Cabernet Franc)

20 맨하탄(Manhattan) 칵테일을 담아 제공하는 글라스로 가장 적합한 것은?

① 샴페인 글라스(Champagne glass)
② 칵테일 글라스(Cocktail glass)
③ 하이볼 글라스(Highball glass)
④ 온더락 글라스(On the rock glass)

21 포트와인(Port Wine)이란?

① 포르투갈산 강화주
② 포도주의 총칭
③ 캘리포니아산 적포도주
④ 호주산 적포도주

22 세계 4대 위스키에 속하지 않는 것은?

① Scotch Whisky
② American Whiskey
③ Canadian Whisky
④ Japanese Whisky

23 칵테일 도량용어로 1Finger에 가장 가까운 양은?

① 30㎖ 정도의 양
② 1병(Bottle)만큼의 양
③ 1대시(Dash)의 양
④ 1컵(Cup)의 양

1Finger = 1Pony = 1oz = 30ml

24 진(Gin)에 다음 어느 것을 혼합해야 Gin Rickey가 되는가?

① 소다수(Soda Water)
② 진저엘(Ginger Ale)
③ 콜라(Cola)
④ 사이다(Cider)

Gin Rickey : Gin + Lime Juice + Soda Water

25 Gibson에 대한 설명으로 틀린 것은?

① 알코올 도수는 약 36도에 해당한다.
② 베이스는 Gin이다.
③ 칵테일 어니언(Onion)으로 장식한다.
④ 기법은 Shaking이다.

Gin + Dry vermouth + Onion : Stirring 기법

26 우리나라 민속주에 대한 설명으로 틀린 것은?

① 탁주류, 약주류, 소주류 등 다양한 민속주가 생산된다.
② 쌀 등 곡물을 주원료로 사용하는 민속주가 많다.
③ 삼국시대부터 증류주가 제조되었다.
④ 발효제로는 누룩만을 사용하여 제조하고 있다.

> 증류주는 고려시대에 전파되었다.

27 와인의 용량 중 1.5L 사이즈는?

① 발따자르(Balthazer)
② 드미(Demi)
③ 매그넘(Magnum)
④ 제로보암(Jeroboam)

28 커피의 3대 원종이 아닌 것은?

① 로부스타종
② 아라비카종
③ 인디카종
④ 리베리카종

29 다음 중 Bourbon Whiskey는?

① Jim Beam
② Ballantine's
③ Old Bushmills
④ Cutty Sark

> Bourbon Whiskey : Jim Beam, Jack Daniel, Old Crow 등

30 잔 주위에 설탕이나 소금 등을 묻혀서 만드는 방법은?

① Shaking ② Building
③ Floating ④ Frosting

31 원가를 변동비와 고정비로 구분할 때 변동비에 해당하는 것은?

① 임차료
② 직접재료비
③ 재산세
④ 보험료

32 발포성 와인의 서비스 방법으로 틀린 것은?

① 병을 45°로 기울인 후 세게 흔들어 거품이 충분히 나오도록 한 후 철사 열개를 푼다.
② 와인쿨러에 물과 얼음을 넣고 발포성 와인 병을 넣어 차갑게 한 다음 서브한다.
③ 서브 후 서비스 냅킨으로 병목을 닦아 술이 테이블 위로 떨어지는 것을 방지한다.
④ 거품이 너무 나오지 않게 잔의 내측 벽으로 흘리면서 잔을 채운다.

33 믹싱글라스(Mixing Glass)에서 만든 칵테일을 글라스에 따를 때 얼음을 걸러주는 역할을 하는 기구는?

① Ice Pick ② Ice Tong
③ Strainer ④ Squeezer

> • Ice Pick : 얼음을 깰 때 사용하는 기구
> • Ice Tong : 얼음 집게
> • Squeezer : 레몬이나 오렌지의 과즙을 짜는 기구

34 테이블의 분위기를 돋보이게 하거나 고객의 편의를 위해 중앙에 놓는 집기들의 배열을 무엇이라 하는가?

① Service Wagon
② Show Plate
③ B & B Plate
④ Center Piece

35 바텐더(Bartender)의 수칙이 아닌 것은?

① Recipe에 의한 재료와 양을 사용한다.
② 영업 중 Bar에서 재고조사를 한다.
③ 고객과의 대화에 지장이 없도록 교양을 넓힌다.
④ 고객 한 사람마다 신경을 써서 주문에 응한다.

36 Standard Recipe를 지켜야 하는 이유로 틀린 것은?

① 동일한 맛을 낼 수 있다.
② 객관성을 유지 할 수 있다.
③ 원가정책의 기초로 삼을 수 있다.
④ 다양한 맛을 낼 수 있다.

37 레몬이나 과일 등의 가니쉬를 으깰 때 쓰는 목재로 된 기구는?

① 칵테일 픽(Cocktail Pick)
② 푸어러(Pourer)
③ 아이스 페일(Ice Pail)
④ 우드 머들러(Wood Muddler)

38 음료가 든 잔을 서비스 할 때 틀린 사항은?

① Tray를 사용한다.
② Stem을 잡는다.
③ Rim을 잡는다.
④ Coaster를 잡는다.

39 바에서 사용하는 House Brand의 의미는?

① 널리 알려진 술의 종류
② 지정 주문이 아닐 때 쓰는 술의 종류
③ 상품(上品)에 해당하는 술의 종류
④ 조리용으로 사용하는 술의 종류

40 바텐더가 지켜야 할 바(Bar)에서의 예의로 가장 올바른 것은?

① 정중하게 손님을 환대하며 고객이 기분이 좋도록 Lip Service를 한다.
② 자주 오시는 손님에게는 오랜 시간 이야기 한다.
③ Second Order를 하도록 적극적으로 강요한다.
④ 고가의 품목을 적극 추천하여 손님의 입장보다 매출에 많은 신경을 쓴다.

41 와인 서빙에 필요치 않은 것은?

① Decanter
② Cock Screw
③ Stir rod
④ Pincers

> Stir rod : 칵테일 조주 시 서로 다른 주류를 혼합할 때 쓰인다.

42 다음은 무엇에 대한 설명인가?

| 일정기간 동안 어떤 물품에 대한 정상적인 수요를 충족시키는데 필요한 재고량 |

① 기준재고량(Par Stock)
② 일일재고량
③ 월말재고량
④ 주단위 재고량

43 바(Bar) 집기 비품에 속하지 않는 것은?

① Nut Meg
② Spindle Mixer
③ Paring Knife
④ Ice Pail

44 다음 중 Decanter와 가장 관계있는 것은?

① Red Wine
② White Wine
③ Champagne
④ Sherry Wine

45 맥주의 관리방법으로 옳은 것은?

① 습도가 높은 곳에 보관한다.
② 장시간 보관·숙성시켜서 먹는 것이 좋다.
③ 냉장보관 할 필요는 없다.
④ 직사광선을 피해 그늘지고 어두운 곳에 보관하여야 한다.

46 와인의 이상적인 저장고가 갖추어야 할 조건이 아닌 것은?

① 8℃에서 14℃ 정도의 온도를 항상 유지해야 한다.
② 습도는 70~75% 정도를 항상 유지해야 한다.
③ 흔들림이 없어야 한다.
④ 통풍이 좋고 빛이 들어와야 한다.

47 프론트 바(Front Bar)에 대한 설명으로 옳은 것은?

① 주문과 서브가 이루어지는 고객들의 이용장소로서 일반적으로 폭 40cm, 높이 120cm가 표준이다.
② 술과 잔을 전시하는 기능을 갖고 있다.
③ 술을 저장하는 창고이다.
④ 주문과 서브가 이루어지는 고객들의 이용장소로서 일반적으로 폭 80cm, 높이 150cm가 표준이다.

48 프라페(Frappe)를 만들기 위해 준비하는 얼음은?

① Cube Ice
② Big Ice
③ Cracked Ice
④ Crushed Ice

> 프라페는 잘게 부순 얼음을 넣어 만드는 칵테일이다.

49 Rob Roy 조주 시 사용하는 기물은?

① 세이커(Shaker)
② 믹싱글라스(Mixing Glass)
③ 전기 블렌더(Blender)
④ 주스믹서(Juice Mixer)

50 선입선출의 의미로 맞는 것은?

① First in, First On
② First in, First Off
③ First in, First Out
④ First inside, First on

51 What is the meaning of a walk-in guest?

① A guest with no reservation.
② Guest on charged instead of reservation guest.
③ By walk-in guest.
④ Guest that checks in through the front desk.

52 다음 밑줄 친 단어의 의미는?

> A : This beer is flat. I don't like warm beer.
> B : I'll have them replace it with a cold one.

① 시원함
② 맛이 좋은
③ 김이 빠진
④ 너무 독한

53 다음에서 설명하는 것은?

> A drinking mug. usually made of earthenware used for serving beer.

① Stein
② Coaster
③ Decanter
④ Muddler

54 다음에서 설명하는 것은?

> It is a denomination that controls the grape quality, cultivation, unit, density, crop, production.

① V.D.Q.S
② Vin de Pays
③ Vin de Table
④ A.O.C

> 와인의 포도품종, 맛, 재배방법 등을 관리하기 위해 만든 제도

55 다음 ( ) 안에 가장 알맞은 것은?

> Our hotel's bar has a ( ) from 6 to 9 in every Monday

① Bargain sales
② Expensive price
③ Happy hour
④ Business time

> Happy hour란 비활성의 영업시간에 레스토랑, 바 등에서 할인된 가격으로 알코올 음료, 맥주, 와인 및 칵테일을 제공하는 시간을 말한다.

56 Which is not Scotch Whisky?

① Bourbon
② Ballantine
③ Cutty Sark
④ V.A.T 69

57 "우리는 새 블랜더를 가지고 있다."를 가장 잘 표현한 것은?

① We has been a new blender.
② We has a new blender.
③ We had a new blender.
④ We have a new blender.

58 다음 ( ) 안에 알맞은 것은?

> ( ) must have juniper berry flavor and can be made either by distillation or re-distillation.

① Whisky
② Rum
③ Tequila
④ Gin

59 다음 ( ) 안에 적합한 단어는?

> A : What would you like to drink?
> B : I'd like a ( ).

① Bread
② Sauce
③ Pizza
④ Beer

60 What is the difference between Cognac and Brandy?

① material
② region
③ manufacturing company
④ nation

정답 2012년 3회 기출문제

01 ④	02 ②	03 ③	04 ④	05 ②
06 ②	07 ④	08 ①	09 ④	10 ③
11 ②	12 ③	13 ②	14 ③	15 ①
16 ③	17 ③	18 ④	19 ②	20 ②
21 ①	22 ④	23 ①	24 ①	25 ④
26 ③	27 ③	28 ③	29 ①	30 ④
31 ②	32 ①	33 ③	34 ④	35 ②
36 ④	37 ④	38 ③	39 ②	40 ①
41 ③	42 ①	43 ①	44 ①	45 ④
46 ④	47 ①	48 ④	49 ②	50 ③
51 ①	52 ③	53 ①	54 ④	55 ③
56 ①	57 ④	58 ④	59 ④	60 ②

2012년 4회 공단 기출문제

10월 20일 시행

QUESTIONS FROM PREVIOUS TESTS

01 곡물(grain)을 원료로 만든 무색투명한 증류주에 두송자(juniper berry)의 향을 착향시킨 술은?

① tequila
② rum
③ vodka
④ gin

02 다음 보기에 대한 설명으로 옳은 것은?

> ① 만자닐라(Manzanilla)
> ② 몬틸라(Montilla)
> ③ 올로로쏘(Oloroso)
> ④ 아몬티라도(Amontillado)

① 이탈리아산 포도주
② 스페인산 백포도주
③ 프랑스산 샴페인
④ 독일산 포도주

03 만들어진 칵테일에 손의 체온이 전달되지 않도록 할 때 사용되는 글라스(glass)로 가장 적합한 것은?

① stemmed glass
② old fashioned glass
③ highball glass
④ collins glass

04 우리나라의 증류식 소주에 해당되지 않은 것은?

① 안동소주
② 제주 한주
③ 경기 문배주
④ 금산 삼송주

🍷 발효주를 증류하여 만들고 고유 증류주로는 안동소주, 제주 한주, 경기 문배주 등이 있다.

05 깁슨(Gibson) 칵테일에 알맞은 장식은?

① 올리브(Olive)
② 민트(Mint)
③ 체리(Cherry)
④ 칵테일 어니언(Cocktail onion)

06 다음 중 와인의 품질을 결정하는 요소로 가장 거리가 먼 것은?

① 환경요소(terroir)
② 양조기술
③ 포도품종
④ 부케(bouquet)

07 일반적으로 단식증류기(Pot still)로 증류하는 것은?

① Kentucky Straight Bourbon whiskey
② Grain whisky
③ Dark rum
④ Aquavit

🍷 • 단식증류 : 포트스틸로 증류시켜 만드는 방법으로 모양과 구조가 단순하여 증류가 끝날 때마다 중신을 바꿔 넣어 증류하는 방법. 방향성분 유지는 용이하나 대량생산이 불가능함. 몰트 위스키, 아이리쉬 몰트 위스키 등이 있다.
• 연속식 증류: Patent still, Column still, 대량 생산이 가능하고 농도가 높은 순수에 가까운 알코올이 생겨나고 블랜드용으로 이용된다.

08 상면발효 맥주로 옳은 것은?

① bock beer
② budweiser beer
③ porter beer
④ asahi beer

> • 하면발효(Lager) : 하이네켄, 아사히, 칭따오, 코로나, 밀러 등
> • 상면발효(Ale) : 뉴캐슬, 런던프라이드 같은 영국식, 벨기에의 호가든, 레페 그리고 독일의 바이스비어, 쾰쉬, 알트비어 등

09 Malt Whisky를 바르게 설명한 것은?

① 대량의 양조주를 연속식으로 증류해서 만든 위스키
② 단식 증류기를 사용하여 2회의 증류과정을 거쳐 만든 위스키
③ 피트탄(peat,석탄)으로 건조한 맥아의 당액을 발효해서 증류한 피트향과 통의 향이 배인 독특한 맛의 위스키
④ 옥수수를 원료로 대맥의 맥아를 사용하여 당화시켜 개량 솥으로 증류한 고농도 알코올의 위스키

10 다음 중 연결이 옳은 것은?

① absinthe - 노르망디 지방의 프랑스산 사과 브랜디
② campari - 주정에 향쑥을 넣어 만드는 프랑스산 리큐르
③ calvados - 이탈리아 밀라노에서 생산되는 와인
④ chartreuse - 승원(수도원)이란 뜻을 가진 리큐르

> • absinthe : 쑥이나 여러 가지 향초의 엑기스를 사용하여 만든 중독성이 강한 도수 높은(58~68도 Ale) 리큐어(Liqueur)로서 피로회복의 특효주이다. 독특한 오팔(Opal) 빛깔의 이 술은 45배의 물로 희석하여 마신다.
> • campari : 선인장의 진홍색 수액을 먹고 사는 연두벌레를 말려서 얻는다고 알려져 있다. 캄파리의 쌉싸름한 맛은 식욕을 촉진시키는 이태리의 대표적인 에프리티프(식전주)로 사용되고 있다.
> • calvados : 프랑스 칼바도스산(産)의 사과로 만든 사과 브랜디이다.

11 Scotch whisk에 꿀(Honey)을 넣어 만든 혼성주는?

① Cherry Heering
② Cointreau
③ Galliano
④ Draimbuie

12 커피(Coffee)의 제조방법 중 틀린 것은?

① 드립식(drip filter)
② 퍼콜레이터식(percolator)
③ 에스프레소식(espresso)
④ 디켄터식(decanter)

13 다음 중 프랑스의 발포성 와인으로 옳은 것은?

① Vin Mousseux
② Sekt
③ Spumante
④ Perlwein

> • Sekt, Perlwein : 독일 스파클링 와인
> • Spumante : 이탈리아 스파클링 와인

14 "생명의 물" 이라고 지칭되었던 유래가 없는 술은?

① 위스키
② 브랜디
③ 보드카
④ 진

15 소금을 Cocktail Glass 가장자리에 찍어서 (Riming) 만드는 칵테일은?

① Singapore Sling
② Side Car
③ Margarita
④ Snowball

16 보드카가 기주로 쓰이지 않는 칵테일은?

① 맨해탄
② 스크루드라이브
③ 키스 오브 화이어
④ 치치

17 1 quart는 몇 ounce인가?

① 1　　　　② 16
③ 32　　　 ④ 38.4

> 1quart = 32 ounce

18 Long Drink에 대한 설명으로 틀린 것은?

① 주로 텀블러 글라스, 하이볼 글라스 등으로 제공한다.
② 탐 콜린스, 진피즈 등이 속한다.
③ 일반적으로 한 종류 이상의 술에 청량음료를 섞는다.
④ 무알콜 음료의 총칭이다.

19 Gin & Tonic에 알맞은 glass와 장식은?

① Collins Glass – Pineapple Slice
② Cocktail Glass – Olive
③ Cocktail Glass – Orange Slice
④ Highball Glass – Lemon Slice

20 주류의 주정도수가 높은 것부터 낮은 순서대로 나열된 것으로 옳은 것은?

① Vermouth 〉 Brandy 〉 Fortified Wine 〉 Kahlua
② Fortified Wine 〉 Vermouth 〉 Brandy 〉 Beer
③ Fortified Wine 〉 Brandy 〉 Beer 〉 Kahlua
④ Brandy 〉 Galliano 〉 Fortified Wine 〉 Beer

> 도수가 높은 순서 : 증류주 〉 혼성주 〉 양조주

21 칵테일 제조에 사용되는 얼음(Ice)종류의 설명이 틀린 것은?

① 쉐이브드 아이스(Shaved Ice) : 곱게 빻은 가루 얼음
② 큐브드 아이스(Cubed Ice) : 정육면체의 조각 얼음 또는 육각형 얼음
③ 크랙드 아이스(Cracked Ice) : 큰 얼음을 아이스 픽(Ice Pick)으로 깨서 만든 각얼음
④ 럼프 아이스(lump Ice) : 각얼음을 분쇄하여 만든 작은 콩알 얼음

> 럼프 아이스(lump Ice) : 직경 5인치 정도 크기의 덩어리얼음

22 스카치 위스키(Scotch Whisky)와 가장 거리가 먼 것은?

① Malt
② Peat
③ Used Sherry Cask
④ Used Limousin Oak Cask

> Used Limousin Oak Cask : 꼬냑을 숙성할 때 사용된다.

23 제조방법상 발효 방법이 다른 차(Tea)는?

① 한국의 작설차
② 인도의 다르질링(Darjeeling)
③ 중국의 기문차
④ 스리랑카의 우바(Uva)

> 다르질링, 기문차, 우바는 말린 잎을 효모로 인해 발효시킨 홍차, 작설차는 녹차의 한 종류로 발효하지 않은 차를 말한다.

24 브랜디에 대한 설명으로 가장 거리가 먼 것은?

① 포도 또는 과실을 발효하여 증류한 술이다.
② 코냑 브랜디에 처음으로 별표의 기호를 도입한 것은 1865년 헤네시(Hennessy)사에 의해서이다.
③ Brandy는 저장기간을 부호로 표시하며 그 부호가 나타내는 저장기간은 법적으로 정해져 있다.
④ 브랜디의 증류는 와인을 2~3회 단식 증류기(Pot still)로 증류한다.

25 맥주의 원료 중 홉(hop)의 역할이 아닌 것은?

① 맥주 특유의 상큼한 쓴맛과 향을 낸다.
② 알코올의 농도를 증가시킨다.
③ 맥아즙의 단백질을 제거한다.
④ 잡균을 제거하여 보존성을 증가시킨다.

26 부르고뉴 지역의 주요 포도품종은?

① 가메이와 메를로
② 샤르도네와 피노 누아
③ 리슬링과 산지오베제
④ 진판델과 까베르네 소비용

> • 가메이, 메를로, 까베르네 소비용 : 보르도
> • 리슬링 : 독일
> • 산지오베제 : 이태리

27 위스키의 제조과정을 순서대로 나열한 것으로 가장 적합한 것은?

① 맥아 – 당화 – 발효– 증류 – 숙성
② 맥아 – 당화 – 증류– 저장 – 후숙
③ 맥아 – 발효 – 증류 – 당화 – 브랜딩
④ 맥아 – 증류 – 저장– 숙성 – 발효

28 혼성주의 특성과 가장 거리가 먼 것은?

① 증류주 혹은 양조주에 초근목피, 향료, 과즙, 당분을 첨가하여 만든 술
② 리큐르(Liqueur)라고 불리어지는 술
③ 주로 식후주로 즐겨 마시며 화려한 색채와 특이한 향을 지닌 술
④ 곡류와 과실 등을 원료로 발효한 술

29 독일의 와인에 대한 설명 중 틀린 것은?

① 라인(Rhein)과 모젤(Msel) 지역이 대표적이다.
② 리슬링(Riesling)품종의 백포도주가 유명하다.
③ 와인의 등급을 포도 수확 시의 당분함량에 따라 결정한다.
④ 1935년 원산지 호칭 통제법을 제정하여 오늘날까지 시행하고 있다.

30 셰이킹(Shaking)기법에 대한 설명으로 틀린 것은?

① 셰이커(Shaker)에 얼음을 충분히 넣어 빠른 시간 안에 잘 섞이고 차게 한다.
② 셰이커(Shaker)에 재료를 넣고 순서대로 Cap을 Strainer에 씌운 다음 Body에 덮는다.
③ 잘 섞이지 않는 재료들을 셰이커(Shaker)에 넣어 세차게 흔들어 섞는 조주기법 이다.
④ 계란, 우유, 크림, 당분이 많은 리큐르 등으로 칵테일을 만들 때 많이 사용된다.

31 음료를 서빙 할 때에 일반적으로 사용하는 비품이 아닌 것은?

① bar spoon
② coaster
③ serving tray
④ napkin

32 바(Bar)에 대한 설명 중 틀린 것은?

① 불어의 Bariere 에서 왔다.
② 술을 판매하는 식당을 총칭하는 의미로도 사용된다.
③ 종업원만의 휴식공간이다.
④ 손님과 바맨 사이에 가로 질러진 널판을 의미한다.

33 에스프레소 추출 시 너무 진한 크레마(Dark Crema)가 추출되었을 때 그 원인이 아닌 것은?

① 물의 온도가 95℃보다 높은 경우
② 펌프압력이 기준압력보다 낮은 경우
③ 포터필터의 구멍이 너무 큰 경우
④ 물 공급이 제대로 안 되는 경우

34 와인의 보관법 중 틀린 것은?

① 진동이 없는 곳에 보관한다.
② 직사광선을 피하여 보관한다.
③ 와인을 눕혀서 보관한다.
④ 습기가 없는 곳에 보관한다.

🍷 적당한 습기가 있어야 코르크가 마르지 않는다.

35 Wood Muddler의 일반적인 용도는?

① 스파이스나 향료를 으깰 때 사용한다.
② 레몬을 스퀴즈 할 때 사용한다.
③ 음료를 서빙할 때 사용한다.
④ 브랜디를 띄울 때 사용한다.

36 기물의 설치에 대한 내용으로 옳지 않은 것은?

① 바의 수도시설은 Mixing Station 바로 후면에 설치한다.
② 배수구는 바텐더의 바로 앞에, 바의 높이는 고객이 작업을 볼 수 있게 설치한다.
③ 얼음제빙기는 Back Side에 설치하는 것이 가장 적절하다.
④ 냉각기는 표면에 병따개 부착된 건성형으로 Station 근처에 설치한다.

37 바람직한 바텐더(Bartender) 직무가 아닌 것은?

① 바(Bar)내에 필요한 물품 재고를 항상 파악한다.
② 일일 판매할 주류가 적당한지 확인한다.
③ 바(Bar)의 환경 및 기물 등의 청결을 유지, 관리한다.
④ 칵테일 조주 시 지거(Jigger)를 사용하지 않는다.

38 포도주(Wine)를 서비스 하는 방법 중 옳지 않은 것은?

① 포도주병을 운반하거나 따를 때에는 병 내의 포도주가 흔들리지 않도록 한다.
② 와인병을 개봉했을 때 첫 잔은 주문자 혹은 주빈이 시음을 할 수 있도록 한다.
③ 보졸레 누보와 같은 포도주는 디켄터를 사용하여 일정시간 숙성시킨 후 서비스한다.
④ 포도주는 손님의 오른쪽에서 따르며 마지막에 보틀을 돌려 흐르지 않도록 한다.

🍷 보졸레 누보 : 11월 셋째 주에 출시되는 그 해의 영 와인의 대표적인 예로 레드와인임에도 시원하게 즐긴다.

39 저장관리 방법 중 FIFO란?

① 선입선출
② 선입후출
③ 후입선출
④ 임의불출

40 주장의 종류로 가장 거리가 먼 것은?

① Cocktail Bar
② Members Club Bar
③ Pup Bar
④ Snack Car

> 주장의 종류에는 Cocktail Bar, Members Club Bar, Pup Bar, Hotel bar, Restaurant Bar, Potable Bar 등이 있다.

41 칵테일을 만드는 기법 중 "Stirring"에서 사용하는 도구와 거리가 먼 것은?

① Mixing Glass
② Bar Spoon
③ Strainer
④ Shaker

42 브랜디 글라스(Brandy Glass)에 대한 설명 중 틀린 것은?

① 튤립형의 글라스이다.
② 향이 잔속에서 휘감기는 특징이 있다.
③ 글라스를 예열하여 따뜻한 상태로 사용한다.
④ 브랜디는 글라스에 가득 채워 따른다.

> 손의 온기로 인해 브랜디의 향과 맛을 더 깊게 느낄 수 있게 한다

43 바텐더가 음료를 관리하기 위해서 반드시 필요한 것이 아닌 것은?

① Inventory   ② FIFO
③ 유통기한   ④ 매출

44 구매명세서(Standard Purchase Specification)를 사용부서에서 작성할 때 필요사항이 아닌 것은?

① 요구되는 품질요건
② 품목의 규격
③ 무게 또는 수량
④ 거래처의 상호

45 음료가 저장고에 적정재고 수준 이상으로 과도할 경우 나타나는 현상이 아닌 것은?

① 필요 이상의 유지 관리비가 요구된다.
② 기회 이익이 상실된다.
③ 판매 기회가 상실된다.
④ 과다한 자본이 재고에 묶이게 된다.

46 Pilsner Glass에 대한 설명으로 옳은 것은?

① 브랜디를 마실 때 사용한다.
② 맥주를 따르면 기포가 올라와 거품이 유지된다.
③ 와인향을 즐기는데 가장 적합하다.
④ 옆면이 둥글게 되어 있어 발레리나를 연상하게 하는 모양이다.

> Pilsner Glass, Jug, Stein, Tumbler, Mug, Pitcher 등이 맥주잔이다.

47 주장 종사원(waiter)의 직무에 해당하는 것은?

① 바(bar) 내부의 청결을 유지한다.
② 고객으로부터 주문을 받고 봉사한다.
③ 보급품과 기물주류 등을 창고로부터 보급받는다.
④ 조주에 필요한 얼음을 준비한다.

48 Key Box 나 Bottle Member제도에 대한 설명으로 옳은 것은?

① 음료의 판매회전이 촉진된다.
② 고정고객을 확보하기는 어렵다.
③ 후불이기 때문에 회수가 불분명하여 자금 운영이 원활하지 못하다.
④ 주문시간이 많이 걸린다.

49 고객이 호텔의 음료상품을 이용하지 않고 음료를 가지고 오는 경우, 서비스하고 여기에 필요한 글라스, 얼음, 레몬 등을 제공하여 받는 대가를 무엇이라 하는가?

① Rental charge
② V.A.T(value added tax)
③ Corkage charge
④ Service charge

- Rental charge : 장소 대여에 대한 비용
- V.A.T(value added tax) : 부가 가치세
- Service charge : 봉사료

50 다음은 무엇에 대한 설명인가?

매매계약 조건을 정당하게 이행하였음을 밝히는 것으로 판매자가 구매자에게 보내는 서류를 말한다.

① 송장(Invoice)
② 출고전표
③ 인벤토리 시트(Inventory Sheet)
④ 빈 카드(Bin Card)

- 출고전표 : 물품이 출고된 것을 기록한 표
- 인벤토리 시트(Inventory Sheet) : 재고 조사표
- 빈 카드(Bin Card) : 품목별 출납과 재고를 기록하는 표

51 다음 ( ) 안에 들어갈 단어로 가장 적합한 것은?

I'd like a stinger please, make it very ( ).
but not to strong, please.

① hot
② cold
③ sour
④ dry

52 다음 ( )안에 가장 적합한 것은?

W : Good evening, Mr. Carr.
   How are you this evening?
G : Fine, and you. Mr. Kim?
W : very well, thank you.
   What would you like to try tonight?
G : ( )
W : A whisky, no ice, no water. Am I correct?
G : Fantastic!

① Just one for my health, please.
② One for the road.
③ I'll stick to my usual.
④ Another one Please.

늘 먹던 걸로 주세요.

53 "This milk has gone bad."의 의미는?

① 이 우유는 상했다.
② 이 우유는 맛이 없다.
③ 이 우유는 신선하다.
④ 우유는 건강에 나쁘다.

54 "당신은 무엇을 찾고 있습니까?" 의 올바른 표현은?

① What are you look for?
② What do you look for?
③ What are you looking for?
④ What is looking for you?

55 Which is the VODKA based cocktail in the following?

① Paradise Cocktail
② Millon Dollars
③ Stinger
④ Kiss of Fire

56 What is the juice of the wine grapes called?

① mustard
② must
③ grapeshot
④ grape sugar

57 Which one is the cocktail containing "Bourbon, Lemon, and Sugar?

① Whisper of kiss
② Whiskey sour
③ Western rose
④ Washington

> Lemon, and Sugar = Sling, sour

58 Which one is the spirit made from Agave?

① Tequila
② Rum
③ Vodka
④ Gin

59 Which one is the cocktail to serve not to mix?

① B&B
② Black russian
③ Bull Shot
④ Pink lady

> Floating : 술의 비중의 차를 이용하여 내용물이 섞이지 않게 층층이 띄우는 기법이다. B&B, B-52

60 "First come first served"의 의미는?

① 선착순
② 시음회
③ 선불제
④ 연장자순

정답 2012년 4회 기출문제

01 ④	02 ②	03 ①	04 ④	05 ④
06 ④	07 ③	08 ③	09 ③	10 ④
11 ④	12 ④	13 ①	14 ④	15 ③
16 ①	17 ③	18 ④	19 ④	20 ④
21 ④	22 ④	23 ①	24 ③	25 ②
26 ②	27 ①	28 ④	29 ④	30 ②
31 ④	32 ③	33 ③	34 ④	35 ①
36 ③	37 ④	38 ③	39 ①	40 ④
41 ④	42 ④	43 ④	44 ④	45 ③
46 ②	47 ②	48 ①	49 ③	50 ①
51 ②	52 ③	53 ①	54 ③	55 ④
56 ②	57 ②	58 ①	59 ①	60 ①

2013년 1회 01월 27일 시행

공단 기출문제

01 혼성주(Componded Liquor)에 대한 설명 중 틀린 것은?

① 칵테일 제조나 식후주로 사용된다.
② 발효주에 초근목피의 침출물을 혼합하여 만든다.
③ 색채, 향기, 감미, 알코올의 조화가 잘 된 술이다.
④ 혼성주는 고대 그리스 시대에 약용으로 사용되었다.

02 커피의 향미를 평가하는 순서로 가장 적합한 것은?

① 미각(맛) → 후각(향기) → 촉각(입안의 느낌)
② 색 → 촉각(입안의 느낌) → 미각(맛)
③ 촉각(입안의 느낌) → 미각(맛) → 후각(향기)
④ 후각(향기) → 미각(맛) → 촉각(입안의 느낌)

03 다음 중 혼성주에 해당되는 것은?

① Beer
② Drambuie
③ Olmeca
④ Grave

04 블렌디드(Blended) 위스키가 아닌 것은?

① Chivas Regal 18년
② Glenfiddich 15년
③ Royal Salute 21년
④ Dimple 12년

05 증류주(Distilled Liquor)에 포함되지 않는 것은?

① 위스키(Whisky)
② 맥주(Beer)
③ 브랜디(Brandy)
④ 럼(Rum)

06 리큐르(liqueur)가 아닌 것은?

① Benedictine
② Anisette
③ Augier
④ Absinthe

- Benedictine : 안젤리카, 박하, 주니퍼 베리, 시나몬, 너트메그 등 27종의 약초를 혼합하여 만든 리큐르. 술병에 적힌 D.O.M은 Deo Optimo Meximo 라는 라틴어로 "가장 선하고 위대한 신에게"라는 뜻이다.
- Anisette : 증류주에 아니스 열매, 레몬, 코리앤더 등을 혼합하여 만든다.
- Absinthe : 쑥의 줄기와 잎을 잘게 썬 다음 고농도의 알코올을 부어 방치한 후 추출하고, 방향 성분이 녹아 있는 이 추출액을 다시 증류하여 제조한다.

07 브랜디(Brandy)와 코냑(Cognac)에 대한 설명으로 옳은 것은?

① 브랜디와 코냑은 재료의 성질에 차이가 있다.
② 코냑은 프랑스의 코냑지방에서 만들었다.
③ 코냑은 브랜디를 보관 연도별로 구분한 것이다.
④ 브랜디와 코냑은 내용물의 알코올 함량에 차이가 크다.

08 American Whiskey가 아닌 것은?

① Jim Beam
② Wild Turkey
③ Jameson
④ Jack Daniel

09 우리나라의 고유한 술 중 증류주에 속하는 것은?

① 경주법주
② 동동주
③ 문배주
④ 백세주

> 경주법주, 동동주, 백세주는 모두 발효주에 속한다.

10 다음 중 그 종류가 다른 하나는?

① Vienna coffee
② Cappuccino coffee
③ Espresso coffee
④ Irish coffee

11 독일의 리슬링(Riesling)와인에 대한 설명으로 틀린 것은?

① 독일의 대표적 와인이다.
② 살구향, 사과향 등의 과실향이 주로 난다.
③ 대부분 무감미 와인(Dry Wine)이다.
④ 다른 나라 와인에 비해 비교적 알코올 도수가 낮다.

12 와인을 막고 있는 코르크가 곰팡이에 오염되어 와인의 맛이 변하는 것으로 와인에서 종이 박스 향취, 곰팡이냄새 등이 나는 것을 의미하는 현상은?

① 네고시앙(negociant)
② 부쇼네(bouchonne)
③ 귀부병(noble rot)
④ 부케(bouquet)

13 브랜디의 제조공정에서 증류한 브랜디를 열탕소독한 White Oak Barrel에 담기 전에 무엇을 채워 유해한 색소나 이물질을 제거하는가?

① Beer
② Gin
③ Red Wine
④ White Wine

> 브랜디를 저장하기 전 화이트와인을 넣어 이물질을 제거하고 버린 후 브랜디를 저장한다.

14 탄산음료의 CO_2에 대한 설명으로 틀린 것은?

① 미생물의 발육을 억제한다.
② 향기의 변화를 예방한다.
③ 단맛과 부드러운 맛을 부여한다.
④ 청량감과 시원한 느낌을 준다.

15 차의 분류가 옳게 연결된 것은?

① 발효차 - 얼그레이
② 불발효차 - 보이차
③ 반발효차 - 녹차
④ 후발효차 - 자스민

16 셰리의 숙성 중 솔레라(solera) 시스템에 대한 설명으로 옳은 것은?

① 소량씩의 반자동 블렌딩 방식이다.
② 영(young)한 와인보다 숙성된 와인을 채워 주는 방식이다.
③ 빈티지 셰리를 만들 때 사용한다.
④ 주정을 채워 주는 방식이다.

> 강화와인을 블렌딩하는 스페인의 전통적인 방법. 해마다 다를 수 있는 맛의 차이를 최소화하여 늘 일정한 품질을 유지시켜 준다. 오래된 와인에 새로 만든 와인을 섞어주는 손이 많이 가는 작업이다.

17 다음 중 상면발효 맥주에 해당하는 것은?

① Lager Beer
② Porter Beer
③ Pilsner Beer
④ Dortmunder Beer

> • 하면발효(Lager) : 하이네캔, 아사히, 칭따오, 코로나, 밀러 등
> • 상면발효(Ale) : 뉴캐슬, 런던프라이드 같은 영국식, 벨기에의 호가든, 레페 그리고 독일의 바이스비어, 쾰쉬, 알트비어 등

18 럼(Rum)의 주원료는?

① 대맥(Rye)과 보리(Barley)
② 사탕수수(sugar cane)와 당밀(molasses)
③ 꿀(Honey)
④ 쌀(Rice)과 옥수수(Corn)

19 리큐르(Liqueur)의 제조법과 가장 거리가 먼 것은?

① 블렌딩법(Blending)
② 침출법(Infusion)
③ 증류법(Distillation)
④ 에센스법(Essence process)

20 다음에서 설명하는 프랑스의 기후는?

> • 연평균 기온 11~12.5℃ 사이의 온화한 기후로 걸프스트림이라는 바닷바람의 영향을 받는다
> • 보르도, 코냑, 알마냑 지방 등에 영향을 준다.

① 대서양 기후
② 내륙성 기후
③ 지중해성 기후
④ 대륙성 기후

21 와인 양조 시 1%의 알콜을 만들기 위해 약 몇 그램의 당분이 필요한가?

① 1g/L
② 10g/L
③ 16.5g/L
④ 20.5g/L

22 와인 테이스팅의 표현으로 가장 부적합한 것은?

① Moldy(몰디) - 곰팡이가 낀 과일이나 나무 냄새
② Raisiny(레이즈니) - 건포도나 과숙한 포도 냄새
③ Woody(우디) - 마른 풀이나 꽃 냄새
④ Corky(코르키) - 곰팡이 낀 코르크 냄새

> Woody(우디) : 나무 냄새

23 저온 살균되어 저장 가능한 맥주는?

① Draught Beer
② Unpasteurized Beer
③ Draft Beer
④ Lager Beer

> Draught Beer = Draft Beer = Unpasteurized Beer

24 토닉 워터(tonic water)에 대한 설명으로 틀린 것은?

① 무색투명한 음료이다.
② Gin과 혼합하여 즐겨 마신다.
③ 식욕증진과 원기를 회복시키는 강장제 음료이다.
④ 주로 구연산, 감미료, 커피 향을 첨가하여 만든다.

구연산, 감미료, 커피 향 : 칼루아

25 다음에서 설명하는 것은?

- 북유럽 스칸디나비아 지방의 특산주로 어원은 '생명의 물'이라는 라틴어에서 온 말이다.
- 제조과정은 먼저 감자를 익혀서 으깬 감자와 맥아를 당화, 발효시켜 증류시킨다.
- 연속증류기로 95%의 고농도 알코올을 얻은 다음 물로 희석하고 회향초 씨나, 박하, 오렌지 껍질 등 여러 가지 종류의 허브로 향기를 착향시킨 술이다.

① 보드카(Vodka)
② 럼(Rum)
③ 아쿠아비트(Aquavit)
④ 브랜디(Brandy)

26 다음의 설명에 해당하는 혼성주를 옳게 연결한 것은?

① 멕시코산 커피를 주원료로 하여 Cocoa, Vanilla 향을 첨가해서 만든 혼성주이다.
② 야생오얏을 진에 첨가해서 만든 빨간색의 혼성주이다.
③ 이탈리아의 국민주로 제조법은 각종 식물의 뿌리, 씨, 향초, 껍질 등 70여 가지의 재료로 만들어지며 제조 기간은 45일이 걸리다.

① ① 샤르뜨뢰즈(Chartreuse), ② 시나(Cynar), ③ 캄파리(Campari)
② ① 파샤(Pasha), ② 슬로우 진(Sloe Gin), ③ 캄파리(Campari)
③ ① 깔루아(Kahlua), ② 시나(Cynar), ③ 캄파리(Campari)
④ ① 깔루아(Kahlua), ② 슬로우 진(Sloe Gin), ③ 캄파리(Campari)

27 생강을 주원료로 만든 탄산음료는?

① Soda Water
② Tonic Water
③ Perrier Water
④ Ginger Ale

28 민속주 중 모주(母酒)에 대한 설명으로 틀린 것은?

① 조선 광해군 때 인목대비의 어머니가 빚었던 술이라고 알려져 있다.
② 증류해서 만든 제주도의 대표적인 민속주이다.
③ 막걸리에 한약재를 넣고 끓인 해장술이다.
④ 계피가루를 넣어 먹는다.

29 와인을 분류하는 방법의 연결이 틀린 것은?

① 스파클링 와인 – 알코올 유무
② 드라이 와인 – 맛
③ 아페리티프 와인 – 식사용도
④ 로제 와인 – 색깔

30 감미 와인(Sweet Wine)을 만드는 방법이 아닌 것은?

① 귀부포도(Noble rot Grape)를 사용하는 방법
② 발효 도중 알코올을 강화하는 방법
③ 발효 시 설탕을 첨가하는 방법(Chaptalization)
④ 햇빛에 말린 포도를 사용하는 방법

31 뜨거운 물 또는 차가운 물에 설탕과 술을 넣어서 만든 칵테일은?

① toddy
② punch
③ sour
④ sling

> sour, sling : 레몬주스에 시럽을 넣은 것으로 칵테일을 만들 때 많이 사용된다.

32 믹싱글라스(Mixing Glass)에서 제조된 칵테일을 잔에 따를 때 사용하는 기물은?

① Measure Cup
② Bottle Holder
③ strainer
④ Ice Bucket

33 Portable Bar에 포함되지 않는 것은?

① Room Service Bar
② Banquet Bar
③ Catering Bar
④ Western Bar

34 와인은 병에 침전물이 가라앉았을 때 이 침전물이 글라스에 같이 따라지는 것을 방지하기 위해 사용하는 도구는?

① 와인 바스켓
② 와인 디켄터
③ 와인 버켓
④ 코르크스크류

> 디켄터의 용도 : 와인 침전물의 분리, 공기와의 사전 접촉으로 풍부한 맛과 향을 내도록 한다.

35 다음 중 바텐더의 직무가 아닌 것은?

① 글라스류 및 칵테일용 기물을 세척 정돈한다.
② 바텐더는 여러 가지 종류의 와인에 대하여 충분한 지식을 가지고 서비스를 한다.
③ 고객이 바 카운터에 있을 때는 바텐더는 항상 서서 있어야 한다.
④ 호텔 내외에서 거행되는 파티도 돕는다.

36 생맥주(Draft Beer) 취급요령 중 틀린 것은?

① 2~3℃의 온도를 유지할 수 있는 저장시설을 갖추어야한다.
② 술통 속의 압력은 12~14 pound로 일정하게 유지해야한다.
③ 신선도를 유지하기 위해 입고 순서와 관계없이 좋은 상태의 것을 먼저 사용한다.
④ 글라스에 서비스할 때 3~4℃정도의 온도가 유지 되어야 한다.

> 유통기한을 철저히 지켜야하는 것이 생맥주이다. 선입선출

37 바 카운터의 요건으로 가장 거리가 먼 것은?

① 카운터의 높이는 1~1.5m 정도가 적당하며 너무 높아서는 안 된다.
② 카운터는 넓을수록 좋다.
③ 작업대(Working board)는 카운터 뒤에 수평으로 부착시켜야 한다.
④ 카운터 표면은 잘 닦여지는 재료로 되어 있어야 한다.

38 싱가폴 슬링(Singapore Sling) 칵테일의 재료로 적합하지 않은 것은?

① 드라이 진(Dry Gin)
② 체리브랜디(Cherry-Flavored Brandy)
③ 레몬쥬스(Lemon Juice)
④ 토닉워터(Tonic Water)

39 주장(Bar)에서 기물의 취급방법으로 틀린 것은?

① 금이 간 접시나 글라스는 규정에 따라 폐기한다.
② 은기물은 은기물 전용 세척액에 오래 담가두어야 한다.
③ 크리스털 글라스는 가능한 손으로 세척한다.
④ 식기는 같은 종류별로 보관하며 너무 많이 쌓아두지 않는다.

40 저장관리원칙과 가장 거리가 먼 것은?

① 저장위치 표시
② 분류저장
③ 품질보전
④ 매상증진

41 와인의 빈티지(Vintage)가 의미하는 것은?

① 포도주의 판매 유효 연도
② 포도의 수확 년도
③ 포도의 품종
④ 포도주의 도수

42 스파클링 와인(Sparkling Wine) 서비스 방법으로 틀린 것은?

① 병을 천천히 돌리면서 천천히 코르크가 빠지게 한다.
② 반드시 '뻥' 하는 소리가 나게 신경 써서 개봉한다.
③ 상표가 보이게 하여 테이블에 놓여있는 글라스에 천천히 넘치지 않게 따른다.
④ 오랫동안 거품을 간직 할 수 있는 풀루트(Flute)형 잔에 따른다.

43 주장(Bar)에서 주문받는 방법으로 옳지 않은 것은?

① 가능한 빨리 주문을 받는다.
② 분위기나 계절에 어울리는 음료를 추천한다.
③ 추가 주문은 잔이 비었을 때에 받는다.
④ 시간이 걸리더라도 구체적이고 명확하게 주문받는다.

44 칵테일글라스를 잡는 부위로 옳은 것은?

① Rim   ② Stem
③ Body   ④ Bottom

45 쿨러(cooler)의 종류에 해당되지 않는 것은?

① Jigger cooler
② Cup cooler
③ Beer cooler
④ Wine cooler

46 다음 중 소믈리에(Sommelier)의 역할로 틀린 것은?

① 손님의 취향과 음식과의 조화, 예산 등에 따라 와인을 추천한다.
② 주문한 와인은 먼저 여성에게 우선으로 와인 병의 상표를 보여주며 주문한 와인임을 확인시켜 준다.
③ 시음 후 여성부터 차례로 와인을 따르고 마지막에 그 날의 호스트에게 와인을 따라준다.
④ 코르크 마개를 열고 주빈에게 코르크 마개를 보여주면서 시큼하고 이상한 냄새가 나지 않는지, 코르크가 잘 젖어있는지를 확인시킨다.

🍷 주문한 와인은 호스트에게 설명한 후 여성부터 서브한다.

47 다음 시럽 중 나머지 셋과 특징이 다른 것은?

① grenadine syrup
② can sugar syrup
③ simple syrup
④ plain syrup

48 맨하탄 칵테일(Manhattan Cocktail)의 가니시(Garnish)로 옳은 것은?

① Cocktail Olive
② Pearl Onion
③ Lemon
④ Cherry

49 바(Bar) 작업대와 가터레일(Gutter Rail)의 시설 위치로 옳은 것은?

① Bartender 정면에 시설되게 하고 높이는 술 붓는 것을 고객이 볼 수 있는 위치
② Bartender 후면에 시설되게 하고 높이는 술 붓는 것을 고객이 볼 수 없는 위치
③ Bartender 우측에 시설되게 하고 높이는 술 붓는 것을 고객이 볼 수 있는 위치
④ Bartender 좌측에 시설되게 하고 높이는 술 붓는 것을 고객이 볼 수 없는 위치

50 와인의 마개로 사용되는 코르크 마개의 특성으로 가장 거리가 먼 것은?

① 온도변화에 민감하다.
② 코르크 참나무의 외피로 만든다.
③ 신축성이 뛰어나다.
④ 밀폐성이 있다.

51 What is an alternative form of "I beg your pardon?"?

① Excuse me
② Wait for me
③ I'd like to know
④ Let me see

52 다음 중 밑줄 친 change가 나머지 셋과 다른 의미로 쓰인 것은?

① Do you have change for a dollar?
② Keep the change.
③ I need some change for the bus.
④ Let's try a new restaurant for a change.

change : 거스름돈을 주다, 변화하다, 잔돈, 바꾸다.

53 다음 ( ) 안에 적합한 것은?

Are you interested in ( )?

① make cocktail
② made cocktail
③ making cocktail
④ a making cocktail

interested in ~ing : ~흥미가 있다

54 Which is the most famous orange flavored cognac liqueur?

① Grand Marnier
② Drambuie
③ Cherry Heering
④ Galliano

55 Which of the following is not fermented liquor?

① Aquavit
② Wine
③ Sake
④ Toddy

56 Which is the correct one as a base of bloody Mary in the following?

① Gin
② Rum
③ Vodka
④ Tequila

57 ( ) 안에 알맞은 것은?

( ) is a spirits made by distilling wines or fermented mash of fruit.

① Liqueur
② Bitter
③ Brandy
④ Champagne

🍷 와인이나 과일을 발효하여 증류시킨 것

58 ( ) 안에 적합한 것은?

A Bartender must ( ) his helpers, waiters and waitress. He must also ( ) various kinds of records, such as stock control.

① take, manage
② supervise, handle
③ respect, deal
④ manage, careful

59 다음 ( ) 안에 적합한 것은?

A bartender should be ( ) with the English names of all stores of liquors and mixed drinks.

① familiar
② warm
③ use
④ accustom

🍷 능숙하게, 익숙하게

60 Which country does Campari come from?

① Scotland
② America
③ Fran
④ Italy

정답 2013년 1회 기출문제

01 ②	02 ④	03 ②	04 ②	05 ②
06 ③	07 ②	08 ③	09 ③	10 ④
11 ③	12 ②	13 ④	14 ③	15 ①
16 ①	17 ②	18 ②	19 ①	20 ①
21 ③	22 ③	23 ④	24 ④	25 ③
26 ④	27 ④	28 ②	29 ①	30 ④
31 ①	32 ③	33 ④	34 ②	35 ④
36 ③	37 ②	38 ④	39 ②	40 ④
41 ②	42 ②	43 ③	44 ②	45 ①
46 ②	47 ①	48 ④	49 ①	50 ①
51 ①	52 ④	53 ③	54 ①	55 ①
56 ③	57 ③	58 ②	59 ①	60 ④

2013년 2회 04월 14일 시행

공단 기출문제

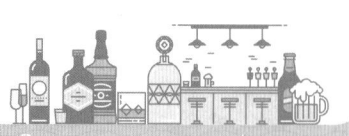

01 잭 다니엘(Jack Daniel)과 버번위스키(Bourbon Whiskey)의 차이점은?

① 옥수수 사용 여부
② 단풍나무 숯을 이용한 여과 과정의 유무
③ 내부를 불로 그을린 오크통에서 숙성시키는지의 여부
④ 미국에서 생산되는지의 여부

02 하이볼 글라스에 위스키(40도) 1온스와 맥주(4도) 7온스를 혼합하면 알코올 도수는?

① 약 6.5도
② 약 7.5도
③ 약 8.5도
④ 약 9.5도

> 칵테일의 알코올 도수 = $\dfrac{(40도 \times 1온스) + (4도 \times 7온스)}{1온스 + 7온스}$
> $= \dfrac{68}{8} = 8.5$

03 다음에서 설명하고 있는 것은?

> 키니네, 레몬, 라임 등 여러 가지 향료 식물 원료로 만들며, 열대지방 사람들의 식용증진과 원기를 회복시키는 강장제 음료이다.

① Cola
② Soda Water
③ Ginger Ale
④ Tonic Water

04 다음 주류 중 주재료로 곡식(Grain)을 사용할 수 없는 것은?

① Whisky ② Gin
③ Rum   ④ Vodka

> 럼(Rum)은 당밀과 사탕수수를 주원료로 발효, 증류하여 만든 술이다.

05 다음 중 아이리쉬 위스키(Irish Whisky)는?

① John Jameson
② Old Forester
③ Old Parr
④ Imperial

> John Jameson은 대표적인 아이리쉬 위스키로 주원료는 보리이다.

06 스카치위스키를 기주로 하여 만들어진 리큐르는?

① 샤트루즈
② 드람부이
③ 꼬앙뜨로
④ 베네딕틴

07 커피에 대한 설명으로 가장 거리가 먼 것은?

① 아라비카종의 원산지는 에티오피아이다.
② 초기에는 약용으로 사용되기도 했다.
③ 발효와 숙성과정을 거쳐 만들어진다.
④ 카페인이 중추신경을 자극하여 피로감을 없애준다.

08 맥주(beer) 양조용 보리로 가장 거리가 먼 것은?

① 껍질이 얇고, 담황색을 하고 윤택이 있는 것
② 알맹이가 고르고 95% 이상의 발아율이 있는 것
③ 수분 함유량은 10% 내외로 잘 건조된 것
④ 단백질이 많은 것

🍷 맥주용 보리는 단백질 함량이 적은 것이 좋다.

09 술과 체이서(Chaser)의 연결이 어울리지 않는 것은?

① 위스키 – 광천수
② 진 – 토닉워터
③ 보드카 – 시드르
④ 럼 – 오렌지 주스

10 다음 중 호크 와인(Hock Wine)이란?

① 독일 라인산 화이트 와인
② 프랑스 버건디산 화이트 와인
③ 스페인 호크하임엘산 레드 와인
④ 이탈리아 피에몬테산 레드 와인

11 버번위스키 (Bourbon Whiskey)는 Corn 재료를 약 몇 % 이상 사용하는가?

① Corn 0.1%
② Corn 12%
③ Corn 20%
④ Corn 51%

12 Ginger Ale에 대한 설명 중 틀린 것은?

① 생강의 향을 함유한 소다수이다.
② 알코올 성분이 포함된 영양음료이다.
③ 식욕증진이나 소화제로 효과가 있다.
④ Gin이나 Brandy와 조주하여 마시기도 한다.

🍷 진저엘(Ginger ale)은 생강 엑기스, 당분, 탄산가스를 혼합한 음료이다.

13 스카치위스키(Scotch Whisky)의 유명상표와 거리가 먼 것은?

① 발렌타인(Ballantine's)
② 커티 샥(Cutty Sark)
③ 올드 파(Old Parr)
④ 크라운 로얄(Crown Royal)

14 포도 품종의 그린 수확(Green Harvest)에 대한 설명으로 옳은 것은?

① 수확량을 제한하기 위한 수확
② 청포도 품종 수확
③ 완숙한 최고의 포도 수확
④ 포도원의 잡초 제거

15 Tequia에 대한 설명으로 틀린 것은?

① Agave tequiliana 종으로 만든다.
② Tequila는 멕시코 전 지역에서 생산된다.
③ Reposado는 1년 이하 숙성시킨 것이다.
④ Anejo는 1년 이상 숙성시킨 것이다.

🍷 데킬라(Tequila)는 멕시코 중앙고원지대의 "데킬라"시에서 유래되었으며, 주원료는 선인장의 일종인 용설란으로 멕시코에서는 마케이(Maguey)라고 한다.

16 다음 중 증류주에 속하는 것은?

① Beer
② Sweet Vermouth
③ Dry Sherry
④ Cognac

🍷 증류주는 양조주를 가열하여 생긴 증기를 증류기를 통해 냉각하여 만든 맑은 액체의 술로 위스키, 브랜디, 진, 보드카, 럼, 데킬라 등이 있다. 보기 중 꼬냑(Cognac)은 브랜디에 해당된다.

17 Malt Whisky 제조순서를 올바르게 나열한 것은?

```
1. 보리(2조 보리)    2. 침맥
3. 건조(피트)       4. 분쇄
5. 당화            6. 발효
7. 증류(단식증류)    8. 숙성
9. 병입
```

① 1-2-3-4-5-6-7-8-9
② 1-3-2-4-5-6-7-8-9
③ 1-3-2-4-6-5-7-8-9
④ 1-2-3-4-6-5-7-8-9

18 시대별 전통주의 연결로 틀린 것은?

① 한산소곡주 – 백제시대
② 두견주 – 고려시대
③ 칠선주 – 신라시대
④ 백세주 – 조선시대

🍷 칠선주 – 조선시대

19 다음 중 싱글 몰트 위스키로 옳은 것은?

① Johnnie Walker
② Ballantine
③ Glenfiddich
④ Bell's Special

20 음료에 함유된 성분이 잘못 연결된 것은?

① Tonic Water – Quinine(Kinine)
② Kahlua – Chocolate
③ Ginger Ale – Ginger Flavor
④ Collins Mixer – Lemon Juice

🍷 칼루아(Kahlua)는 커피, 코코아, 바닐라향을 혼합한 멕시코산 리큐르이다.

21 풀케(pulque)를 증류해서 만든 술은?

① Rum   ② Vodka
③ Tequila   ④ Aquavit

22 다음에서 설명되는 약용주는?

충남 서북부 해안지방의 전통 민속주로 고려 개국공신 복지겸이 백약이 무효인 병을 앓고 있을 때 백일기도 끝에 터득한 비법에 따라 찹쌀, 아미산의 진달래, 안샘물로 빚은 술을 마심으로 병을 고쳤다는 신비의 전설과 함께 전해 내려온다.

① 두견주   ② 송순주
③ 문배주   ④ 백세주

23 다음 품목 중 청량음료에 속하는 것은?

① 탄산수(Sparkling Water)
② 생맥주(Draft Beer)
③ 톰 칼린스(Tom Collins)
④ 진 휘즈(Gin Fizz)

24 음료류와 주류에 대한 설명으로 틀린 것은?

① 맥주에서는 메탄올이 전혀 검출 되어서는 안 된다.
② 탄산음료는 탄산가스 압이 0.5kg/㎠ 인 것을 말한다.
③ 탁주는 전분질 원료와 국을 주원료로 하여 술덧을 혼탁하게 제성한 것을 말한다.
④ 과일, 채소류 음료에는 보존료로 안식향산을 사용할 수 있다.

🍷 식품 및 식품첨가물공전에 따르면 맥주의 메탄올 함량은 0.5mg/mL 이하까지 허용된다.

25 Red Wine의 품종이 아닌 것은?

① Malbec
② Cabernet Saubignon
③ Riesling
④ Cabernet franc

> • Red : Cabernet Sauvignon, Merlot, Pinot Noir, Syash(Shiraz), Gamay, Malbec, Sangiovese, Tempranillo
> • White : Chardonnay, Sauvignon Blanc, Semillon, Riesling, Gewurztraminer, Chenin Blanc

26 진(Gin)의 설명으로 틀린 것은?

① 진의 원산지는 네덜란드다.
② 진은 프란시크루스 실비우스에 의해 만들어졌다.
③ 진의 원료는 과일에다 juniper berry를 혼합하여 만들었다.
④ 소나무 향이 나는 것이 특징이다.

> 진(Gin)은 곡류(호밀, 옥수수, 보리)를 혼합·당화하여 발효한 후 두송실(Juniper berry)을 넣고 2차 증류·희석하여 만든다.

27 다음 중 각국 와인의 설명이 잘못된 것은?

① 모든 와인생산 국가는 의무적으로 와인의 등급을 표기해야 한다.
② 프랑스는 와인의 Terroir를 강조한다.
③ 스페인과 포르투갈에서는 강화와인도 생산한다.
④ 독일은 기후의 영향으로 White wine의 생산량이 Red wine보다 많다.

28 다음 리큐르(Liqueur)중 그 용도가 다른 하나는?

① 드람뷔이(Drambuie)
② 갈리아노(Gllaiano)
③ 시나(Cynar)
④ 꼬앙트루(Cointreau)

29 다음 Whiskyd의 설명 중 틀린 것은?

① 어원은 aqua vitae가 변한 말로 생명의 물이란 뜻이다.
② 등급은 V.O, V.S.O.P, X.O등으로 나누어진다.
③ Canadian Whisky에는 Canadian Club, Seagram's V.O, Crown Royal 등이 있다.
④ 증류 방법은 Pot Still과 Patent Sill이다.

30 다음 중 셰리를 숙성하기에 가장 적합한 곳은?

① 솔레라(Solera)
② 보데가(Bodega)
③ 꺄브(Cave)
④ 프로(Flor)

31 조주를 하는 목적과 거리가 가장 먼 것은?

① 술과 술을 섞어서 두 가지 향의 배합으로 색다른 맛을 얻을 수 있다.
② 술과 소프트드링크 혼합으로 좀 더 부드럽게 마실 수 있다.
③ 술과 기타 부재료를 가미하여 좀 더 독특한 맛과 향을 창출해 낼 수 있다.
④ 원가를 줄여서 이익을 극대화 할 수 있다.

32 다음 중 휘젓기(Stirring) 기법으로 만드는 칵테일이 아닌 것은?

① Manhattan
② Martini
③ Gibson
④ Gimlet

> Gimlet - 흔들기(Shake)

33 바(Bar)에서 사용하는 Wine Decanter의 용도는?

① 테이블용 얼음 용기
② 포도주를 제공하는 유리병
③ 펀치를 만들 때 사용하는 화채 그릇
④ 포도주병 하나를 눕혀 놓을 수 있는 바구니

34 주장(Bar)을 의미하는 것이 아닌 것은?

① 주류를 중심으로 한 음료 판매가 가능한 일정 시설을 갖추어 판매하는 공간
② 고객과 바텐더 사이에 놓인 널판을 의미
③ 주문과 서브가 이루어지는 고객들의 이용 장소
④ 조리 가능한 시설을 갖추어 음료와 식사를 제공하는 장소

35 위생적인 주류 취급방법 중 틀린 것은?

① 먼지가 많은 양주는 깨끗이 닦아 Setting한다.
② 백포도주의 적정냉각온도는 실온이다.
③ 사용한 주류는 항상 뚜껑을 닫아 둔다.
④ 창고에 보관할 때는 Bin Card를 작성한다.

36 바텐더가 지켜야 할 규칙사항으로 가장 적합한 것은?

① 고객이 바 카운터에 있으면 앉아서 대기해야 한다.
② 고객이 권하는 술은 고마움을 표시하고 받아 마신다.
③ 매출을 위해서 고객에게 고가의 술을 강요한다.
④ 근무 중에는 금주와 금연을 원칙으로 한다.

37 표준 레시피(Standard Recipes)를 설정하는 목적에 대한 설명 중 틀린 것은?

① 품질과 맛의 계속적인 유지
② 특정인에 대한 의존도를 높임
③ 표준 조주법 이용으로 노무비 절감에 기여
④ 원가계산을 위한 기초 제공

38 Onion 장식을 하는 칵테일은?

① Margarita　　② Martini
③ Rob roy　　　④ Gibson

39 Strainer의 설명으로 가장 적합한 것은?

① Mixing Glass와 함께 Stir기법에 사용한다.
② 재료를 저을 때 사용한다.
③ 혼합하기 힘든 재료를 섞을 때 사용한다.
④ 재료의 용량을 측정할 때 사용한다.

40 칵테일의 기본 5대 요소와 거리가 가장 먼 것은?

① Decoration(장식)
② Method(방법)
③ Glass(잔)
④ Flavor(향)

🍷 칵테일의 기본 5대 요소 : 맛(Taste), 향(Flavor), 색(Color), 잔(Glass), 장식(Decoration)

41 다음 중 High ball glass를 사용하는 칵테일은?

① 마가리타(Margarita)
② 키르 로열(Kir Royal)
③ 씨 브리즈(Sea breeze)
④ 블루 하와이(Blue Hawaii)

42 (A), (B), (C)에 들어갈 말을 순서대로 나열한 것은?

> (A)는 프랑스어의 (B)에서 유래되니 말로 고객과 바텐더 사이에 가로질러진 널판을 (C)라고 하던 개념이 현재에 와서는 술을 파는 식당을 총칭하는 의미로 사용되고 있다.

① Flair, Bariere, Bar
② Bar, Bariere, Bar
③ Bar, Bariere, Bartender
④ Flair, Bariere, Bartender

43 칵테일 주조 시 각종 주류와 부재료를 재는 표준용량 계량기는?

① Hand shaker
② Mixing Glass
③ Squeezer
④ Jigger

> 지거(Jigger)는 칵테일 조주 시 술이나 부재료, 주스의 용량을 재는 기구로 스테인리스제가 많이 쓰이며, 삼각형 30㎖와 45㎖의 컵이 등을 맞대고 있는 기구이다.

44 연회용 메뉴 계획 시 에피타이저 코스 주류로 알맞은 것은?

① cordials
② port wine
③ dry sherry
④ cream sherry

> Dry sherry는 대표적인 식전 와인이다.

45 바(bar)에서 하는 일과 가장 거리가 먼 것은?

① Store에서 음료를 수령한다.
② Appetizer를 만든다.
③ Bar Stool을 정리한다.
④ 음료 Cost 관리를 한다.

46 주장의 캡틴 (Bar Captain)에 대한 설명으로 틀린 것은?

① 영업을 지휘·통제한다.
② 서비스 준비사항과 구성인원을 점검한다.
③ 지배인을 보좌하고 업장 내의 관리업무를 수행한다.
④ 고객으로부터 직접 주문을 받고 서비스 등을 지시한다.

47 주장관리에서 핵심적인 원가의 3요소는?

① 재료비, 인건비, 주장경비
② 세금, 봉사료, 인건비
③ 인건비, 주세, 재료비
④ 재료비, 세금, 주장경비

> 원가의 3요소 : 재료비, 인건비(노무비), 주장경비(기타 경비)

48 식사 중 여러 가지 와인을 서빙시 적합한 방법이 아닌 것은?

① 화이트 와인은 레드 와인보다 먼저 서비스한다.
② 드라이 와인을 스위트 와인보다 먼저 서비스한다.
③ 마시기 가벼운 와인을 맛이 중후한 와인보다 먼저 서비스한다.
④ 숙성기간이 오래된 와인을 숙성기간이 짧은 와인보다 먼저 서비스한다.

49 주장의 영업 허가가 되는 근거 법률은?

① 외식업법
② 음식업법
③ 식품위생법
④ 주세법

50 글라스 세척 시 알맞은 세제와 세척순서로 짝지어진 것은?

① 산성세제 - 더운물 - 찬물
② 중성세제 - 찬물 - 더운물
③ 산성세제 - 찬물 - 더운물
④ 중성세제 - 더운물 - 찬물

51 Which is the liquor made by the rind of grape in Italy?

① Marc
② Grappa
③ Ouzo
④ Pisco

> Grappa : 포도를 압착 후 나머지를 증류한 것으로 숙성하지 않아서 무색인 이탈리아 브랜디

52 다음에서 설명하는 혼성주로 옳은 것은?

> The elixir of "perfect love" is a sweet, perfumed liqueur with hints of flowers, spices, and fruit, and a mauve color that apparently had great appeal to women in the nineteenth century

① triple sec
② Peter heering
③ parfait Amour
④ Southern comfort

53 다음 ( )안에 알맞은 단어와 아래의 상황 후 Jenny가 Kate에게 할 말의 연결로 가장 적합한 것은?

> Jenny comes back with a magnum and glasses carried by a barman, She sets the glasses while the barman opens the bottle. There is a loud "( )" and the cork hits kate who jumps up with a cry. The champagne spills akk over the carpet.

① peep – Good luck to you
② ouch – I am sorry to hear that
③ tut – How awful!
④ pop – I am very sorry. I do hope you are not hurt

54 Table wine에 대한 설명으로 틀린 것은?

① It is a wine term which is used in two different meanings in different countries : to signify a wine style and as a quality level with on wine classification.
② In the United Stated, it is primarily used as a designation of a wine style, and refers to "ordinary wine", which is neither fortified nor sparkling.
③ In the EU wine regulations, it is used for the higher of two overall quality.
④ It is fairly cheap wine that is drunk with meals.

> EU에서 와인은 VQPRD와 일상 소비용인 테이블 와인으로 구분된다. 이중 VQPRD는 그 명칭이 한정된 지역에서 유래하였으며, 특별한 품질 특성을 가짐과 동시에 생산 및 유통에 관한 요건을 충족시키는 것이어야 한다. 따라서, 테이블 와인이 더 높은 품질에 사용된다는 보기 ③항의 내용이 잘못되었다.

55 다음 B에 가장 적합한 대답은?

> A : What do you do for living?
> B :

① I'm writing a letter to my mother.
② I can't decide.
③ I work for a bank.
④ Yes, thank you.

> A : 넌 무슨 일을 하니?

56 다음 ( )안에 알맞은 것은?

> ( ) is distilled spirits from the fermented juice of sugar cane by-products.

① whisky ② vodka
③ gin ④ rum

sugar cane : 사탕수수

57 Which is the best term used for the preparing of daily products?

① Bar Purchaser
② Par Stock
③ Inventory
④ Order Slip

58 다음 ( )안에 가장 적합한 것은?

> May I have ( ) coffee, please?

① some
② many
③ to
④ only

59 다음은 무엇을 만들기 위한 과정인가?

> 1. First, take the cocktail shaker and half fill it with broken ice, then add one ounce of lime juice
> 2. After that put in one and a half ounce of rum and one tea spoon of powdered sugar.
> 3. Then shake it well and pass it through a strainer into a cocktail glass.

① Bacardi
② Cuba Libre
③ Blue Hawaiian
④ Daiquiri

Daiquiri : Rum 1과 3/4 oz + Lime/ J 3/4 oz + Powder sugar 1 tsp, Cocktail Glass – Shake

60 Which is correc to serve wine?

① When pouring, make sure to touch the bottle to the glass.
② Before the host has acknowledged and approved his selection, open the bottle.
③ All white, roses, and sparkling wines are chilled. Red wine is served at room temperature.
④ The bottle of wine doesn't need to be presented to the host for verifying the bottle he or she ordered.

정답 2013년 2회 기출문제

01 ②	02 ③	03 ④	04 ③	05 ①
06 ②	07 ③	08 ④	09 ③	10 ①
11 ④	12 ②	13 ④	14 ①	15 ②
16 ④	17 ①	18 ③	19 ③	20 ②
21 ③	22 ①	23 ①	24 ①	25 ③
26 ③	27 ①	28 ③	29 ②	30 ②
31 ④	32 ④	33 ②	34 ④	35 ②
36 ④	37 ②	38 ④	39 ①	40 ②
41 ③	42 ②	43 ④	44 ③	45 ②
46 ①	47 ①	48 ④	49 ③	50 ④
51 ②	52 ③	53 ④	54 ③	55 ③
56 ④	57 ②	58 ①	59 ④	60 ③

2013년 3회 공단 기출문제

07월 21일 시행

01 Aquavit에 대한 설명으로 틀린 것은?

① 감자를 맥아로 당화시켜 발효하여 만든다.
② 알코올 농도는 40~45%이다.
③ 엷은 노란색을 띠는 것을 Taffel이라고 한다.
④ 북유럽에서 만드는 증류주이다.

02 프리미엄 테킬라의 원료는?

① 아가베 아메리카나
② 아가베 아즐 테킬라나
③ 아가베 아트로비렌스
④ 아가베 시럽

03 저먼 진(German gin)이라고 일컬어지는 Spirits는?

① 슈타인헤거(Steinhäger)
② 아쿠아비트(Aquavit)
③ 키르슈(Kirsch)
④ 프람부아즈(Framboise)

🍷 • 키르슈(Kirsch) : 체리나 버찌를 발효시킨 것을 증류한, 숙성시키지 않은 무색의 향기가 잔잔한 브랜디이다. 독일, 스위스, 알사스, 프랑스 등지에서 양조
• 프람부아즈(Framboise) : 라스베리로 만든 증류 알코올

04 다음 중 의미가 다른 것은?

① 섹(Sec)
② 두(Doux)
③ 둘세(Dulce)
④ 스위트(Sweet)

🍷 섹(Sec) = 드라이(Dry)

05 빈티지(Vintage)란 무엇을 뜻하는가?

① 포도주의 이름
② 포도주의 수확연도
③ 포도주의 원산지명
④ 포도의 품종

06 다음 중 White Wine 품종은?

① Sangiovese
② Nebbiolo
③ Barbera
④ Muscadelle

🍷 샤르도네(Chardonnay), 소비뇽 블랑(Sauvignon Blanc), 세미용(Semillon), 슈냉 블랑(Chenin Blanc), 위니 블랑(Ugni Blanc), 리슬링(Riesling), 게뷔르츠트라미너(Gewürztraminer), 무스까델(Muscadelle)

07 다음 민속주 중 약주가 아닌 것은?

① 한산 소곡주
② 경주 교동법주
③ 아산 연엽주
④ 진도 홍주

08 다음 중 이탈리아 와인 등급 표시로 맞는 것은?

① A.O.C.
② D.O.
③ D.O.C.G.
④ QbA

09 다음 중 버번 위스키(bourbon whiskey)는?

① Ballantine's
② I. W. Harper's
③ Lord Calvert
④ Old Bushmills

10 다음 중 과실음료가 아닌 것은?

① 토마토 주스
② 천연과즙주스
③ 희석과즙음료
④ 과립과즙음료

🍷 토마토 주스는 영양음료에 해당된다.

11 다음 중 양조주에 대한 설명이 옳지 않은 것은?

① 맥주, 와인 등이 이에 속한다.
② 증류주와 혼성주의 제조원료가 되기도 한다.
③ 보존기간이 비교적 짧고 유통기간이 있는 것이 많다.
④ 발효주라고도 하며 알코올발효는 효모에 의해서만 이루어진다.

🍷 양조주 : 과당을 발효시키거나, 곡물 중에 함유되어 있는 전분을 당화하여 효모 작용을 통해 1차 발효시켜 만든 알코올성 음료이다.

12 에스프레소의 커피추출이 빨리 되는 원인이 아닌 것은?

① 너무 굵은 분쇄입자
② 약한 탬핑 강도
③ 너무 많은 커피 사용
④ 높은 펌프 압력

13 Sherry Wine의 원산지는?

① Bordeaux 지방
② Xeres 지방
③ Rhine 지방
④ Hockheim 지방

14 콘 위스키(corn whiskey)란?

① 50% 이상 옥수수가 포함된 것
② 옥수수 50%, 호밀 50%가 섞인 것
③ 80% 이상 옥수수가 포함된 것
④ 40% 이상 옥수수가 포함된 것

15 독일의 스파클링 와인은?

① 젝트
② 로트바인
③ 로제바인
④ 바이스바인

🍷 젝트는 독일어로 스파클링이라는 뜻이다.

16 다음 중 증류주가 아닌 것은?

① 보드카(vodka)
② 샴페인(champagne)
③ 진(gin)
④ 럼(rum)

17 가장 오랫동안 숙성한 브랜디(Brandy)는?

① V.O.
② V.S.O.P
③ X.O.
④ EXTRA

🍷 • V.S. (Very Special)
• V.S.O (Very Special Old)
• V.S.O.P. (Very Special Old Pale)
• Napoleon
• X.O. (xEtra Old)
• EXTRA

18 생강을 주원료로 만든 것은?

① 진저엘
② 토닉워터
③ 소다수
④ 콜린스 믹서

19 탄산음료에서 탄산가스의 역할이 아닌 것은?

① 당분 분해
② 청량감 부여
③ 미생물의 발효 저지
④ 향기의 변화 보호

20 다음 중 알코올성 커피는?

① 카페 로얄(Cafe Royale)
② 비엔나 커피(Vienna Coffee)
③ 데미타세 커피(Demi-Tasse Coffee)
④ 카페오레(Cafe au Lait)

21 다음에서 설명하는 민속주는?

호남의 명주로서 부드럽게 취하고 뒤끝이 깨끗하여 우리의 고유한 전통술로 정평이 나 있고 쌀로 빚은 30도의 소주에 배, 생강, 울금 등 한약재를 넣어 숙성시킨 약주이다.

① 이강주
② 춘향주
③ 국화주
④ 복분자주

22 양조주의 설명으로 맞지 않는 것은?

① 주로 과일이나 곡물을 발효하여 만든 술이다.
② 단발효주, 복발효주 2가지 방법이 있다.
③ 양조주의 알코올 함유량은 대략 25% 이상이다.
④ 발효하는 과정에서 당분이 효모에 의해 물, 에틸알코올, 이산화탄소가 발생한다.

🍷 대개 1~8%의 알코올을 함유하며 함유량이 높아도 12% 정도이다. 참고로 효모가 생존할 수 있는 최대 알코올 함유량이 13% 정도이다.

23 다음 중 리큐어(Liqueur)는 어느 것인가?

① 버건디(Burgundy)
② 드라이 셰리(Dry Sherry)
③ 꼬엥뜨로(Cointreau)
④ 베르무트(Vermouth)

24 단식증류법(pot still)의 장점이 아닌 것은?

① 대량생산이 가능하다.
② 원료의 맛을 잘 살릴 수 있다.
③ 좋은 향을 잘 살릴 수 있다.
④ 시설비가 적게 든다.

🍷 • 포트스틸(단식 증류기)에 의한 재래식 방법 : 증류가 불완전하기 때문에 알코올 이외의 성분을 섞어 원료의 독특한 맛을 살린 술을 만든다.
• 페이턴트스틸(연속식 증류기)로 알코올을 증류하는 방법 : 95도 정도의 순수에 가까운 알코올을 유출하기 때문에 여기에다 향미를 첨가하여 만드는데, 물을 타서 묽게 하여 마시기도 한다.

25 슬로 진(sloe gin)의 설명 중 옳은 것은?

① 증류주의 일종이며, 진(gin)의 종류이다.
② 보드카(vodka)에 그레나딘 시럽을 첨가한 것이다.
③ 아주 천천히 분위기 있게 먹는 칵테일이다.
④ 오얏나무 열매 성분을 진(gin)에 첨가한 것이다.

26 다음 중 하면발효 맥주에 해당되는 것은?

① Stout Beer
② Porter Beer
③ Pilsner Beer
④ Ale Beer

- 하면발효 : 맥주를 저온에서 발효시킨 뒤 효모가 가라앉는 맥주 실온에서 발효시켜 효모가 뜨는 상면발효에 비해 알코올이 5~10%로 비교적 낮고 부드러운 맛과 향기를 가지고 있다. 대체로 독일계 백주는 하면효모로 만들어 진다.
- 상면발효 : 발효 중에 발생하는 이산화탄소의 거품과 함께 액면 상에 뜨고 일정 기간을 경과하지 않으면 가라앉지 않는 효모 에 의해 이루어지는 발효를 말한다.

27 Straight Whisky에 대한 설명으로 틀린 것은?

① 스코틀랜드에서 생산되는 위스키이다.
② 버번 위스키, 콘 위스키 등이 이에 속한다.
③ 원료곡물 중 한 가지를 51% 이상 사용해야 한다.
④ 오크통에서 2년 이상 숙성시켜야 한다.

스코틀랜드에서 생산되는 위스키는 스카치위스키이다.

28 독일의 QmP 와인등급 6단계에 속하지 않는 것은?

① 란트바인
② 카비네트
③ 슈패트레제
④ 아우스레제

- 카비네트(Kabinett)
- 슈페트레제(Spatlese)
- 아우스레제(Auslese)
- 베렌아우스레제(Beerenauslese)
- 아이스바인(Eiswein)
- 트로켄베렌아우스레제(Trocken-beerenauslese)

29 브랜디의 설명으로 틀린 것은?

① 블렌딩하여 제조한다.
② 향미가 좋아 식전주로 주로 마신다.
③ 유명산지는 코냑과 아르마냑이다.
④ 과실을 주원료로 사용하는 모든 증류주에 이 명칭을 사용한다.

30 음료에 관한 설명으로 틀린 것은?

① 음료는 크게 알코올성 음료와 비알코올성 음료로 구분된다.
② 알코올성 음료는 양조주, 증류주, 혼성주로 분류된다.
③ 커피는 영양음료로 분류된다.
④ 발효주에는 탁주, 와인, 청주, 맥주 등이 있다.

31 칵테일을 컵에 따를 때 얼음이 들어가지 않도록 걸러주는 기구는?

① Shaker
② Strainer
③ Stick
④ Blender

32 호텔에서 호텔홍보, 판매촉진 등 특별한 접대목적으로 일부를 무료로 제공하는 것은?

① Complimentary Service
② Complaint
③ F/O Cashier
④ Out of Order

33 위스키가 기주로 쓰이지 않는 칵테일은?

① 뉴욕(New York)
② 로브 로이(Rob Roy)
③ 블랙 러시안(Black Russian)
④ 맨해튼(Manhattan)

> 블랙러시안(Black Russian) : 보드카

34 다음 중 주장 관리의 의의에 해당되지 않는 것은?

① 원가관리
② 매상관리
③ 재고관리
④ 예약관리

35 1Jigger에 대한 설명 중 틀린 것은?

① 1Jigger는 45mL이다.
② 1Jigger는 1.5 ounce이다
③ 1Jigger는 1gallon이다.
④ 1Jigger는 칵테일 제조 시 많이 사용된다.

36 음료 저장방법에 관한 설명 중 옳지 않은 것은?

① 포도주병은 눕혀서 코르크 마개가 항상 젖어 있도록 저장한다.
② 살균된 맥주는 출고 후 약 3개월 정도는 실온에서 저장할 수 있다.
③ 적포도주는 미리 냉장고에 저장하여 충분히 냉각시킨 후 바로 제공한다.
④ 양조주는 선입선출법에 의해 저장, 관리한다.

37 다음 중 mixing glass의 설명으로 옳은 것은?

① 칵테일 조주 시에 사용되는 글라스의 총칭이다.
② Stir기법에 사용하는 기물이다.
③ 믹서기에 부착된 혼합용기를 말한다.
④ 칵테일에 혼합되는 과일을 으깰 때 사용한다.

38 영업을 폐점하고 남은 물량을 품목별로 재고조사 하는 것을 무엇이라 하는가?

① Daily Issue
② Par Stock
③ Inventory Management
④ FIFO

> • Daily Issue : 매일 사용량
> • Par Stock : 적정 보유량
> • FIFO : 선입선출

39 주스류(juice)의 보관방법으로 가장 적절한 것은?

① 캔 주스는 냉동실에 보관한다.
② 한번 오픈한 주스는 상온에 보관한다.
③ 열기가 많고 햇볕이 드는 곳에 보관한다.
④ 캔 주스는 오픈한 후 유리그릇, 플라스틱 용기에 담아서 냉장 보관한다.

40 바텐더(bartender)의 직무에 관한 설명으로 가장 거리가 먼 것은?

① 바 카운터 내의 청결, 정리정돈 등을 수시로 해야 한다.
② 파스톡(par stock)에 준한 보급수령을 해야 한다.
③ 조주는 바텐더 자신의 기준이나 아이디어에 따라 제조해야 한다.
④ 각종 기계 및 기구의 작동상태를 점검해야 한다.

41 음료저장관리 방법 중 FIFO의 원칙을 적용하기에 가장 적합한 술은?

① 위스키
② 맥주
③ 브랜디
④ 진

🍷 양조주는 선입선출의 원칙을 지켜야 한다.

42 다음 중 셰이커(shaker)를 사용하여야 하는 칵테일은?

① 브랜디 알렉산더(Brandy Alexander)
② 드라이 마티니(Dry Martini)
③ 올드 패션드(Old Fashioned)
④ 크렘 드 망뜨 프라페(Creme de Menthe Frappe)

43 주장의 시설에 대한 설명으로 잘못된 것은?

① 주장은 크게 프런트 바(front bar), 백 바(back bar), 언더 바(under bar)로 구분된다.
② 프런트 바(front bar)는 바텐더와 고객이 마주 보고 서브하고 서빙을 받는 바를 말한다.
③ 백 바(back bar)는 칵테일용으로 쓰이는 술의 저장 및 전시를 위한 공간이다.
④ 언더 바(under bar)는 바텐더 허리 아래의 공간으로 휴지통이나 빈병 등을 둔다.

44 구매관리와 관련된 원칙에 대한 설명으로 옳은 것은?

① 나중에 반입된 저장품부터 소비한다.
② 한꺼번에 많이 구매한다.
③ 공급업자와의 유대관계를 고려하여 검수과정은 생략한다.
④ 저장창고의 크기, 호텔의 재무상태, 음료의 회전을 고려하여 구매한다.

45 Bar 종사원의 올바른 태도가 아닌 것은?

① 영업장 내에서 동료들과 좋은 인간관계를 유지한다.
② 항상 예의 바르고 분명한 언어와 태도로 고객을 대한다.
③ 고객과 정치성이 강한 대화를 주로 나눈다.
④ 손님에게 지나친 주문을 요구하지 않는다.

46 주장(bar)의 핵심점검표 사항 중 영업에 관련한 법규상의 문제와 관계가 가장 먼 것은?

① 소방 및 방화사항
② 면허 및 허가사항
③ 위생 점검 필요사항
④ 예산집행에 관한 사항

47 Hot drinks cocktail이 아닌 것은?

① God Father
② Irish Coffee
③ Jamaica Coffee
④ Tom and Jerry

48 다음 중 주장 종사원(waiter/waitress)의 주요 임무는?

① 고객이 사용한 기물과 빈 잔을 세척한다.
② 칵테일의 부재료를 준비한다.
③ 창고에서 주장(bar)에서 필요한 물품을 보급한다.
④ 고객에게 주문을 받고 주문받은 음료를 제공한다.

49 바텐더의 영업 개시 전 준비사항이 아닌 것은?

① 모든 부재료를 점검한다.
② White wine을 상온에 보관하고 판매한다.
③ Juice 종류는 다양한지 확인한다.
④ 칵테일 냅킨과 코스터를 준비한다.

50 주장(bar) 경영에서 의미하는 "happy hour"를 올바르게 설명한 것은?

① 가격할인 판매시간
② 연말연시 축하 이벤트 시간
③ 주말의 특별행사 시간
④ 단골고객 사은행사

51 ( ) 안에 알맞은 리큐어는?

( ) is called the queen of liqueur. This is one of the French traditional liqueur and is made from several years aging after distilling of various herbs added to spirit.

① Chartreuse
② Benedictine
③ Kummel
④ Cointreau

52 다음의 ( ) 안에 들어갈 적합한 것은?

( ) whisky is a whisky which is distilled and produced at just one particular distillery. ( ) is are made entirely from one type of malted grain, traditionally barley, which is cultivated in the region of the distillery.

① grain
② blended
③ single malt
④ bourbon

53 다음은 커피와 관련한 어떤 과정을 설명한 것인가?

The heating process that releases all the potential flavors locked in green beans.

① Cupping
② Roasting
③ Grinding
④ Brewing

54 다음의 ( ) 안에 들어갈 적합한 것은?

A : Do you have a new job?
B : Yes, I ( ) for a wine bar now.

① do
② take
③ can
④ work

55 다음에서 설명하는 것은?

It is a liqueur made from orange peel that originated in Venezuela.

① Drambuie
② Jagermeister
③ Benedictine
④ Curacao

56 Which one is the cocktail containing Creme de Cassis and white wine?

① Kir
② Kir Royal
③ Kir Imperial
④ King Alfonso

- Cupping : 취향과 양조의 향기를 관찰하는 단계
- Grinding : 커피 분쇄과정
- Brewing : 양조과정

57 다음 밑줄 친 단어와 바꾸어 쓸 수 있는 것은?

> A : Would you <u>like</u> some more drinks?
> B : No, thanks. I've had enough.

① care in
② care of
③ care to
④ care for

- care in : 배려하다.
- care to : 주의하다.
- care of : 관리하다.

58 밑줄 친 곳에 들어갈 가장 알맞은 말은?

> A : May I take your order?
> B : Yes, please.
> A : _____
> B : I'd like to have Bulgogi.

① Do you have a table for three?
② Pass me the salt, please.
③ How do you like your steak?
④ What would you like to have?

- 어떤 것을 좋아하세요?

59 Which one is made with ginger and sugar?

① Tonic water
② Ginger ale
③ Sprite
④ Collins mix

60 다음 빈칸에 들어갈 적합한 말로 바르게 짝지어진 것은?

> W : Would you like a dessert?
> G : Yes, please. Could you tell us what you have (a)
> W : Certainly. (a) we have fruit salad, chocolate gateau, and lemon pie.
> G : The gateau looks nice but what is (b)?
> W : (b) there is fresh fruit, cheesecake, and profiteroles.
> G : I think I'll have them, please, with chocolate sauce.

① (a) on it   (b) under
② (a) on the top   (b) underneath
③ (a) one the top   (b) under
④ (a) over   (b) below

정답 2013년 3회 기출문제

01 ③	02 ②	03 ①	04 ①	05 ②
06 ④	07 ④	08 ③	09 ②	10 ①
11 ④	12 ③	13 ②	14 ③	15 ①
16 ②	17 ④	18 ①	19 ①	20 ①
21 ①	22 ③	23 ③	24 ①	25 ④
26 ③	27 ①	28 ①	29 ②	30 ③
31 ②	32 ①	33 ③	34 ④	35 ③
36 ③	37 ②	38 ①	39 ④	40 ③
41 ②	42 ①	43 ④	44 ④	45 ③
46 ④	47 ①	48 ④	49 ②	50 ①
51 ①	52 ③	53 ②	54 ④	55 ④
56 ①	57 ④	58 ④	59 ②	60 ②

2013년 4회 공단 기출문제

10월 12일 시행

QUESTIONS FROM PREVIOUS TESTS

01 증류주가 사용되지 않은 칵테일은?
① Manhattan
② Rusty Nail
③ Irish Coffee
④ Grasshopper

02 다음 중 리큐르(Loqueur)와 관계가 없는 것은?
① Cordials
② Arnanud de Vi lleneuve
③ Benedictine
④ Dom Perignon

> Don Perigon : 프랑스 수도사 Don Perigon이 만든 sparking wine

03 몰트 위스키의 제조과정에 대한 설명으로 틀린 것은?
① 정선 – 불량한 보리를 제거한다.
② 침맥 – 보리를 깨끗이 씻고 물을 주어 발아를 준비한다.
③ 제근 – 맥아의 뿌리를 제거시킨다.
④ 당화 – 효모를 가해 발효시킨다.

04 차나무의 분포 지역분포지역을 가장 잘 표시한 것은?
① 남위 20° ~ 북위 40° 사이의 지역
② 남위 23° ~ 북위 43° 사이의 지역
③ 남위 26° ~ 북위 46° 사이의 지역
④ 남위 25° ~ 북위 50° 사이의 지역

05 부르고뉴(Bourgogne) 지방과 함께 대표적인 포도주 산지로서 Medoc, Graves 등이 유명한 지방은?
① Pilsner
② Bordeaux
③ Staut
④ Mousseux

06 북유럽 스칸디나비아 지방의 특산주로 감자와 맥아를 주재료로 사용하여 증류 후에 회향초 씨(Caraway Seed) 등 여러 가지 허브로 향기를 착향시킨 술은?
① 보드카(Vodka)
② 진(Gin)
③ 데킬라(Tequla)
④ 아쿠아비트(Aquavit)

07 좋은 맥주용 보리의 조건으로 알맞은 것은?
① 껍질이 두껍고 윤택이 있는 것
② 알맹이가 고르고 발아가 잘 안되는 것
③ 수분 함유량이 높은 것
④ 전분 함유량이 많은 것

08 Vodka에 속하는 것은?

① Bacardi
② Stolichnaya
③ Blanton's
④ Beefeater

🍷 Bacardi : Rum, Blanton's : American whisky, Beefeater : Gin

09 일반적인 병맥주(Lager Beer)를 만드는 방법은?

① 고온발효
② 상온발효
③ 하면발효
④ 상면발효

10 차를 만드는 방법에 따른 분류와 대표적인 차의 연결이 틀린 것은?

① 불발효차 - 보성녹차
② 반발효차 - 오룡차
③ 발효차 - 다즐링차
④ 후발효차 - 쟈스민차

11 다음 중 단발효법으로 만들어진 것은?

① 맥주   ② 청주
③ 포도주   ④ 탁주

🍷 • 단발효 : 포도주, 샴페인, 쉐리
• 복발효 : 맥주, 황주, 청주, 막걸리, 동동주

12 오렌지향이 가미된 혼성주가 아닌 것은?

① Triple Sec
② Tequila
③ Grand Marnier
④ Cointreau

13 핸드 드립 커피의 특성이 아닌 것은?

① 비교적 조리 시간이 오래 걸린다.
② 대체로 메뉴가 제한된다.
③ 블렌딩한 커피만을 사용한다.
④ 추출자에 따라 커피맛이 영향을 받는다.

14 지방의 특산 전통주가 잘못 연결된 것은?

① 금산 - 인삼주
② 홍천 - 옥선주
③ 안동 - 송화주
④ 전주 - 오곡주

🍷 오곡주 - 전북 완주

15 다음 중 레드와인용 포도 품종이 아닌 것은?

① 리슬링(Riesling)
② 메를로(Merlot)
③ 삐노 누아(Pinot Noir)
④ 카베르네 쇼비뇽(Cabernet Sauvignon)

16 다음 중 상면발효맥주가 아닌 것은?

① 에일
② 복
③ 스타우트
④ 포터

17 증류주가 아닌 것은?

① 풀케
② 진
③ 데킬라
④ 아쿠아비트

18 커피 로스팅의 정도에 따라 약한 순서에서 강한 순서대로 나열한 것으로 옳은 것은?

① American Roasting → German Roasting → French Roasting → Italian Roasting
② German Roasting → Italian Roasting → American Roasting → French Roasting
③ Italian Roasting → German Roasting → American Roasting → French Roasting
④ French Roasting → American Roasting → Italian Roasting → German Roasting

19 다음 중 리큐르(liqueur)의 종류에 속하지 않는 것은?

① Creme de Cacao
② Curacao
③ Negroni
④ Dubonnet

> Negroni : 드라이 진, 캄파리, 스위트 베르무트를 넣어 만든 칵테일

20 음료의 역사에 대한 설명으로 틀린 것은?

① 기원전 6000년경 바빌로니아 사람들은 레몬 과즙을 마셨다.
② 스페인 발렌시아 부근의 동굴에서는 탄산가스를 발견해 마시는 벽화가 있다.
③ 바빌로니아 사람들은 밀빵이 물에 젖어 발효된 맥주를 발견해 음료로 즐겼다.
④ 중앙아시아 지역에서는 야생의 포도가 쌓여 자연 발효된 포도주를 음료로 즐겼다.

21 Gin에 대한 설명으로 틀린 것은?

① 저장·숙성을 하지 않는다.
② 생명의 물이라는 뜻이다.
③ 무색·투명하고 산뜻한 맛이다.
④ 알코올 농도는 40~50% 정도이다.

22 다음 중 Irish Whiskey는?

① Johnnie Walker Blue
② John Jameson
③ Wild Turkey
④ Crown Royal

> · Johnnie Walker Blue : Scotch whisky
> · Wild Turkey : Bourbon Whisky
> · Crown Royal : Canadian whisky

23 혼성주의 제조방법 중 시간이 가장 많이 소요되는 방법은?

① 증류법(Distillation process)
② 침출법(Infusion process)
③ 추출법(Percolation process)
④ 배합법(Essence process)

24 꿀로 만든 리큐르(Liqueur)는?

① Creme Menthe
② Curacao
③ Galliano
④ Drambuie

25 탄산음료의 종류가 아닌 것은?

① 진저엘
② 카린스 믹스
③ 토닉워터
④ 리까르

26 우리나라의 전통주가 아닌 것은?

① 이강주　　② 과하주
③ 죽엽청주　　④ 송순주

> 죽엽청주 : 다양한 약재를 섞어 특유의 맛을 내는 중국의 대표 명주 중의 하나이다.

27 샴페인에 관한 설명 중 틀린 것은?

① 샴페인은 발포성(Sparkling) 와인의 일종이다.
② 샴페인 원료는 피노 노아, 피노 뫼니에, 샤르도네이다.
③ 동 페이뇽(Dom perignon)에 의해 만들어졌다.
④ 샴페인 산지의 샹파뉴 지방은 이탈리아 북부에 위치하고 있다.

28 다음은 어떤 포도품종에 관하여 설명한 것인가?

> 작은 포도알, 깊은 적갈색, 두꺼운 껍질, 많은 씨앗이 특징이며 씨앗은 타닌함량을 풍부하게 하고, 두꺼운 껍질은 색깔을 깊이 있게 나타낸다. 블랙커런트, 체리, 자두 향을 지니고 있으며, 대표적인 생산지역은 프랑스 보르도 지방이다.

① 메를로(Merlot)
② 삐노 느와르(Pinot Noir)
③ 까베르네 쇼비뇽(Cabernet Sauvignon)
④ 샤프도네(chardonnay)

🍷 삐노 느와르(Pinot Noir)는 프랑스의 보르고뉴의 대표 포도품종이다.

29 다음 중 블렌디드(Blended) 위스키가 아닌 것은?

① Johnnie Walker Blue
② Cutty Sark
③ Macallan 18
④ Ballentine's 30

🍷 Macallan 18 : 싱글몰트 위스키

30 혼성주의 설명으로 틀린 것은?

① 증류주의 초근목피의 침출물로 향미를 더한다.
② 프랑스에서는 꼬디알이라 부른다.
③ 제조방법으로 침출법, 증류법, 에센스법이 있다.
④ 중세 연금술사들에 의해 발견되었다.

31 구매관리 업무와 가장 거리가 먼 것은?

① 납기관리
② 시장조사
③ 우량 납품업체 선정
④ 음료상품 판매촉진 기획

32 바텐더의 자세로 가장 바람직하지 못한 것은?

① 영업 전 후 Inventory 정리를 한다.
② 유통기한을 수시로 체크한다.
③ 손님과의 대화를 위해 뉴스, 신문 등을 자주 본다.
④ 고가의 상품을 판매를 위해 손님에게 추천한다.

33 Cork screw의 사용 용도는?

① 와인의 병마개 오픈용
② 와인의 병마개용
③ 와인 보관용 그릇
④ 잔 받침대

34 Stem Glass인 것은?

① Collins Glass
② Old Fashioned Glass
③ Straight up Glass
④ Sherry Glass

35 주로 추운 계절에 추위를 녹이기 위하여 외출이나 등산 후에 따뜻하게 마시는 칵테일로 가장 거리가 먼 것은?

① Irish Coffee
② Tropical Cocktail
③ Rum Grog
④ Vin Chaud

• Rum Grog : 럼과 따뜻한 물을 1:1로 섞고 각설탕이나 설탕을 넣어 만든 칵테일이다.
• Vin Chaud : 불어로 vin은 '와인', chaud은 '따뜻한, 뜨거운'뜻으로 레드와인을 적당히 끓여 알코올 성분을 없앤 와인. 글루바인(Glühwein), 뮬드 와인(Mulled Wine)라고도 불린다.

36 다음 중 올바른 음주방법과 가장 거리가 먼 것은?

① 술을 마시기 전에 음식을 먹어서 공복을 피한다.
② 본인의 적정 음주량을 초과하지 않는다.
③ 먼저 알코올 도수가 높은 술부터 낮은 술로 마신다.
④ 술을 마실 때 가능한 천천히 그리고 조금씩 마신다.

37 칵테일을 만드는 기법으로 적당하지 않은 것은?

① 띄우기(floating)
② 휘젓기(stirring)
③ 흔들기(shacking)
④ 거르기(filtering)

38 주장 경영 원가의 3요소로 가장 적합한 것은?

① 재료비, 노무비, 기타경비
② 재료비, 인건비, 세금
③ 재료비, 종사원 급여, 권리금
④ 재료비, 노무비, 월세와 관리비

39 행사장에 임시로 설치해 간단한 주류와 음료를 판매하는 곳의 명칭은?

① Open Bar
② Dance Bar
③ Cash Bar
④ Lounge Bar

40 바(Bar)의 업무 효율향상을 위한 시설물 설치방법으로 옳지 않은 것은?

① 얼음 제빙기는 가능한 바(Bar) 내에 설치한다.
② 바의 수도 시설은 믹싱 스테이션(Mixing Station) 바로 후면에 설치한다.
③ 각 얼음은 아이스 텅(Ice Tongs)에다 채워놓고 바(Bar) 작업대 옆에 보관한다.
④ 냉각기(Cooling Cabinet)는 주방 밖에 설치한다.

41 식재료가 소량이면서 고가인 경우나 희귀한 아이템의 경우에 검수 하는 방법으로 옳은 것은?

① 발췌 검수법
② 전수 검수법
③ 송장 검수법
④ 서명 검수법

• 발췌 검수법 : 대량으로 납품되는 물품으로 몇 개의 샘플만 발췌하여 사전에 설정된 품목의 표시기준과 비교하는 방법
• 송장 검수법 : 개개의 품목의 수량, 가격과 기타 사항을 기록하여 구매명세서와 대비하여 검수하는 방법이다.

42 식재료 원가율 계산 방법으로 옳은 것은?

① 기초재고 + 당기매입 – 기말재고
② (식재료 원가/총매출액) × 100
③ 비용 + (순이익/수익)
④ (식재료 원가/월매출액) × 30

43 조주 시 필요한 셰이커(Shanker)의 3대 구성 요소의 명칭이 아닌 것은?

① 믹싱(Mixing)
② 보디(Body)
③ 스트레이너(Strainer)
④ 캡(Cap)

44 생맥주를 중심으로 각종 식음료를 비교적 저렴하게 판매하는 영국식 선술집은?

① Saloon
② Pub
③ Lounge Bar
④ Banquet

45 물로 커피를 추출할 때 사용하는 도구가 아닌 것은?

① Coffee Urn
② Siphon
③ Dripper
④ French Press

- Coffee Urn : 커피를 데우기 위해 쓰이는 전열기구
- Siphon : 용기를 기울이지 않고 높은 곳에 있는 액체를 낮은 곳으로 옮기는 연통관
- Dripper : 여과 주머니에 커피 가루를 넣고 뜨거운 물을 부어 커피 물을 우려내는 구조로 된 기구
- French Press : 유리관 형태로 생긴 용기에 금속 또는 나일론 필터의 거름망이 달린 커피 추출기구

46 다음 식품위생법상의 식품접객업의 내용으로 틀린 것은?

① 휴게음식점 영업은 주로 빵과 떡 그리고 과자와 아이스크림류 등 과자점 영업을 포함한다.
② 일반음식점 영업은 음식류만 조리 판매가 허용되는 영업을 말한다.
③ 단란주점영업은 유흥종사자는 둘 수 없으나 모든 주류의 판매 허용과 손님이 노래를 부르는 행위가 허용되는 영업입니다.
④ 유흥주점영업은 유흥종사자를 두거나 손님이 노래를 부르거나 춤을 추는 행위가 허용되는 영업이다.

47 바(bar) 기구가 아닌 것은?

① 믹싱 셰이커(Mixing Shaker)
② 레몬 스퀴저(Lemon Squeezer)
③ 바 스트레이너(Bar Strainer)
④ 스테이플러(Stapler)

48 Red Wine Decanting에 사용되지 않는 것은?

① Wine Cradle
② Candle
③ Cloth Napkin
④ Snifter

- Wine Cradle : Wine을 서브할 때 사용하는 것으로 와인을 뉘어 놓은 손잡이가 달린 바구니, 와인 바스켓
- Snifter : 브랜드 글라스로서 튤립모양의 글라스이며, 위 부분이 좁은 서양배 모양의 기둥이 있는 컵

49 주류의 Inventory Sheet에 표기되지 않는 것은?

① 상품명
② 전기 이월량
③ 규격(또는 용량)
④ 구입가격

50 개봉한 뒤 다 마시지 못한 와인의 보관방법으로 옳지 않은 것은?

① vacuum pump로 병 속의 공기를 빼낸다.
② 코르크로 막아 즉시 냉장고에 넣는다.
③ 마개가 없는 디캔터에 넣어 상온에 둔다.
④ 병속에 불활성 기체를 넣어 산소의 침입을 막는다.

🍷 와인 보관시 주의할 사항 : 온도와 산소의 관리

51 Which Cocktail name means "Freedom"?

① God mother
② Cuba libre
③ God father
④ French kiss

52 "How often do you drink?"의 대답으로 적합하지 않은 것은?

① Every day
② Once a week
③ About three times a month
④ After work

🍷 와인 보관시 주의할 사항 : 온도와 산소의 관리

53 "그걸로 주세요."라는 표현으로 가장 적합한 것은?

① I'll have this one.
② Give me one more.
③ That's please.
④ I already had one.

54 아래의 대화에서 ( )안에 알맞은 단어로 짝지어진 것은?

A : Let's go ( ) a drink after work, will you?
B : I don't ( ) like a drink today.

① for, feel
② to, have
③ in, know
④ of, give

🍷 ~을 하기 위해서, 기분과 감정의 상태를 나타낼 때

55 다음에서 설명하는 bitters는?

It is from a Trinidadian secret recipe.

① Peychaud's bitters
② Abbott's aged bitters
③ Orange bitters
④ Angostura bitters

56 Which one is the best harmony with gin?

① sprite
② ginger ale
③ cola
④ tonic water

57 Please select the cocktail-based wine in the following.

① Mai-Tai
② Mah-Jong
③ Salty-Dog
④ Sangria

🍷 white wine base cocktail : spritzer

58 ( ) 안에 가장 알맞은 것은?

> W : What would you like to drink, sir?
> G : Scotch ( ) the rocks, please.

① in
② with
③ on
④ put

59 "All tables are booked tonight"과 의미가 같은 것은?

① All books are on the table.
② There are a lot of tables here.
③ All tables are very dirty tonight.
④ There aren't any available tables tonight.

book : 예약하다.(= reservation)

60 ( )에 들어갈 단어로 옳은 것은?

> ( ) is a late morning meal between breakfast and lunch.

① Buffet
② Brunch
③ American breakfast
④ Continental breakfast

정답 2013년 4회 기출문제

01 ④	02 ④	03 ④	04 ②	05 ②
06 ④	07 ④	08 ②	09 ③	10 ④
11 ③	12 ②	13 ③	14 ④	15 ①
16 ②	17 ①	18 ①	19 ③	20 ②
21 ②	22 ②	23 ②	24 ④	25 ④
26 ③	27 ④	28 ③	29 ③	30 ②
31 ④	32 ④	33 ①	34 ④	35 ②
36 ③	37 ④	38 ①	39 ③	40 ③
41 ②	42 ②	43 ①	44 ②	45 ①
46 ②	47 ④	48 ④	49 ④	50 ③
51 ②	52 ④	53 ①	54 ①	55 ④
56 ④	57 ④	58 ③	59 ④	60 ②

2014년 1회 공단 기출문제

01월 26일 시행

01 프랑스 보르도(Bordeaux)지방의 와인이 아닌 것은?
① 보졸레(Beaujolais), 론(Rhone)
② 메독(Medod), 그라브(Grave)
③ 포므롤(Pomerol), 소테른(Sauternes)
④ 생떼밀리옹(Saint-Emilion), 바르삭(Barsac)

> 보졸레(Beaujolais), 론(Rhone) : 보르곤유 와인

02 스카치 위스키가 아닌 것은?
① Crown Royal
② White Horse
③ Johnnie Walker
④ VAT 69

> Crown Royal : Canadian Whisky

03 맥주의 효과와 가장 거리가 먼 것은?
① 항균작용
② 이뇨 억제 작용
③ 식욕 증진 및 소화 촉진 작용
④ 신경진정 및 수면 촉진 작용

04 오렌지 과피, 회향초 등을 주원료로 만들며 알코올 농도가 24% 정도가 되는 붉은 색의 혼성주는?
① Beer
② Drambuie
③ Campari
④ Cognac

05 커피를 주원료로 만든 리큐르는?
① Grand Marnier
② Benedictine
③ Kahlua
④ Sloe Gin

06 다음에서 설명하고 있는 술은?

> 고구려의 술로 전해지며, 여름날 황혼 무렵에 찐 차좁쌀로 담가서 그 다음날 닭이 우는 새벽녘에 먹을 수 있도록 빚었던 술이다.

① 교동법주
② 청명주
③ 소곡주
④ 계명주

> • 교동법주 : 경주 최 부잣집의 가양주로 찹쌀죽에 빻은 누룩을 넣고 발효시켜 만든 밑술에 찹쌀 고두밥을 버무려 발효시킨 다음 용수를 박아 용수 안에 고인 술만 숙성시킨 술
> • 청명주 : 찹쌀과 함께 몸에 좋은 인삼과 구기자 등을 넣어 발효시킨 우리나라의 대표적인 약주
> • 소곡주 : 누룩이 적게 들어간다 하여 붙여진 이름으로, 1500년 전부터 전승되어 온 명주 중의 명주

07 다음 술 종류 중 코디얼(cordial)에 해당하는 것은?
① 베네딕틴(Benedictine)
② 골든스 론든 드라이 진(Gordons london gin)
③ 커티 샥(Cutty sark)
④ 올드 그랜드 대그(Old grand dad)

08 독일와인의 분류 중 가장 고급와인의 등급표시는?

① Q.b.A
② Tafelwein
③ Landwein
④ Q.m.P

- 타펠바인(Tafelwein)
- 도이취 타펠바인(Deutscher Tafelwein)
- 란트바인(Landwein)
- 크발리테츠바인 베쉬팀터 안바우게비테(Qualitätswein bestimmter Anbaugebiete: QbA)
- 크발리테츠 바인 미트 프레디카트(Qualitätswein mit Pärdikat: QmP)

09 하면 발효 맥주가 아닌 것은?

① Lager beer
② Porter beer
③ Pilsen beer
④ Munchen beer

- 하면 발효 맥주 : 발효 도중이나 발효가 끝날 때 가라앉는 성질이 있는 효모로 발효시킨 맥주이다. 10도 정도의 저온에서 발효를 하고, 여과가 쉬우며 깨끗하고 부드러운 맛과 향이 특징이다. 세계 맥주시장의 4분의 3을 점유하고 있고, 라거(lager), 필스너(pilsener), 뮌헤너(münchener), 보크(bock) 등이 대표적이다.
- 상면 발효 맥주 : 발효 중 탄산가스와 함께 발효액의 표면에 뜨는 성질이 있는 효모로 발효시킨 맥주이다. 맥아농도가 높고, 10도에서 25도 사이의 상온에서 발효를 하기 때문에 색이 짙고 강하고 풍부한 맛이 나며 알코올 도수도 높은 편이다. 에일(ale)과 포터(porter), 램빅(lambic), 스타우트(stout) 등이 대표적이다.

10 조선시대의 술에 대한 설명으로 틀린 것은?

① 중국과 일본에서 술이 수입되었다.
② 술 빚는 과정에 있어 여러 번 걸쳐 덧술을 하였다.
③ 고려시대에 비하여 소주의 선호도가 높았다.
④ 소주를 기본으로 한 약용약주, 혼양주의 제조가 증가했다.

11 음료에 대한 설명이 잘못된 것은?

① 진저엘(Ginger ale)은 착향 탄산음료이다.
② 토닉워터(Tonic Water)는 착향 탄산음료이다.
③ 세계 3대 기호음료는 커피, 코코아, 차(Tea)이다.
④ 유럽에서 Cider(또는 Cidre)는 착향 탄산음료이다.

- Cider : 사과과즙의 당을 발효하여 알코올로 변화시켜 만든 술. 당을 보충하여 발효시킨 것은 알코올분이 높아 10% 전후, 과즙만의 것은 3~5%이다.

12 위스키(Whisky)와 브랜디(Brandy)에 대한 설명이 틀린 것은?

① 위스키는 곡물을 발효시켜 증류한 술이다.
② 캐나디언(Canadian Whisky) 위스키는 캐나다산 위스키의 총칭이다.
③ 브랜디는 과실을 발효·증류해서 만든다.
④ 꼬냑(Cognac)은 위스키의 대표적인 술이다.

13 레몬주스, 슈가시럽, 소다수를 혼합한 것으로 대용할 수 있는 것은?

① 진저엘
② 토닉워터
③ 칼린스 믹스
④ 사이다

14 커피의 품종이 아닌 것은?

① 아라비카(Arabica)
② 로부스타(Robusta)
③ 리베리카(Riberica)
④ 우바(Uva)

- 우바(Uva) : 우바는 기문홍차, 다즐링과 함께 세계 3대의 홍차이다. 스리랑카 우바 지역에서 재배된다.

15 다음 광천수 중 탄산수가 아닌 것은?

① 셀처 워터(Seltzer Water)
② 에비앙 워터(Evian Water)
③ 초정약수
④ 페리에 워터(Perrier Water)

🍷 에비앙 워터(Evian Water) : Mineral water

16 이탈리아 와인 중 지명이 아닌 것은?

① 키안티
② 바르바레스코
③ 바롤로
④ 바르베라

🍷 바르베라 : 이탈리아에서 널리 재배되는 포도품종

17 와인에 국화과의 아티초크(Artichoke)와 약초의 엑기스를 배합한 이태리산 리큐르는?

① Absinthe
② Dubonnet
③ Amer picon
④ Cynar

🍷 • Absinthe : 향쑥·살구씨·회향·아니스 등을 주된 향료로 써서 만든 술
• Dubonnet : 약한 키니네 맛을 가지고 있는 적색의 프랑스산 아페리티프 와인
• Amer picon : 27°정도의 알코올 도수로 쓴맛과 오렌지 향을 가지고 있는 진갈색의 프랑스산 술

18 다음 중 식전주(aperitif)로 가장 적합하지 않은 것은?

① Campari
② Dubonnet
③ Cinzano
④ Sidecar

19 브랜디의 제조순서로 옳은 것은?

① 양조작업 - 저장 - 혼합 - 증류 - 숙성 - 병입
② 양조작업 - 증류 - 저장 - 혼합 - 숙성 - 병입
③ 양조작업 - 숙성 - 저장 - 혼합 - 증류 - 병입
④ 양조작업 - 증류 - 숙성 - 저장 - 혼합 - 병입

20 다음 중 Bitter가 아닌 것은?

① Angostura
② Campari
③ Galliano
④ Amer Picon

21 Tequila에 대한 설명으로 틀린 것은?

① Tequila 지역을 중심으로 지정된 지역에서만 생산된다.
② Tequila를 주원료로 만든 혼성주는 Mezcal이다.
③ Tequila는 한 품종의 Agave만 사용된다.
④ Tequila는 발효 시 옥수수당이나 설탕을 첨가할 수도 있다.

🍷 Mezcal : 용설란 수액을 증류한 증류주

22 증류주에 대한 설명으로 옳은 것은?

① 과실이나 곡류 등을 발효시킨 후 열을 가하여 분리한 것이다.
② 과실의 향료를 혼합하여 향기와 감미를 첨가한 것이다.
③ 주로 맥주, 와인, 양주 등을 말한다.
④ 탄산성 음료는 증류주에 속한다.

23 리큐르의 제조법이 아닌 것은?

① 증류법 ② 에센스법
③ 믹싱법 ④ 침출법

24 와인 제조 시 이산화황(SO_2)을 사용하는 이유가 아닌 것은?

① 항산화제 역할
② 부패균 생성 방지
③ 갈변 방지
④ 효모 분리

25 진(Gin)의 상표로 틀린 것은?

① Bombay Sapphire
② Gordon's
③ Smirnoff
④ Beefeater

> Smirnoff : 미국산 보드카

26 소다수에 대한 설명 중 틀린 것은?

① 인공적으로 이산화탄소를 첨가한다.
② 약간의 신맛과 단맛이 나며 청량감이 있다.
③ 식욕을 돋우는 효과가 있다.
④ 성분은 수분과 이산화탄소로 칼로리는 없다.

27 와인에 관한 용어 설명 중 틀린 것은?

① 탄닌(tannin) - 포도의 껍질, 씨와 줄기, 오크통에서 우러나오는 성분
② 아로마(aroma) - 포도의 품종에 따라 맡을 수 있는 와인의 첫 번째 냄새 또는 향기
③ 부케(bouquet) - 와인의 발효과정이나 숙성 과정 중에 형성되는 복잡하고 다양한 향기
④ 빈티지(vintage) - 포도주 제조년도

> 빈티지(vintage) : 와인을 제조하기 위해 포도를 생산한 연도

28 다음 중 혼성주가 아닌 것은?

① Apricot brandy
② Amaretto
③ Rusty nail
④ Anisette

> Rusty nail : 위스키와 드람뷔이를 섞어서 만든 단맛이 나는 칵테일

29 다음 중 코냑이 아닌 것은?

① Courvoisier
② Camus
③ Mouton Cadet
④ Remy Martin

30 맥주의 재료인 호프(hop)의 설명으로 옳지 않은 것은?

① 자웅이주 식물로서 수꽃인 솔방울 모양의 열매를 사용한다.
② 맥주의 쓴맛과 향을 낸다.
③ 단백질을 침전·제거하여 맥주를 맑고 투명하게 한다.
④ 거품의 지속성 및 항균성을 부여한다.

> 다년생 덩굴식물의 꽃으로서 작은 솔방울 같이 생겼는데 냉량성 작물로서 햇살이 잘 들고 서늘하여 통풍이 잘되는 곳에서 잘 자란다.

31 다음 음료 중 냉장 보관이 필요 없는 것은?

① White Wine
② Dry Sherry
③ Beer
④ Brandy

32 칵테일 조주 시 사용되는 다음 방법 중 가장 위생적인 방법은?

① 손으로 얼음을 Glass에 담는다.
② Glass 윗부분(Rine)을 손으로 잡아 움직인다.
③ Garnish는 깨끗한 손으로 Glass에 Setting 한다.
④ 유효기간이 지난 칵테일 부재료를 사용한다.

33 주장요원의 업무규칙에 부합하지 않은 것은?

① 조주는 규정된 레시피에 의해 만들어져야 한다.
② 요금의 영수 관계를 명확히 하여야 한다.
③ 음료의 필요재고보다 두 배 이상의 재고를 보유하여야 한다.
④ 고객의 음료 보관 시 명확한 표기와 보관을 책임진다.

과다한 재고량은 재료와 저장소의 낭비를 초래한다.

34 와인을 주재료(wine base)로 한 칵테일이 아닌 것은?

① 키어(kir)
② 블루 하와이(Blue hawaii)
③ 스프리처(Sprizer)
④ 미모사(Mimosa)

블루 하와이(Blue hawaii) : 약 13°로 럼 1oz, 블루 큐라소 3/4oz, 샤워믹스 1/2oz, 파인주스 1로 쉐이킹하여 만든다.

35 물품검수 시 주문내용과 차이가 발견될 때 반품하기 위하여 작성하는 서류는?

① 송장(invoice)
② 견적서(price quotation sheet)
③ 크레디트 메모(Credit memorandum)
④ 검수보고서(receiving sheet)

36 고객에게 음료를 제공할 때 반드시 필요치 않은 부품은?

① Cocktail Napkin
② Can Opener
③ Muddler
④ Coaster

37 칵테일 부재료 중 spice류에 해당되지 않는 것은?

① Grenadine syrup
② Mint
③ Nutmeg
④ Cinnamon

38 Wine 저장에 관한 내용 중 적절하지 않는 것은?

① White Wine은 냉장고에 보관하되 그 품목에 맞는 온도를 유지해 준다.
② Red Wine은 상온 Cellar에 보관하되 그 품목에 맞는 적정온도를 유지해 준다.
③ Wine를 보관하면서 정기적으로 이동 보관한다.
④ Wine 보관 장소는 햇볕이 잘 들지 않고 통풍이 잘되는 곳에 보관하는 것이 좋다.

39 주장원가의 3요소로 가장 적합한 것은?

① 인건비, 재료비, 주장경비
② 인건비, 재료비, 세금봉사료
③ 인건비, 재료비, 주세
④ 인건비, 재료비, 세금

40 Muddler에 대한 설명으로 옳은 것은?

① 설탕이나 장식과일 등을 으깨거나 혼합할 때 사용한다.
② 칵테일 장식에 체리나 올리브 등을 찔러 장식할 때 사용한다.
③ 규모가 큰 얼음덩어리를 잘게 부술 때 사용한다.
④ 술의 용량을 측정할 때 사용한다.

- 칵테일 장식에 체리나 올리브 등을 찔러 장식할 때 사용 - 칵테일 픽
- 규모가 큰 얼음덩어리를 잘게 부술 때 사용 - 아이스 픽
- 술의 용량을 측정할 때 사용 - 지거

41 연회용 메뉴 계획시 에피타이저 코스에 술을 권유하려 할 때 다음 중 가장 적합한 것은?

① 리큐르(liqueur)
② 크림 쉐리(cream sherry)
③ 드라이 쉐리(dry sherry)
④ 포트 와인(port wine)

42 주장(bar) 영업종료 후 재고조사표를 작성하는 사람은?

① 식음료 매니저
② 바 매니저
③ 바 보조
④ 바텐더

43 화이트와인 서비스과정에서 필요한 기물과 가장 거리가 먼 것은?

① Wine cooler
② Wine stand
③ Wine basket
④ Wine opener

- Wine basket : 실온에서 서브하는 레드와인을 위한 기물

44 일과 업무 시작 전에 바(Bar)에서 판매 가능한 양만큼 준비해 두는 각종의 재료를 무엇이라고 하는가?

① Bar Stock
② Par Stock
③ Pre-Product
④ Ordering Product

45 흔들기(Shaking)에 대한 설명 중 틀린 것은?

① 잘 섞이지 않고 비중이 다른 음료를 조주할 때 적합하다.
② 롱 드링크(long Drink) 조주에 주로 사용한다.
③ 애플마티니를 조주할 때 이용되는 기법이다.
④ 쉐이커를 이용한다.

46 칵테일 글라스(Cocktail Glass)의 3대 명칭이 아닌 것은?

① 베이스(Base)
② 스템(Stem)
③ 보울(Bowl)
④ 캡(Cap)

47 싱가포르 슬링(Singapore Sling)의 3대 명칭이 아닌 것은?

① 시즌과일(season fruits)
② 올리브(olive)
③ 필 어니언(peel onion)
④ 계피(cinnamon)

48 네그로니(Negroni) 칵테일의 조주 시 재료로 가장 적합한 것은?

① Rum 3/4 oz, Sweet Vermouth 3/4 oz, Campari 3/4 oz, Twist of lemon peel
② Dry Gin 3/4 oz, Sweet Vermouth 3/4 oz, Campari 3/4 oz, Twist of lemon peel
③ Dry Gin 3/4 oz, Dry Vermouth 3/4 oz, Granadine Syrup 3/4 oz, Twist of lemon peel
④ Tequila 3/4 oz, Sweet Vermouth 3/4 oz, Campari 3/4 oz, Twist of lemon peel

49 브랜드 글라스(Brandy Glass)에 대한 설명으로 틀린 것은?

① 코냑 등을 마실 때 사용하는 튤립형의 글라스이다.
② 향을 잘 느낄 수 있도록 만들어졌다.
③ 기둥이 긴 것으로 윗부분이 넓다.
④ 스니프터(snifter)라고도 하며 밑이 넓고 위는 좁다.

50 Cocktail Shaker에 넣어 조주하는 것이 부적합한 재료는?

① 럼(Rum)
② 소다수(Soda Water)
③ 우유(Milk)
④ 달걀 흰자

51 Which one is made with vodka and coffee liquer?

① Black russian
② Rusty nail
③ Cacao fizz
④ Kiss of fire

- Black russian: Vodka 1 oz + Kahlua 1/2 oz
- Rusty nail: Scotch Whisky 1 oz + Drambuie 1/2 oz
- Cacao fizz: Cacao Cream 1 oz, Collins Mixer 1/2 oz
- Kiss of fire: Vodka 1 oz + Sloe Gin 1/2 oz + Dry Vermouth 1/2 oz + Lemon Juice 1 tsp

52 Which of the following doesn't belong to the regions of France where wine is produced?

① Bordeaux
② Burgundy
③ Champagne
④ Rheingau

53 다음에서 설명하는 것은?

When making a cocktail, this is the main ingredient into which other things are added.

① base
② glass
③ straw
④ decoration

54 Which is the correct one as a base of Port Sangaree in the following?

① Rum
② Vodka
③ Gin
④ Wine

55 다음 ( ) 안에 들어갈 알맞은 것은?

This is our first visit to Korea and before we ( ) our dinner, we want to ( ) some domestic drinks here.

① have, try
② having, trying
③ serve, served
④ serving, be served

56 "a glossary of basic wine terms"의 연결로 틀린 것은?

① Balance : the portion of the wine's odor derived from the grape variety and fermentation.
② Nose : the total odor of wine composed of aroma bouquet, and other factors.
③ Body : the weight or fullness of wine on palate.
④ Dry : a tasting term to denote the absence of sweetness in wine.

57 다음에서 설명하는 것은?

> An anise-flavored, high-proof liqueur now banned due to the alleged toxic effects of wormwood, which reputedly turned the brains of heavy users to mush

① Curacao
② Absinthe
③ Calvados
④ Benedictine

58 다음에서 설명하는 것은?

> A honeydew melon flavored liqueur from the Japanese house of Suntory

① Midori
② Cointreau
③ Grand Marnier
④ Apricot Brandy

🍷 단 메론의 향을 느끼게 하는 리큐어

59 다음 ( ) 안에 알맞은 단어는?

> "Dry gin merely signifies that the gin lacks ( )."

① sweetness
② sourness
③ bitterness
④ hotness

60 다음 ( ) 안에 알맞은 단어는?

> ( ) is a Caribbean coconut-flavored rum originally from Barbados.

① Malibu
② Sambuca
③ Maraschino
④ Southern Comfort

🍷 카리브해의 코코넛향의 럼

정답 2014년 1회 기출문제

01 ①	02 ①	03 ②	04 ③	05 ③
06 ④	07 ①	08 ④	09 ②	10 ①
11 ④	12 ④	13 ③	14 ④	15 ②
16 ④	17 ④	18 ④	19 ②	20 ③
21 ②	22 ①	23 ③	24 ④	25 ③
26 ②	27 ④	28 ③	29 ③	30 ①
31 ④	32 ③	33 ③	34 ②	35 ③
36 ②	37 ①	38 ③	39 ①	40 ①
41 ③	42 ④	43 ③	44 ②	45 ②
46 ④	47 ①	48 ②	49 ③	50 ②
51 ①	52 ④	53 ①	54 ④	55 ①
56 ①	57 ②	58 ①	59 ①	60 ①

2014년 2회 공단 기출문제
04월 06일 시행

01 진(Gin)이 제일 처음 만들어진 나라는?

① 프랑스
② 네덜란드
③ 영국
④ 덴마크

> 진은 주정도가 40도 정도이고, 네덜란드에서는 국민적 음료로 널리 애용되며, 게네베르(genever)라 부른다.

02 다음 중 식전주로 가장 적합한 것은?

① 맥주(Beer)
② 드람뷔이(Drambuie)
③ 캄파리(Campari)
④ 꼬냑(Cognac)

> 식전주는 본 식사를 시작하기 전 식욕을 돋우기 위해 가볍게 마시는 음료이다.

03 다음 중 Fortified Wine이 아닌 것은?

① Sherry Wine
② Vermouth
③ Port Wine
④ Blush Wine

> Blush Wine은 엷은 핑크빛에서 살구 빛 정도에 이르는 와인을 가리킬 때 쓰는 말로서 적포도를 으깬 후, 색소가 많이 녹아나기 전에 고형 성분을 제거한 주스를 발효시켜 만든 와인이다.

04 화이트와인용 포도품종이 아닌 것은?

① 샤르도네
② 시라
③ 소비뇽 블랑
④ 삐노 블랑

> 대표적 레드와인 포도품종 : 카베르네 소비뇽(Cabernet Sauvignon), 메를로(Merlot), 피노 누와(Pinot Noir), 시라(Syrah), 쉬라즈(Shiraz)

05 혼성주의 특징으로 옳은 것은?

① 사람들의 식욕부진이나 원기 회복을 위해 제조되었다.
② 과일 중에 함유되어 있는 당분이나 전분을 발효시켰다.
③ 과일이나 향료, 약초 등 초근목피의 침전물로 향미를 더하여 만든 것으로, 현재는 식후주로 많이 애음된다.
④ 저온 살균하여 영양분을 섭취할 수 있다.

06 아쿠아비트(Aquavit)에 대한 설명 중 틀린 것은?

① 감자를 당화시켜 연속 증류법으로 증류한다.
② 혼성주의 한 종류로 식후주에 적합하다.
③ 맥주와 곁들여 마시기도 한다.
④ 진(Gin)의 제조 방법과 비슷하다.

07 스팅거(Stinger)를 제공하는 유리잔(Glass)의 종류는?

① 하이볼(High ball) 글라스
② 칵테일(Cocktail) 글라스
③ 올드 패션드(Old Fashioned) 글라스
④ 사워(Sour) 글라스

🍷 스팅거 : 브랜디 1½온스, 크렘 드 민트 화이트 ½온스, 쉐이크, 칵테일 글라스

08 주정 강화로 제조된 시칠리아산 와인은?

① Champagne
② Grappa
③ Marsala
④ Absente

🍷 Marsala는 이탈리에서 생산되는 강화와인으로 드라이해 질 때까지 완벽하게 발효과정을 거치고 난 뒤에 강화된다.

09 Scotch whisky에 대한 설명으로 옳지 않은 것은?

① Malt whisky는 대부분 Pot still을 사용하여 증류한다.
② Blended whisky는 Malt whisky와 Grain whisky를 혼합한 것이다.
③ 주원료인 보리는 이탄(Peat)의 연기로 건조시킨다.
④ Malt whisky는 원료의 향이 소실되지 않도록 반드시 1회만 증류한다.

🍷 싱글 몰트 위스키는 오직 맥아의 과정을 거친 보리 한 가지로 만들어지며 동일한 증류소에서 생산된 것으로 단식증류기를 통해 두 번 증류 한다.

10 커피의 품종에서 주로 인스턴트커피의 원료로 사용되고 있는 것은?

① 로부스타
② 아라비카
③ 리베리카
④ 레귤러

11 다음 재료로 만든 Whisjy Coke의 알코올 도수는?

1) Whisky 1 Ounce(알코올 도수 40%)
2) Cola 4 oz(녹는 얼음의 양은 계산하지 않음)

① 6%
② 8%
③ 10%
④ 12%

12 다음에서 설명하는 리큐르 제조법으로 가장 적합한 것은?

증류하면 변질될 수 있는 과일이나 약초, 향료에 증류주를 가해 향미성을 용해시키는 방법으로 열을 가하지 않는다.

① 증류법
② 침출법
③ 여과법
④ 에센스법

13 와인 병 바닥의 요철 모양으로 오목하게 들어간 부분은?

① 펀트(Punt)
② 발란스(Balance)
③ 포트(Port)
④ 노블 롯(Noble Rot)

🍷 와인 병 바닥의 요철 모양으로 오목하게 들어간 부분을 펀트(Punt)라 하며, 기본적인 역할은 와인의 침전물을 모으고 가두어 주는 것이다. 그 외에 병에 대한 무게 중심을 잡아 주어 안정성을 준다거나, 테이블의 스크래치 방지 등이 있다.

14 이탈리아 리큐르로 살구씨를 물과 함께 증류하여 향초 성분과 혼합하고 시럽을 첨가해서 만든 리큐르는?

① Cherry Brandy   ② Curacao
③ Amaretto   ④ Tia Maria

- Curacao–카리브해의 섬인 퀴라소섬에서 발견되는 쓴 오렌지 껍질을 건조하여 만든 리큐어이다.
- Tia Maria–럼주를 기주로 한 커피 리큐르이다.

15 포도즙을 내고 남은 찌꺼기에 약초 등을 배합하여 증류해 만든 이태리 술은?

① 삼부카   ② 버머스
③ 그라빠   ④ 캄파리

- 삼부카 : 이탈리아에서 생산되는 아니스 향의 리큐어이다.
- 머스 : 포도주에 향료를 넣어 우려 만든 술로 다른 음료와 섞어 카테일로 마신다.
- 파리 : 캄파리라는 창시자의 이름을 딴 이탈리아의 붉은색 리큐르이며, 주로 식전 주로 사용된다.

16 조선시대에 유입된 외래주가 아닌 것은?

① 천축주   ② 섬라주
③ 금화주   ④ 두견주

- 두견주는 고려시대의 대표적인 계절주이다.

17 다음에서 설명하는 전통주는?

고려 때에 등장한 술로 병자호란이던 어느 해 이완 장군이 병사들의 사기를 돋우기 위해 약용과 가향의 성분을 고루 갖춘 이 술을 마시게 한 것에서 유래된 것으로 알려졌으며, 차보다 얼큰하고 짙게 우러난 호박색이 부드럽고 연 냄새가 은은한 전통제주로 감칠맛이 일품이다.

① 문배주   ② 이강주
③ 송순주   ④ 연엽주

- 문배주 : 고려 왕건 시대부터 제조돼 내려온 평양일대의 증류식 소주로 술의 향기가 문배나무의 과실에서 풍기는 향기와 같아 붙여진 이름이다.
- 이강주 : 조선 중기부터 전라도와 황해도에서 빚어온 한국의 전통 민속주로써 이름대로 소주에 배와 생강을 혼합하여 만든 고급 약소주이다.
- 송순주 : 곡주를 빚는 과정에서 송순과 소주를 넣어 발효시키는 혼양주이다.

18 테킬라에 대한 설명으로 맞게 연결된 것은?

최초의 원산지는 (ⓐ)로서 이 나라의 특산주이다.
원료는 백합과의 (ⓑ)인데 이 식물에는 (ⓒ)이라는 전분과 비슷한 물질이 함유되어 있다.

① ⓐ 멕시코, ⓑ 풀케(Pulque), ⓒ 루플린
② ⓐ 멕시코, ⓑ 아가베(Agave), ⓒ 이눌린
③ ⓐ 스페인, ⓑ 아가베(Agave), ⓒ 루플린
④ ⓐ 스페인, ⓑ 풀케(Pulque), ⓒ 이눌린

19 차(Tea)에 대한 설명으로 가장 거리가 먼 것은?

① 녹차는 차 잎을 찌거나 덖어서 만든다.
② 녹차는 끓는 물로 신속히 우려낸다.
③ 홍차는 레몬과 잘 어울린다.
④ 홍차에 우유를 넣을 때는 뜨겁게 하여 넣는다.

20 이탈리아 I.G.T 등급은 프랑스의 어느 등급에 해당되는가?

① V.D.Q.S
② Vin de Pays
③ Vin de Table
④ A.O.C

- 이탈리아 : Vino da Tavola - IGT - DOC – DOCG
- 프랑스 : Vin de Table – Vin de Pays - VDQS – AOC

21 진저엘의 설명 중 틀린 것은?

① 맥주에 혼합하여 마시기도 한다.
② 생강향이 함유된 청량음료이다.
③ 진저엘의 엘은 알코올을 뜻한다.
④ 진저엘은 알코올분이 있는 혼성주이다.

22 다음은 어떤 증류주에 대한 설명인가?

> 곡류와 감자 등을 원료로 하여 당화시킨 후 발효하고 증류한다. 증류액을 희석하여 자작나무 숯으로 만든 활성탄에 여과하여 정제하기 때문에 무색, 무취에 가까운 특성을 가진다.

① Gin
② Vodka
③ Rum
④ Tequila

23 차와 코코아에 대한 설명으로 틀린 것은?

① 차는 보통 홍차, 녹차, 청차 등으로 분류된다.
② 차의 등급은 잎의 크기나 위치 등에 크게 좌우된다.
③ 코코아는 카카오 기름을 제거하여 만든다.
④ 코코아는 사이폰(syphon)을 사용하여 만든다.

> 사이폰은 가는 관을 통하여 커피를 유출하는 방법으로 진공식 추출 방식이다.

24 그랑드 샹빠뉴 지역의 와인 증류원액을 50% 이상 함유한 코냑을 일컫는 말은?

① 샹빠뉴 블랑
② 쁘띠뜨 샹빠뉴
③ 핀 샹빠뉴
④ 샹빠뉴 아르덴

25 단식증류기의 일반적인 특징이 아닌 것은?

① 원료 고유의 향을 잘 얻을 수 있다.
② 고급 증류주의 제조에 이용한다.
③ 적은 양을 빠른 시간에 증류하여 시간이 적게 걸린다.
④ 증류 시 알코올 도수를 80도 이하로 낮게 증류한다.

26 다음 중 과즙을 이용하여 만든 양조주가 아닌 것은?

① Toddy
② Cider
③ Perry
④ Mead

> Mead는 미드 꿀에 맥아, 이스트(Yeast : 효모, 누룩), 향료, 물 등을 넣어 발효시킨 리큐어이다.

27 상면발효 맥주 중 벨기에서 전통적인 발효법을 이용해 만드는 맥주로, 발효시키기 전에 뜨거운 맥즙을 공기 중에 직접 노출시켜 자연에 존재하는 야생효모와 미생물이 자연스럽게 맥즙에 섞여 발효하게 만든 맥주는?

① 스타우트(Stout)
② 도르트문트(Dortmund)
③ 에일(Ale)
④ 람빅(Lambics)

28 각국을 대표하는 맥주를 바르게 연결한 것은?

① 미국 – 밀러, 버드와이저
② 독일 – 하이네켄, 뢰벤브로이
③ 영국 – 칼스버그, 기네스
④ 체코 – 필스너, 벡스

> 하이네켄 - 네덜란드, 칼스버그 - 덴마크, 벡스 - 독일

29 조주 상 사용되는 표준계량의 표시 중에서 틀린 것은?

① 1 티스푼(tea spoon) = 1/8 온스
② 1 스플리트(split) = 6 온스
③ 1 파인트(pint) = 10 온스
④ 1 포니(pony) = 1 온스

> 1 파인트(pint) = 12 온스

30 다음 중 홍차가 아닌 것은?

① 잉글리시 블랙퍼스트(English breakfast)
② 로브스타(Robusta)
③ 다즐링(Dazeeling)
④ 우바(Uva)

> 로브스타(Robusta)는 아라비카와 더불어 가장 대중적인 커피의 품종으로 원산지는 아프리카 콩고이다.

31 칵테일의 종류 중 마가리타(Margarita)의 주원료로 쓰이는 술의 이름은?

① 위스키(Whisky)
② 럼(Rum)
③ 테킬라(Tequila)
④ 브랜디(Brandy)

32 1 온스(oz)는 몇 mL인가?

① 10.5 mL
② 20.5 mL
③ 29.5 mL
④ 40.5 mL

> 1oz = 29.5mL

33 바카디 칵테일(Bacardi Cocktail)용 글라스는?

① 올드 패션드(Old Fashioned)용 글라스
② 스템 칵테일(Stemmed Cocktail) 글라스
③ 필스너(Pilsner) 글라스
④ 고블렛(Goblet) 글라스

34 다음 주류 중 알콜 도수가 가장 약한 것은?

① 진(Gin)
② 위스키(Whisky)
③ 브랜디(Brandy)
④ 슬로우진(Sloe Gin)

35 다음에서 주장관리 원칙과 가장 거리가 먼 것은?

① 매출의 극대화
② 청결유지
③ 분위기 연출
④ 완벽한 영업준비

36 메뉴 구성 시 산지, 빈티지, 가격 등이 포함되어야 하는 주류와 가장 거리가 먼 것은?

① 와인
② 칵테일
③ 위스키
④ 브랜디

37 조주보조원이라 일컬으며 칵테일 재료의 준비와 청결 유지를 위한 청소담당 및 업장 보조를 하는 사람은?

① 바 헬퍼(Bar helper)
② 바텐더(Bartender)
③ 헤드 바텐더(Head Bartender)
④ 바 매니져(Bar Manager)

38 코스터(Coaster)란?

① 바용 양념세트
② 잔 밑받침
③ 주류 재고 계량기
④ 술의 원가표

39 칵테일 기구에 해당되지 않는 것은?

① Butter Bowl
② Muddler
③ Strainer
④ Bar Spoon

40 와인병을 눕혀서 보관하는 이유로 가장 적합한 것은?

① 숙성이 잘되게 하기 위해서
② 침전물을 분리하기 위해서
③ 맛과 멋을 내기 위해서
④ 색과 향이 변질되는 것을 방지하기 위해서

41 얼음을 다루는 기구에 대한 설명으로 틀린 것은?

① Ice Pick – 얼음을 깰 때 사용하는 기구
② Ice Scooper – 얼음을 떠내는 기구
③ Ice Crusher – 얼음을 가는 기구
④ Ice Tong – 얼음을 보관하는 기구

> Ice Tong – 얼음 집게

42 핑크 레이디, 밀리언 달러, 마티니, B-52의 조주 기법을 순서대로 나열한 것은?

① shaking, stirring, building, float&layer
② shaking, shaking, float&layer, building
③ shaking, shaking, stirring, float&layer
④ shaking, float&layer, stirring, building,

43 선입선출(FIFO)의 원래 의미로 맞는 것은?

① First – in, First – on
② First – in, First – off
③ First – in, First – out
④ First – inside, First – on

44 Honeymoon 칵테일에 필요한 재료는?

① Apple Brandy
② Dry Gin
③ Old Tom Gin
④ Vodka

> 애플 브랜디 1온스, 베네딕틴 1온스, 레몬 주스 ½온스, 트리플 섹 1티스푼, 쉐이크, 칵테일 글라스

45 바 매니져(Bar Manager)의 주 업무가 아닌 것은?

① 영업 및 서비스에 관한 지휘 통제권을 갖는다.
② 직원의 근무 시간표를 작성한다.
③ 직원들의 교육 훈련을 담당한다.
④ 인벤토리(Inventory)를 세부적으로 관리한다.

46 주로 tropical cocktail을 조주할 때 사용하며 "두들겨 으깬다."라는 의미를 가지고 있는 얼음은?

① shaved ice
② crushed ice
③ cubed ice
④ cracked ice

47 칵테일을 제조할 때 계란, 설탕, 크림(cream) 등의 재료가 들어가는 칵테일을 혼합할 때 사용하는 기구는?

① Shaker
② Mixing Glass
③ Jigger
④ Strainer

48 Champagne 서브 방법으로 옳은 것은?

① 병을 미리 흔들어서 거품이 많이 나도록 한다.
② 0 ~ 4℃ 정도의 냉장온도로 서브한다.
③ 쿨러에 얼음과 함께 담아서 운반한다.
④ 가능한 코르크를 열 때 소리가 크게 나도록 한다.

> 일반적으로 화이트 와인은 10~13℃, 레드 와인은 15~17℃, 그리고 샴페인은 10℃ 정도의 온도로 서브한다.

49 칵테일 용어 중 트위스트(Twist)란?

① 칵테일 내용물이 춤을 추듯 움직임
② 과육을 제거하고 껍질만 짜서 넣음
③ 주류 용량을 잴 때 사용하는 기물
④ 칵테일의 2온스 단위

50 칵테일 재료 중 석류를 사용해 만든 시럽(Syrup)은?

① 플레인 시럽(Plain Syrup)
② 검 시럽(Gum Syrup)
③ 그레나딘 시럽(Grenadine Syrup)
④ 메이플 시럽(Maple Syrup)

51 "What will you have to drink?" 의 의미로 가장 적합한 것은?

① 식사는 무엇으로 하시겠습니까?
② 디저트는 무엇으로 하시겠습니까?
③ 그 외에 무엇을 드시겠습니까?
④ 술은 무엇으로 하시겠습니까?

52 What is the name of famous Liqueur on Scotch basis?

① Drambuie
② Cointreau
③ Grand marnier
④ Curacao

> • Cointreau : 오렌지 껍질로 만든 무색의 프랑스산 리큐어
> • Grand marnier : 코냑에 오렌지 향을 가미한 프랑스산 리큐어
> • Curacao : 카리브해의 섬인 퀴라소섬에서 발견되는 쓴 오렌지 껍질을 건조하여 만든 리큐어

53 What is the meaning of the following explanation?

"When making a cocktail, this is the main ingredient into which other things are added."

① base   ② glass
③ straw ④ decoration

54 "Would you care for dessert?" 의 올바른 대답은?

① Vanilla ice-cream, please.
② Ice-water, please.
③ Scotch on the rocks.
④ Cocktail, please.

55 Which one is made of dry gin and dry vermouth?

① Martini   ② Manhattan
③ Paradise ④ Gimlet

> • Manhattan : whisky, sweet vermouth, Angostura bitter, Cherry
> • Paradise : Gin, Apricot Brandy, Orange juice
> • Gimlet : Dry gin, Lime juice

56 다음 중 의미가 다른 하나는?

① Cheers!
② Give up!
③ Bottoms up!
④ Here's to us!

57 Which of the following is a liqueur made by Irish whisky and Irish cream?

① Benedictine
② Galliano
③ Creme de Cacao
④ Baileys

58 Which of the following is not scotch whisky?

① Cutty Sark
② White Horse
③ John Jameson
④ Royal Salute

🍷 John Jameson은 Irish whisky이다.

59 Which is the syrup made by pomegranate?(This is used for color and taste, aroma of cocktail)

① Maple syrup
② Strawberry syrup
③ Grenadine syrup
④ Almond syrup

🍷 pomegranate – 석류

60 다음 문장 중 나머지 셋과 의미가 다른 하나는?

① What would you like to have?
② Would you like to order now?
③ Are you ready to order?
④ Did you order him out?

정답 2014년 2회 기출문제

01 ②	02 ③	03 ④	04 ②	05 ③
06 ②	07 ②	08 ③	09 ④	10 ①
11 ②	12 ②	13 ①	14 ③	15 ③
16 ④	17 ④	18 ②	19 ②	20 ②
21 ④	22 ②	23 ④	24 ③	25 ③
26 ④	27 ④	28 ①	29 ③	30 ②
31 ③	32 ③	33 ②	34 ④	35 ①
36 ②	37 ①	38 ②	39 ①	40 ④
41 ④	42 ③	43 ②	44 ①	45 ②
46 ②	47 ①	48 ③	49 ②	50 ③
51 ④	52 ①	53 ①	54 ①	55 ①
56 ②	57 ④	58 ③	59 ③	60 ④

2014년 3회 공단 기출문제
07월 20일 시행

01 다음 중 미국을 대표하는 리큐르(liqueur)?

① 슬로우 진(Sloe Gin)
② 리카르드(Ricard)
③ 사우던 컴포트(southern confort)
④ 크림 데 카카오(Creme de cacao)

> • 슬로우 진(Sloe Gin) : 영국에서 서양 오얏의 일종인 떫고 씁쓸한 짙은 청색의 작은 열매인 블랙손(Blackthorn)으로 만든다. 야생 자두의 떫은맛이 강장제 구실을 하고, 소화불량이나 장 카타르에 효과가 좋다 하여 약용주로서 쓰인다.
> • 크림 데 카카오(Creme de cacao) : 네덜란드가 원산지이며 코코아와 바닐라 열매를 넣어 만든 리큐어이다.

02 다음 중 오렌지향의 리큐르가 아닌 것은?

① 그랑 마니에르(Grand Marnier)
② 트리플 섹(Triple Sec)
③ 꼬엥뜨로(Cointreau)
④ 뮤슈(Mousseux)

> 뮤슈(Mousseux) : 계란, 생크림, 설탕, Rum을 혼합한 다음 글라스에 차갑게 한 것

03 다음 증류주 중에서 곡류의 전분을 원료로 하지 않는 것은?

① 진(Gin)
② 럼(Rum)
③ 보드카(Vodka)
④ 위스키(Whisky)

> 럼(Rum) : 당밀이나 사탕수수를 발효시켜 만드는 알코올

04 스페인 와인의 대표적 토착품종으로 숙성이 충분히 이루어지지 않을 때는 짙은 향과 풍미가 다소 거칠게 느껴질 수 있지만 오랜 숙정을 통해 부드러움이 갖추어져 매혹적인 스타일이 만들어지는 것은?

① Gamay
② Pinot Noir
③ Tempranillo
④ Cabernet Sauvignon

> • Gamay : 프랑스 보졸레 지방에서 주로 재배되는 품종이며 보졸레 누보 와인을 만드는 포도품종
> • Pinot Noir : 프랑스 부르고뉴 지방이 원산지인 정통 최고급 적포도주를 만드는 포도 품종
> • Cabernet Sauvignon : 주로 보르도 지방과 쉬드 웨스트 지방에서 재배되는 색깔이 진하고 타닌 함량이 많은 포도 품종

05 화이트와인 품종이 아닌 것은?

① 샤르도네(Chardonnay)
② 말벡(Malbec)
③ 리슬링(Riesling)
④ 뮈스까(Muscat)

06 쇼트 드링크(short drink)란?

① 만드는 시간이 짧은 음료
② 증류주와 청량음료를 믹스한 음료
③ 시간적인 개념으로 짧은 시간에 마시는 칵테일 음료
④ 증류주와 맥주를 믹스한 음료

07 Stinger를 조주할 때 사용되는 술은?

① Brandy
② Creme de menthe Blue
③ Cacao
④ Sloe Gin

🍷 브랜디 1½온스, 크렘 드 민트 화이트 ½온스, 쉐이크, 칵테일 글라스

08 칵테일 명칭이 아닌 것은?

① Gimlet
② Kiss of Fire
③ Tequila Sunrise
④ Drambuie

🍷 Drambuie : 스카치 위스키(Scotch Whisky)를 기주로 하여 꿀로 달게 한 오렌지향의 호박색의 영국의 대표적 리큐어(Liqueur)이다.

09 맥주(Beer)에서 특이한 쓴맛과 향기로 보존성을 증가시키고 또한 맥아즙의 단백질을 제거하는 역할을 하는 원료는?

① 효모(yeast)
② 홉(hop)
③ 알코올(alcohol)
④ 과당(fructose)

10 다음 중 우리나라의 전통주가 아닌 것은?

① 소흥주
② 소곡주
③ 문배주
④ 경주법주

🍷 소흥주 : 찹쌀을 발효시켜 만든 중국 사오싱 지방의 발효주

11 롱드링크 칵테일이나 비알콜성 펀치 칵테일을 만들 때 사용하는 것으로 레몬과 설탕이 주원료인 청량음료(soft drink)는?

① Soda Water ② Ginger Ale
③ Tonic Water ④ Collins Mix

12 다음 민속주 중 증류식 소주가 아닌 것은?

① 문배주 ② 삼해주
③ 옥로주 ④ 안동소주

🍷 삼해주 : 술 빚은 지 12일 간격 또는 36일 간격으로 덧술을 해서 최소한 36일 이상, 또는 108일이 되어야 술을 뜰 수 있는 장기 저온 발효주

13 커피 리큐르가 아닌 것은?

① 카모라(Kamora)
② 티아 마리아(Tia Maria)
③ 쿰멜(Kummel)
④ 칼루아(Kahlua)

🍷 쿰멜(Kummel) : 카라웨이(Caraway)의 향기를 가진 리큐르(liqueur)로 달고 향기 있는 독한 술로 독일 북구가 원산지

14 다음 칵테일 중 직접 넣기(Building)기법으로 만드는 칵테일로 적합한 것은?

① Bacardi
② Kiss of Fire
③ Honeymoon
④ Kir

🍷 • Bacardi - 셰이크, 바카디 럼(화이트) 1½온스, 라임 주스 ½온스, 그레나딘 시럽 2티스푼, 칵테일 글라스
• Kiss of Fire - 셰이크, 보드카 1온스, 슬로 진 ½온스, 드라이 베르무트 ½온스, 레몬 주스 ½온스, 슈가 리밍, 칵테일 글라스
• Honeymoon - 셰이크, 애플 브랜디 1온스, 베네딕틴 1온스, 레몬 주스 ½온스, 트리플섹 1티스푼, 칵테일 글라스

15 칠레에서 주로 재배되는 포도품종이 아닌 것은?

① 말벡(Malbec)
② 진판델(Zinfandel)
③ 메를로(Merlot)
④ 까베르네 쇼비뇽(Cabernet Sauvignon).

🍷 진판델(Zinfandel)은 미국 캘리포니아에서 가장 많이 재배되는 적포도 품종이다.

16 테킬라의 구분이 아닌 것은?

① 블랑코
② 그라파
③ 레포사도
④ 아네호

🍷 그라파는 포도를 압착 후 나머지를 증류한 것으로 무색의 이탈리아 브랜디이다.

17 Terroir의 의미를 가장 잘 설명한 것은?

① 포도재배에 있어서 영향을 미치는 자연적인 환경요소
② 영양분이 풍부한 땅
③ 와인을 저장할 때 영향을 미치는 온도, 습도, 시간의 변화
④ 물이 빠지는 토양

18 다음 중 와인의 정화(fining)에 사용되지 않는 것은?

① 규조토
② 계란의 흰자
③ 카제인
④ 아황산용액

19 와인의 숙성 시 사용되는 오크통에 관한 설명으로 가장 거리가 먼 것은?

① 오크 캐스크(cask)가 작은 것 일수록 와인에 뚜렷한 영향을 준다.
② 보르도 타입 오크통의 표준 용량은 225리터이다.
③ 캐스크가 오래될수록 와인에 영향을 많이 주게 된다.
④ 캐스트에 숙성시킬 경우에 정기적으로 랙킹(racking)을 한다.

20 칵테일을 만드는 기본기술 중 글라스에서 직접 만들어 손님에게 제공하는 경우가 있다. 다음 칵테일 중 이에 해당되는 것은?

① Bacardi
② Calvados
③ Honeymoon
④ Gin Rickey

21 코냑은 무엇으로 만든 술인가?

① 보리   ② 옥수수
③ 포도   ④ 감자

🍷 코냑은 프랑스의 코냑 지방에서 생산되는 포도주를 원료로 한 브랜디이다.

22 Draft Beer의 특징으로 가장 잘 설명한 것은?

① 맥주 효모가 살아 있어 맥주의 고유한 맛을 유지한다.
② 병맥주 보다 오래 저장할 수 있다.
③ 살균처리를 하여 생맥주 맛이 더 좋다.
④ 효모를 미세한 필터로 여과하여 생맥주 맛이 더 좋다.

23 다음 중 몰트위스키가 아닌 것은?

① A'bunadh   ② Macallan
③ Crown royal   ④ Glenlivet

24 Gin Fizz의 특징이 아닌 것은?

① 하이볼 글라스를 사용한다.
② 기법으로 Shaking과 Building을 병행한다.
③ 레몬의 신맛과 설탕의 단맛이 난다.
④ 칵테일 어니언(onion)으로 장식한다.

🍷 Gin Fizz는 Gin을 베이스로 한 칵테일로 일반적으로 레몬 슬라이스로 장식한다.

25 음료의 살균에 이용되지 않는 방법은?

① 저온 장시간 살균법(LTLT)
② 자외선 살균법
③ 고온 단시간 살균법(HTST)
④ 초고온 살균법(UHT)

26 다음 중 롱 드링크(Long drink)에 해당하는 것은?

① 마티니(Martini)
② 진피즈(Gin Fizz)
③ 맨하탄(Manhattan)
④ 스팅어(Stinger)

27 다음 중 원료가 다른 술은?

① 트리플 섹
② 마라스퀸
③ 꼬엥뜨로
④ 블루 퀴라소

🍷 마라스퀸 : 이탈리아와 유고슬라비아의 국경에 많이 재배되고 있는 마라스카종의 체리를 사용해서 발효시킨 후 증류하여 물, 시럽 등을 첨가하여 만든 무색투명한 리큐르

28 다음 중 양조주가 아닌 것은?

① Silvowitz
② Cider
③ Porter
④ Cava

🍷 Silvowitz : 서양 살구(Blue Plum)를 원료로 하여 만든 증류주로 루마니아와 세르비아 일부의 국민주

29 커피의 3대 원종이 아닌 것은?

① 아라비카종
② 로부스타종
③ 리베리카종
④ 수마트라종

30 1 대시(dash)는 몇 mL인가?

① 0.9mL   ② 5mL
③ 7mL   ④ 10mL

🍷 1 dash = 1/32 oz = 0.9 mL

31 빈(bin)이 의미하는 것으로 가장 적합한 것은?

① 프랑스산 적포도주
② 주류 저장소에 술병을 넣어 놓는 장소
③ 칵테일 조주 시 가장 기본이 되는 주재료
④ 글라스를 세척하여 담아 놓는 기구

🍷 빈(Bin)은 와인이 판매되기 전에 와인 저장고에서 저장 영역을 의미한다.

32 백포도주를 서비스 할 때 함께 제공하여야 할 기물로 가장 적합한 것은?

① bar spoon
② wine cooler
③ strainer
④ tongs

33 음료서비스 시 수분흡수를 위해 잔 밑에 놓는 것은?

① coaster
② pourer
③ stopper
④ jigger

> coaster : 글라스의 받침대로 냉각된 글라스의 물기가 흘러내리는 것을 방지하기 위해 사용

34 Floating의 방법으로 글라스에 직접 제공하여야 할 칵테일은?

① Highball
② Gin fizz
③ Pousse cafe
④ Flip

> • Highball : 기주에 각종 부재료를 섞어서 High Ball Glass로 제공하는 모든 음료
> • Gin fizz : 드라이 진에 레몬 주스를 넣고 소다수를 부어 만든 칵테일

35 다음 중 네그로니(Negroni) 칵테일의 재료가 아닌 것은?

① Dry Gin
② Campari
③ Sweet Vermouth
④ Flip

> Negroni : 드라이 진, 캄파리, 스위트 베르무트를 넣어 만든 칵테일

36 칵테일의 기법 중 stirring을 필요로 하는 경우와 가장 관계가 먼 것은?

① 섞는 술의 비중의 차이가 큰 경우
② Shaking 하면 만들어진 칵테일이 탁해질 것 같은 경우
③ Shaking 하는 것 보다 독특한 맛을 얻고자 할 경우
④ Cocktail의 맛과 향이 없어질 우려가 있을 경우

> 섞는 술의 비중의 차이가 큰 경우 Floating 기법을 사용 한다.

37 레드와인의 서비스로 틀린 것은?

① 적정한 온도로 보관하여 서비스한다.
② 잔의 가득 차도록 조심해서 서서히 따른다.
③ 와인 병이 와인 잔에 닿지 않도록 따른다.
④ 와인 병 입구를 종이냅킨이나 크로스냅킨을 이용하여 닦는다.

38 Cognac의 등급 표시가 아닌 것은?

① V.S.O.P
② Napoleon
③ Blended
④ Vieux

39 주장 원가의 3요소는?

① 인건비, 재료비, 주장경비
② 재료비, 주장경비, 세금
③ 인건비, 봉사료, 주장경비
④ 주장경비, 세금, 봉사료

40 다음 중 용량에 있어 다른 단위와 차이가 가장 큰 것은?

① 1 Pony
② 1 Jigger
③ 1 Shot
④ 1 Ounce

> 1oz = 28.35mL = 1Pony = 1Shot, 1Jigger = 45mL

41 Standard recipe를 지켜야 하는 이유로 가장 거리가 먼 것은?

① 다양한 맛을 낼 수 있다.
② 객관성을 유지할 수 있다.
③ 원가책정의 기초로 삼을 수 있다.
④ 동일한 제조 방법으로 숙련할 수 있다.

42 포도주를 관리하고 추천하는 직업이나 그 일을 하는 사람을 뜻하며 와인마스타(wine master)라고도 불리는 사람은?

① 쉐프(chef)
② 소믈리에(sommelier)
③ 바리스타(barista)
④ 믹솔로지스트(mixologist)

43 Long drink가 아닌 것은?

① Pina colada
② Manhattan
③ Singapore Sling
④ Rum Punch

- Long drink : Fizz, Collins, Sour, Sling, Punch 등
- Short Drink : Alexander, Manhattan, Martini, Pink Lady 등

44 Fizz 류의 칵테일 조주 시 일반적으로 사용되는 것은?

① shaker
② mixing glass
③ pitcher
④ stirring rod

45 탄산음료나 샴페인을 사용하고 남은 일부를 보관 시 사용되는 기물은?

① 스토퍼
② 포우러
③ 코르크
④ 코스터

46 주장(bar)에서 유리잔(glass)을 취급·관리하는 방법으로 틀린 것은?

① cocktail glass는 스템(stem)의 아래쪽을 잡는다.
② Wine glass는 무늬를 조각한 크리스털 잔을 사용하는 것이 좋다.
③ Brandy snifter는 잔의 받침(foot)과 볼(bowl)사이에 손가락을 넣어 감싸 잡는다.
④ 냉장고에서 차게 해 둔 잔(glass)이라도 사용 전 반드시 파손과 청결상태를 확인한다.

47 Brandy Base Cocktail이 아닌 것은?

① Gibson
② B & B
③ Sidecar
④ Stinger

깁슨(Gibson) : 드라이 진 1½온스, 드라이 베르무트 ½온스, 장식 칵테일 어니언, 칵테일 글라스

48 store room에서 쓰이는 bin card의 용도는?

① 품목별 불출입 재고 기록
② 품목별 상품특성 및 용도기록
③ 품목별 수입가와 판매가 기록
④ 품목별 생산지와 빈티지 기록

빈 카드(Bin Card) : 품목별 불출과 재고를 기록하는 표

49 June bug 칵테일의 재료가 아닌 것은?

① vodka
② coconut flavored Rum
③ blue curacao
④ sweet & sour Mix

50 칵테일의 분류 중 맛에 따른 분류에 속하지 않는 것은?

① 스위트 칵테일(Sweet Cocktail)
② 샤워 칵테일(Sour Cocktail)
③ 드라이 칵테일(Dry Cocktail)
④ 아페리티프 칵테일(Aperitif Cocktail)

> 식사에 따른 분류 : Aperitif, Dessert, All Day Cocktail

51 "How would you like your steak?"의 대답으로 가장 적합한 것은?

① Yes, I like it.
② I like my steak
③ Medium rare, please.
④ Filet mignon, please.

> 스테이크를 어떻게 구워 드릴까요?

52 다음의 ( )에 들어갈 알맞은 것은?

"Why do you treat me like that?"
"As you treat me, ( ) will you I treat you."

① as
② so
③ like
④ and

> 왜 나를 그렇게 대우하지? 네가 나를 그렇게 대하기 때문에, 그래서 나도 그렇게 대우하는거야.

53 Which is not the name of sherry?

① Fino
② Olorso
③ Tio pepe
④ Tawny port

> Tawny port - Port Wine

54 다음 내용의 의미로 가장 적합한 것은?

"Scotch on the rock, please."

① '스카치위스키를 마시다.'
② '바위 위에 위스키'
③ '스카치 온더락 주세요.'
④ '얼음에 위스키를 붓는다.'

55 Where is the place not to produce wine in France?

① Bordeaux
② Bourgonne
③ Alsace
④ Mosel

> Mosel – 독일에서 생산되는 유명한 백포도주의 명산지

56 Which is the best answer for the blank?

"A dry martini served with an ( )."

① red cherry
② pearl onion
③ lemon slice
④ olive

57 다음 질문에 대한 대답으로 가장 적절한 것은?

"How often do you go to the bar?"

① For a long time.
② When I am free.
③ Quite often, OK.
④ From yesterday.

🍷 How often~ 빈도를 물어볼 때

58 아래는 어떤 용어에 대한 설명인가?

"A small space or room in some restaurants where food items or food-related equipments are kept."

① Pantry
② Cloakroom
③ Reception Desk
④ Hospitality room

🍷 • Cloakroom : 휴대품 보관소
• Reception Desk : 접수처, 프런트
• Hospitality room : 단체의 수하물을 임시 보관한다든지 일반고객이 의상을 잠시 동안 갈아입는 등의 목적으로 제공되는 객실

59 Which is the best answer for the blank?

"Most highballs, Old fashioned, and on-the-rocks drinks call for ( )."

① shaved ice
② crushed ice
③ cubed ice
④ lumped ice

60 다음 ( ) 안에 들어갈 단어로 알맞은 것은?

"( ) is a generic cordial invented in Italy and made from apricot pits and herbs, yielding a pleasant almond flavor."

① Anisette
② Amaretto
③ Advocast
④ Amontillado

🍷 • Anisette : 지중해 지방산의 미나리과 식물인 아니스(Anise)향을 착향시킨 무색 리큐어
• Amaretto : 살구씨를 물에 담가 증류시키고 Almond(아몬드)와 비슷한 향의 Essence를 만들어 Spirits에 혼합하고 숙성해서 Syrup을 첨가
• Amontillado : Palomino 포도로 만든 스페인산 백포도주

정답 2014년 3회 기출문제

01 ③	02 ④	03 ②	04 ③	05 ②
06 ③	07 ①	08 ④	09 ②	10 ①
11 ④	12 ②	13 ③	14 ④	15 ②
16 ②	17 ①	18 ④	19 ③	20 ④
21 ③	22 ①	23 ②	24 ④	25 ②
26 ④	27 ②	28 ①	29 ④	30 ①
31 ④	32 ②	33 ①	34 ③	35 ④
36 ①	37 ②	38 ③	39 ①	40 ②
41 ①	42 ②	43 ②	44 ①	45 ①
46 ②	47 ①	48 ①	49 ③	50 ④
51 ③	52 ②	53 ④	54 ③	55 ④
56 ④	57 ③	58 ①	59 ③	60 ②

공단 기출문제

2014년 4회 10월 11일 시행

01 아로마(aroma)에 대한 설명 중 틀린 것은?

① 포도의 품종에 따라 믿을 수 있는 와인의 첫 번째 냄새 또는 향기이다.
② 와인의 발효과정이나 숙성과정 중에 형성되는 여러 가지 복잡 다양한 향기를 말한다.
③ 원료 자체에서 우러나오는 향기이다.
④ 같은 포도품종이라도 토양의 성분, 기후, 재배조건에 따라 차이가 있다.

02 양조주의 제조방법으로 틀린 것은?

① 원료는 곡류나 과실류이다.
② 전분은 당화과정이 필요하다.
③ 효모가 작용하여 알코올을 만든다.
④ 원료가 반드시 당분을 함유할 필요는 없다.

> 당분을 꼭 함유하고 있어야 영양분을 공급하여 발효를 할 수 있다.

03 다음에서 설명하는 전통주는?

- 원료는 쌀이며 혼성주에 속한다.
- 약주에 소주를 섞어 빚는다.
- 무더운 여름을 탈 없이 날 수 있는 술이라는 뜻에서 그 이름이 유래되었다.

① 과하주   ② 백세주
③ 두견주   ④ 문배주

> - 백세주 : 찹쌀로 만든 한국의 발효주이며, 이 가운데 다양한 허브, 인삼으로 맛을 낸다
> - 두견주 : 두견화는 진달래꽃을 의미하며 면천 지역에서 핀 진달래꽃으로 빚는 술이다.
> - 문배주 : 평안도 지방에서 전승되는 술로 향기가 문배나무의 과실에서 풍기는 향기와 같아 붙여진 이름이다.

04 각 나라별 와인등급 중 가장 높은 등급이 아닌 것은?

① 프랑스 V.D.Q.S
② 이탈리아 D.O.C.G
③ 독일 Q.m.P
④ 스페인 D.O.C

05 증류수 1 quart의 용량과 가장 거리가 먼 것은?

① 750 mL   ② 1000 mL
③ 32 oz   ④ 4 cup

> 국가별 와인등급체계
> - 프랑스 : AOC - VDQS - Vin de Pays - Vin de Table
> - 이탈리아 : DOCG - DOC- IGT - Vino da Tavloa
> - 독일 : Qmp - QbA - Landwein - Tafelwein
> - 스페인 : DOC - DO – Vino de la Tierro – Vino de Mesa

06 탄산음료의 종류가 아닌 것은?

① Tonic water
② Soda water
③ Collins mixer
④ Evian water

07 감자를 주원료로 해서 만드는 북유럽의 스칸디나비아 술로 유명한 것은?

① Aquavit　　② Calvados
③ Eau de Vie　④ Grappa

🍷 ・Calvados : 프랑스의 칼바도스 데파르트망(Department)에서 생산한 사과를 원료로 하여 제조한 브랜디
・Eau de Vie : 과일을 이용해 만든 증류주(주로 포도)
・Grappa : 포도를 압착 후 나머지를 증류한 것으로 숙성하지 않아서 무색의 이탈리아 브랜디

08 산지별로 분류한 세계 4대 위스키가 아닌 것은?

① American whisky
② Japanese whisky
③ Scotch whisky
④ Canadian whisky

09 양조주의 종류에 속하지 않은 것은?

① Amaretto
② Lager beer
③ Beaujolais Nouveau
④ Ice wine

🍷 Amaretto : 살구씨를 물에 담가 증류시키고 아몬드와 비슷한 향을 혼합하고 숙성해서 Syrup을 첨가한다

10 다음은 어떤 리큐르에 대한 설명인가?

스카치산 위스키에 히스꽃에서 딴 봉밀과 그 밖에 허브를 넣어 만든 감이 짙은 리큐르로 러스티 네일을 만들 때 사용된다.

① Cointreau　　② Galliano
③ Chartreuse　 ④ Drambuie

🍷 러스티 네일 : 스카치 위스키 1½온스, 드람브이 ½온스 글라스 올드 패션드 글라스

11 다음 중 종자류 계열이 아닌 혼성주는?

① 티아 마리아
② 아마레토
③ 쇼콜라 스위스
④ 갈리아노

🍷 ・티아 마리아 : 럼주를 기주로 한 커피 리큐르
・아마레토 : 이탈리아의 증류주로, 아몬드 향이 나며 달콤한 맛의 술
・갈리아노 : 알프스와 지중해의 열대지방에서 생산되는 40여 종의 향료를 배합하여 만든 노란색의 이탈리아산 리큐르
・문배주 – 평안도 지방에서 전승되는 술로 향기가 문배나무의 과실에서 풍기는 향기와 같아 붙여진 이름이다.

12 다음 중 증류주가 아닌 것은?

① 소주
② 청주
③ 위스키
④ 진

🍷 청주는 쌀·누룩·물을 원료로 하여 빚어서 걸러낸 맑은 술이다.

13 아라비카종 커피의 특징으로 옳은 것은?

① 병충해에 강하고 관리가 쉽다.
② 생두의 모양이 납작한 타원형이다.
③ 아프리카 콩고가 원산지이다.
④ 표고 600m 이하에서도 잘 자란다.

14 Draft beer란 무엇인가?

① 효모가 살균되어 저장이 가능한 맥주
② 효모가 살균되지 않아 장기 저장이 불가능한 맥주
③ 제조과정에서 특별히 만든 흑맥주
④ 저장이 가능한 병이나 캔맥주

15 비중이 서로 다른 술을 섞이지 않고 띄워서 여러 가지 색상을 음미할 수 있는 칵테일은?

① 프라페(Frappe)
② 슬링(Sling)
③ 피즈(Fizz)
④ 푸스카페(Pousse Cafe)

16 안동소주에 대한 설명으로 틀린 것은?

① 제조시 소주를 내릴 때 소주고리를 사용한다.
② 곡식을 물에 불린 후 시루에 쪄 고두밥을 만들고 누룩을 섞어 발효시켜 빚는다.
③ 경상북도무형문화재로 지정되어 있다.
④ 희석식 소주로써 알코올 농도는 20도이다.

> 안동소주는 경상북도 지방의 명가에서 전승되어 온 증류식 전통 민속주이다.

17 증류주에 관한 설명 중 틀린 것은?

① 단식 증류기와 연속식 증류기를 사용한다.
② 높은 알코올 농도를 얻기 위해 과실이나 곡물을 이용하여 만든 양조주를 증류해서 만든다.
③ 양조주를 가열하면서 알코올을 기화시켜 이를 다시 냉각시킨 후 높은 알코올을 얻는 것이다.
④ 연속 증류기를 사용하면 시설비가 저렴하고 맛과 향의 파괴가 적다.

> 연속증류기는 시설비가 많이 든다.

18 까베르네 쇼비뇽에 관한 설명 중 틀린 것은?

① 레드 와인 제조에 가장 대표적인 포도 품종이다.
② 프랑스 남부 지방, 호주, 칠레, 미국, 남아프리카에서 재배한다.
③ 부르고뉴 지방의 대표적인 적포도 품종이다.
④ 포도송이가 작고 둥글고 포도알은 많으며 껍질은 두껍다.

> 보르고뉴 지방의 대표적 포도의 품종으로 레드와인은 피노누아, 화이트와인은 샤도네이, 보졸레 와인은 가메가 있다.

19 다음 중 맥주의 종류가 아닌 것은?

① Ale
② Porer
③ Hock
④ Bock

> Hock : 독일산 백포도주

20 다음 중 싱글 몰트 위스키가 아닌 것은?

① 글렌모렌지(Glenmorangie)
② 더 글렌리벳(The Glenlivet)
③ 글렌피딕(Glenfiddich)
④ 씨그램 브이오(Geagram's V.O.)

21 증류주에 대한 설명으로 틀린 것은?

① Gin은 곡물을 발효, 증류한 주정에 두송나무 열매를 첨가한 것이다.
② Tequila는 멕시코 원주민들이 즐겨 마시는 풀케(pulque)를 증류한 것이다.
③ Vodka는 슬라브 민족의 국민주로 캐비어를 곁들여 마시기도 한다.
④ Rum의 주원료는 서인도제도에서 생산되는 자몽(Grapefruit)이다.

> Rum은 당밀이나 사탕수수의 즙을 발효시켜서 증류한 술이며 화이트 럼과 다크 럼이 있다.

22 Fermented Liquor에 속하는 술은?

① Chartreuse
② Gin
③ Campri
④ Wine

23 이태리 와인의 주요 생산지가 아닌 것은?

① 토스카나(Toscana)
② 리오하(Rioja)
③ 베네토(Veneto)
④ 피에몬테(Piemonte)

리오하(Rioja)는 스페인에서 가장 좋은 와인을 생산하는 지역이다.

24 다음 중 음료에 대한 설명이 틀린 것은?

① 에비앙생수는 프랑스의 천연광천수이다.
② 페리에생수는 프랑스의 탄산수이다.
③ 비시생수는 프랑스 비시의 탄산수이다.
④ 셀쳐생수는 프랑스의 천연광천수이다.

25 녹차의 대표적인 성분 중 15% 내외로 함유되어 있는 가용성 성분은?

① 카페인
② 비타민
③ 카테킨
④ 사포닌

카테킨(Catechin)은 폴리페놀의 일종으로 녹차의 떫은 맛 성분이

26 효모의 생육조건이 아닌 것은?

① 적정 영양소
② 적정 온도
③ 적정 pH
④ 적정 알코올

27 다음 중 나머지 셋과 성격이 다른 것은?

A. Cherry brandy
B. Peach brandy
C. Hennessy brandy
D. Apricot brandy

① A
② B
③ C
④ D

28 칼바도스에 대한 설명으로 옳은 것은?

① 스페인의 와인
② 프랑스의 사과브랜디
③ 북유럽의 아쿠아비트
④ 멕시코의 테킬라

칼바도스(Calvados)는 사과주를 증류하여 만든 브랜디로, 명칭은 생산지인 칼바도스 데파르트망에서 따온 것이다.

29 탄산수에 키리네, 레몬, 라임 등의 농축액과 당분을 넣어 만든 강장제 음료는?

① 진저 비어(Ginger Beer)
② 진저엘(Ginger ale)
③ 칼린스 믹스(Collins Mix)
④ 토닉 워터(Tonic Water)

30 헤네시(Hennessy)사에서 브랜디 등급을 처음 사용한 때는?

① 1763년
② 1765년
③ 1863년
④ 1865년

31 다음과 같은 재료로 만들어지는 드링크(Drink)의 종류는?

any liquor + soft drink + ice

① Martini
② Manhattan
③ Sour Cocktail
④ Highball

32 서비스 종사원이 사용하는 타월로 arm towel 혹은 hand towel이라고도 하는 것은?

① table cloth
② under cloth
③ napkin
④ service towel

33 조주 기구 중 3단으로 구성되어 있는 스탠다드 셰이커(standard shaker)의 구성으로 틀린 것은?

① 스퀴저(squeezer)
② 바디(body)
③ 캡(cap)
④ 스트레이너(strainer)

🍷 스퀴저 : 과즙 짜내는 데 쓰는 압착기

34 주로 일품요리를 제공하며 매출을 증대시키고, 고객의 기호와 편의를 도모하기 위해 그 날의 특별요리를 제공하는 레스토랑은?

① 다이닝룸(dining room)
② 그릴(grill)
③ 카페테리아(cafeteria)
④ 델리카트슨(delicatessen)

🍷 • 다이닝룸 : 주로 정식(Table d'hote)을 제공하는 식당으로 식사시간을 정해 놓고 아침식사를 제외한 점심과 저녁으로 나누어 정해진 시간에 식사를 제공하는 식당이다.
• 카페테리아 : 손님 자신이 좋아하는 음식을 가져다 먹는 셀프서비스 간이 식당이다.
• 델리카트슨 : 간편하게 조리된 고기, 치즈, 샐러드, 통조림 등을 판매하는 식당이다.

35 일반적으로 구매 청구서 양식에 포함되는 내용으로 틀린 것은?

① 필요한 아이템 명과 필요한 수량
② 주문한 아이템이 입고되어야 하는 날짜
③ 구매를 요구하는 부서
④ 구분 계산서의 기준

36 정찬코스에서 hors d'oeuvre 또는 soup 대신에 마시는 우아하고 자양분이 많은 칵테일은?

① After dinner cocktail
② Before dinner cocktail
③ Club cocktail
④ Night cap cocktail

37 Appetizer course에 가장 적합한 술은?

① Sherry wine
② Vodka
③ Canadian whisky
④ Brandy

38 다음 중 칵테일 조주 시 용량이 가장 적은 계량 단위는?

① table spoon
② pony
③ jigger
④ dash

🍷 1 table spoon = 3/8 oz
1 pony = 1 oz
1 Jigger = 45mL = 1과 1/2 oz
1 dash = 1/32 oz

39 잔(glass) 가장자리에 소금, 설탕을 묻힐 때 빠르고 간편하게 사용 할 수 있는 칵테일 기구는?

① 글라스 리머(glass rimmer)
② 디켄터(decanter)
③ 푸어러(pourer)
④ 코스터(coaster)

🍷 • 디켄터 : 술을 옮겨 담는 장식용 병류를 일컬으며 옮겨 담는 작업은 디켄팅(Decanting)
• 푸어러 : 술이나 기름 등의 액체를 따를 때 입구를 좁혀서 그 술이나 기름이 한번에 너무 많이 부어지지 않도록 하여 안정적이고 정확하게 따를 수 있도록 하는 도구
• 코스터 : 컵 밑에 받치는 판

40 파인애플 주스가 사용되지 않는 칵테일은?

① Mai-Tai
② Pina Colada
③ Paradise
④ Blue Hawaiian

> Paradise : 기법 셰이크, 드라이 진 1온스, 에프리코트 브랜디 ½온스, 오렌지 주스 ½온스, 칵테일 글라스

41 다음 중 After dinner cocktail로 가장 적합한 것은?

① Campari Soda
② Dry Martini
③ Negroni
④ Pousse Cafe

42 바에서 사용하는 house brand의 의미는?

① 널리 알려진 술의 종류
② 지정 주문이 아닐 때 쓰는 술의 종류
③ 상품(上品)에 해당하는 술의 종류
④ 조리용으로 사용하는 술의 종류

43 올드 패션(old fashioned)이나 언더락스(on the rocks)를 마실 때 사용되는 글라스(glass)의 용량으로 가장 적합한 것은?

① 1 ~ 2 온스
② 3 ~ 4 온스
③ 4 ~ 6 온스
④ 6 ~ 8 온스

44 Old Fashioned의 일반적인 장식용 재료는?

① Slice of lemon
② Wedge of pineapple and cherry
③ Lemon peel twist
④ Slice of orange and cherry

> Old Fashioned : 기법 빌드, 아메리칸 위스키나 버번 위스키 1~1½온스, 앙고스투라 비터스 1~2대시, 각설탕 1개, 소다수 장식 오렌지, 체리, 올드 패션드 글라스

45 술병 입구에 부착하여 술을 따르고 술의 커팅(cutting)을 용이하게 하고 손실을 없애기 위해 사용하는 기구는?

① Squeezer
② Strainer
③ Pourer
④ Jigger

46 식음료 부문의 직무에 대한 내용으로 틀린 것은?

① Assistant bar manager는 지배인의 부재시 업무를 대행하여 행정 및 고객관리의 업무를 수행한다.
② Bar captain은 접객 서비스의 책임자로서 head waiter 또는 supervisor라고 불리기도 한다.
③ Bus boy는 각종 기물과 얼음, 비 알코올성 음료를 준비하는 책임이 있다.
④ Banquet manager는 접객원으로부터 그날의 영업실적을 보고 받고 고객의 식음료비 계산서를 받아 수납 정리한다.

47 맥주의 저장과 출고에 관한 사항 중 틀린 것은?

① 선입선출의 원칙을 지킨다.
② 맥주는 별도의 유통기한이 없으므로 장기간 보관이 가능하다.
③ 생맥주는 미살균 상태이므로 온도를 2 ~ 3℃로 유지하여야 한다.
④ 생맥주통 속의 압력은 항상 일정하게 유지되어야 한다.

48 Wine serving 방법으로 가장 거리가 먼 것은?

① 코르크의 냄새를 맡아 이상 유무를 확인 후 손님에게 확인하도록 접시 위에 얹어서 보여준다.
② 은은한 향을 음미하도록 와인을 따른 후 한 두 방울이 테이블에 떨어지도록 한다.
③ 서비스 적정온도를 유지하고, 상표를 고객에서 확인시킨다.
④ 와인을 따른 후 입구에 맺힌 와인이 흘러내리지 않도록 병목을 돌려서 자연스럽게 들어 올린다.

49 Grasshopper 칵테일의 조주기법은?

① float & layer
② shaking
③ stirring
④ building

50 셰이커(shaker)를 이용하여 만든 칵테일을 짝지은 것으로 옳은 것은?

| ㉠ Pink Lady ㉡ Olympic ㉢ Stinger
㉣ Seabreeze ㉤ Bacardi ㉥ Kir |

① ㉠, ㉡, ㉢
② ㉠, ㉣, ㉤
③ ㉡, ㉣, ㉥
④ ㉠, ㉢, ㉥

51 When do you usually serve cognac?

① Before the meal
② After meal
③ During the meal
④ With the soup

52 What is the liqueur made by Scotch whisky, honey, herb?

① Grand Manier
② Sambuca
③ Drambuie
④ Amaretto

> • Grand Manier : 코냑(Cognac)에 오렌지 향미를 가미한 프랑스산 리큐르(Liqueur)
> • Sambuca : 이탈리아에서 생산되는 아니스 향의 리큐르로, 보통 무색이다.
> • Amaretto : 살구씨를 물에 담가 증류시키고 아몬드와 비슷한 향의 엣센스를 만들어 혼합하고 숙성해서 시럽을 첨가한다.

53 Choose the best answer for the blank.

What is the 'sommelier' means? (　　)

① head waiter
② head bartender
③ wine waiter
④ chef

54 Which of the following is correct in the blank?

W : Good evening, gentleman. Are you ready to order?
G1 : Sure. A double whisky on the rocks for me.
G2 : _____
W : Two whiskies with ice, yes, sir.
G1 : Then I'll have the shellfish cocktail.
G2 : And I'll have the curried prawns. Not too hot, are they?
W : No, sir. Quite mild, really.

① The same again?
② Make that two.
③ One for the road.
④ Another round of the same.

55 다음 밑줄 친 내용의 뜻으로 적합한 것은?

You must make a reservation in advance.

① 미리 ② 나중에
③ 원래 ④ 당장

56 다음 ( ) 안에 들어갈 가장 적당한 표현은?

If you (   ) him, he will help you.

① asked ② will ask
③ ask   ④ be ask

57 Which one is the classical French liqueur of aperitifs?

① Dubonnet ② Sheery
③ Mosel   ④ Campari

🍷 • Sherry : 스페인에서 양조되는 백포도주(White Wine)로 엷은 색의 담백한 맛에서부터 진한 갈색의 달콤한 것까지 여러 가지가 있다.
• Mosel : 독일에서 생산되는 유명한 백 포도주의 명산지
• Campari : 이탈리아산의 붉은 색으로 매우 쓴맛의 리큐르로 주로 식전주로 애용된다.

58 "Can you charge what I've just had to my room number 310?"의 뜻은?

① 내방 301호로 주문한 것을 배달해 줄 수 있습니까?
② 내방 310호로 거스름돈을 가져다 줄 수 있습니까?
③ 내방 310호로 담당자를 보내 주시겠습니까?
④ 내방 310호 방금 마신 것의 비용을 달아놓아 주시겠습니까?

59 다음 물음에 가장 적합한 것은?

"What kind of Bourbon whisky do you have?"

① Ballantine's
② J&B
③ Jim Beam
④ Cutty Sark

60 다음 질문의 대답으로 가장 적절한 것은?

A : Who's your favorite singer?
B : _____

① I like jazz the best.
② I guess I'd have to say Elton John.
③ I don't really like to sing.
④ I like opera music.

정답 2014년 4회 기출문제

01 ②	02 ④	03 ①	04 ①	05 ①
06 ④	07 ①	08 ②	09 ①	10 ④
11 ④	12 ②	13 ②	14 ②	15 ④
16 ④	17 ④	18 ③	19 ③	20 ④
21 ④	22 ④	23 ②	24 ②	25 ③
26 ④	27 ③	28 ②	29 ④	30 ④
31 ④	32 ④	33 ①	34 ②	35 ④
36 ③	37 ①	38 ④	39 ①	40 ③
41 ④	42 ②	43 ④	44 ④	45 ③
46 ④	47 ②	48 ④	49 ②	50 ①
51 ②	52 ③	53 ③	54 ④	55 ①
56 ③	57 ①	58 ④	59 ③	60 ②

2015년 1회 01월 25일 시행

공단 기출문제

01 Agave의 수액을 발효한 후 증류하여 만든 술은?

① Tequila
② Aquavit
③ Grappa
④ Rum

> • Aquavit : 스칸디나비아 반도 일대에서 생산되는 향이 나는 증류주, 전통적으로 40%의 알코올을 함유하고 있다. 아쿠아비트라는 이름은 라틴어로 "생명의 물"을 의미하는 aqua vitae에서 왔다.
> • Grappa : 이탈리아의 대표적인 증류주, 포도 찌꺼기를 발효시킨 알코올을 증류하여 만든다.
> • Rum : 사탕수수를 착즙해서 설탕을 만들고 남은 찌꺼기인 당밀이나 사탕수수 즙을 발효시킨 뒤 증류한 술이다.

02 우리나라 주세법상 탁주와 약주의 알코올도수 표기 시 허용 오차는?

① ± 0.1%
② ± 0.5%
③ ± 1.0%
④ ± 1.5%

03 세계 3대 홍차에 해당되지 않는 것은?

① 아삼(Assam)
② 우바(Uva)
③ 기문(Keemun)
④ 다즐링(Darjeeling)

> 아삼(Assam) : 인도 아삼지방에서 생산되는 홍차를 통칭하는 말이다.

04 다음 중 프랑스의 주요 와인 산지가 아닌 곳은?

① 보르도(Bordeaux)
② 토스카나(Toscana)
③ 루아르(Loire)
④ 론(Rhone)

> 이태리의 주요와인산지 : 피에몬테(Piemonte), 토스카나(Toscana), 베네토(Veneto), 움브리아(Umbria)

05 오렌지를 주원료로 만든 술이 아닌 것은?

① Triple Sec
② Tequila
③ Cointreau
④ Grand Marnier

> Tequila : Agave의 수액을 발효한 후 증류하여 만든 술

06 동일 회사에서 생산된 코냑(Cognac) 중 숙성 년도가 가장 오래된 것은?

① V.S.O.P
② Napoleon
③ Extra Old
④ 3 star

> 3 star 〈 V.S.O.P 〈 Napoleon 〈 Extra Old

07 음료에 대한 설명이 틀린 것은?

① 칼린스믹서(Collins mixer)는 레몬주스와 설탕을 주원료로 만든 착향 탄산음료이다.
② 토닉워터(Tonic water)는 키니네(quinine)를 함유하고 있다.
③ 코코아(cocoa)는 코코넛(coconut)열매를 가공하여 가루로 만든 것이다.
④ 콜라(coke)는 콜라닌과 카페인을 함유하고 있다.

> 코코아는 카카오 열매를 가공한 것이다.

08 네덜란드 맥주가 아닌 것은?

① 그롤쉬
② 하이네켄
③ 암스텔
④ 디벨스

> 디벨스 : 독일맥주

09 스카치 위스키(Scotch Whisky)가 아닌 것은?

① 시바스 리갈(Chivas Regal)
② 글렌피딕(Glenfiddich)
③ 존 제임슨(John Jameson)
④ 커티 샥(Cutty Sark)

> 아이리쉬 위스키(Irish whisky)는 아일랜드에서 만들어지고 주원료는 보리이다 : 존 제임슨(John Jameson)

10 모카(Mocha)와 관련한 설명 중 틀린 것은?

① 예멘의 항구 이름
② 에티오피아와 예멘에서 생산되는 커피
③ 초콜릿이 들어간 음료에 붙이는 이름
④ 자메이카산 블루마운틴 커피

11 4월 20일(곡우) 이전에 수확하여 제조한 차로 찻잎이 작으며 연하고 맛이 부드러우며 감칠맛과 향이 뛰어난 한국의 녹차는?

① 작설차
② 우전차
③ 곡우차
④ 입하차

> • 작설차 : 갓 돋아 나온 차나무의 새싹을 따서 만든 차
> • 우전차 : 곡우 이전에 수확하여 제조한 차로서 그 해의 제일 처음 수확하는 차이다. 찻잎이 가장 연하고 맛이 제일 부드럽고 감칠맛과 향이 아주 뛰어난 차이다.
> • 곡우차 : 곡우날(4월 20일) 차를 수확하여 제조한 차이다. 국내에서 녹차는 곡우 전과 곡우 후 수확하는 차의 품질을 다르게 취급하며 등급화 하고 있다. 곡우 이전의 차를 최고급의 차로 여기고 곡우 이후의 차는 품질이 좀 낮은 차로 취급한다.

12 다음 중 양조주가 아닌 것은?

① 맥주(beer)
② 와인(wine)
③ 브랜디(brandy)
④ 풀케(pulque)

> • 양조주 : 과일에 함유되어 있는 과당을 발효시키거나, 곡물 중에 함유되어 있는 전분을 당화시켜 효모의 작용을 통해 1차 발효시켜 만든 알코올성 음료이다. 포도주나 맥주, 청주
> • 증류주 : 발효된 술을 다시 증류해서 만든 술로 알코올 도수가 높다는 점이 일반적인 특징이다. 보드카, 위스키, 진, 데킬라 등

13 Scotch whisky에 꿀(Honey)을 넣어 만든 혼성주는?

① Cherry Heering
② Cointreau
③ Galliano
④ Drambuie

> • Cherry Heering : 체리 리큐어
> • Cointreau : 오렌지 리큐어
> • Galliano : 아니스향이 나는 달콤한 맛의 이탈리아산 리큐르

14 발포성 포도주와 관계가 없는 것은?

① 뱅 무스(Vin Mousseux)
② 베르무트(Vermouth)
③ 동 페리뇽(Dom Perignon)
④ 샴페인(Champagne)

> 베르무트(Vermouth) : 포도주에 각종의 초근목피를 침지하여 그 성분을 추출한 술

15 맥주용 보리의 조건이 아닌 것은?

① 껍질이 얇아야 한다.
② 담황색을 띠고 윤택이 있어야 한다.
③ 전분 함유량이 적어야 한다.
④ 수분 함유량 13% 이하로 잘 건조되어야 한다.

16 버번위스키 1pint의 용량으로 맨해튼 칵테일 몇 잔을 만들어 낼 수 있는가?

① 약 5잔
② 약 10잔
③ 약 15잔
④ 약 20잔

> 맨해튼 : 버번 45ml, (1과 1/2oz), 1pint = 0.47L

17 Still wine을 바르게 설명한 것은?

① 발포성 와인
② 식사 전 와인
③ 비발포성 와인
④ 식사 후 와인

18 발효방법에 따른 차의 분류가 잘못 연결된 것은?

① 비발효차 - 녹차
② 반발효차 - 우롱차
③ 발효차 - 말차
④ 후발효차 - 흑차

> 말차 : 시루에서 쪄낸 찻잎을 그늘에서 말린 후 잎맥을 제거한 맷돌에 곱게 갈아 분말 형태로 만들어 이를 물에 타 음용하는 차를 뜻한다.

19 전통주와 관련한 설명으로 옳지 않은 것은?

① 모주 - 막걸리에 한약재를 넣고 끓인 술
② 감주 - 누룩으로 빚은 술의 일종으로 술과 식혜의 중간
③ 죽력고 - 청죽을 쪼개어 불에 구워 스며 나오는 진액인 죽력과 물을 소주에 넣고 중탕한 술
④ 합주 - 물대신 좋은 술로 빚어 감미를 더한 주도가 낮은 술

> 합주 : 찹쌀로 빚어서 여름에 마시는 막걸리. 꿀이나 설탕을 타서 먹는다.

20 다음 중 Cognac지방의 Brandy가 아닌 것은?

① Remy Martin
② Hennessy
③ Chabot
④ Hine

> Chabot : 코냑 메이커의 명문인 까뮈사 산하의 아르마냑

21 독일와인에 대한 설명 중 틀린 것은?

① 아이스바인(Eiswein)은 대표적인 레드와인이다.
② Prädikatswein 등급은 포도의 수확상태에 따라서 여섯 등급으로 나눈다.
③ 레드와인보다 화이트와인의 제조가 월등히 많다.
④ 아우스레제(Auslese)는 완전히 익은 포도를 선별해서 만든다.

> 아이스바인(Eiswein)은 언 상태의 포도송이로 만든 당도 높은 화이트와인이다

22 양조주의 설명으로 옳은 것은?

① 단식증류기를 사용한다.
② 알코올 함량이 높고 저장기간이 길다.
③ 전분이나 과당을 발효시켜 제조한다.
④ 주정에 초근목피를 첨가하여 만든다.

23 다음 중 지역명과 대표적인 포도 품종의 연결이 맞는 것은?

① 샴페인 - 세미용
② 부르고뉴(White) - 쇼비뇽 블랑
③ 보르도(Red) - 피노 누아
④ 샤또뇌프 뒤 빠쁘 - 그르나슈

24 혼성주 특유의 향과 맛을 이루는 주재료로 가장 거리가 먼 것은?

① 과일
② 꽃
③ 천연향료
④ 곡물

25 오렌지 껍질을 주원료로 만든 혼성주는?

① Anisette
② Campari
③ Triple Sec
④ Underberg

- Anisette : 지중해 지방산 미나리과 식물인 아니스(Anise) 향을 착향시킨 무색 리큐어(liqueur)이다.
- Campari : 허브, 향신료, 식물의 뿌리, 과일껍질, 나무껍질 등 60 가지 이상의 재료를 알코올, 물 등과 혼합하여 만든다.
- Underberg : 정제주정에 과실, 과즙, 약초와 감미료 등 착신료 등을 첨가하여 만든 리큐어이다.

26 술 자체의 맛을 의미하는 것으로 '단맛'이라는 의미의 프랑스어는?

① Trocken
② Blanc
③ Cru
④ Doux

- Trocken : 마른, 건조한, 수분이 없는, 습기가 없는, 말라 빠진, 바싹 마른
- Blanc : 흰 백색, 무색의
- Cru : 특정한 포도원, 포도농장

27 증류주에 대한 설명으로 옳은 것은?

① 과실이나 곡류 등을 발효시킨 후 열을 가하여 알코올을 분리해서 만든다.
② 과실의 향료를 혼합하여 향기와 감미를 첨가한다.
③ 종류로는 맥주, 와인, 약주 등이 있다.
④ 탄산성 음료를 의미한다.

28 다음 중 발명자가 알려져 있는 것은?

① Vodka
② Calvados
③ Gin
④ Irish Whisky

29 프랑스 수도원에서 약초로 만든 리큐르로 '리큐르의 여왕'이라 불리는 것은?

① 압생트(Absinthe)
② 베네딕틴 디오엠(Benedictine D.O.M)
③ 두보네(Dubonnet)
④ 샤르트뢰즈(Chartreuse)

- 압생트(Absinthe) : 쑥이나 여러 가지 향초의 엑기스를 사용하여 만든 도수가 높고(58~68도) 중독성이 강한 리큐어(Liqueur)로 독특한 오팔(Opal)빛깔의 이 술은 45배의 물로 희석하여 마신다.
- 베네딕틴 디오엠(Benedictine D.O.M) : 최고의 신에게 바치는 술이라는 의미로 쑥, 살구씨, 회향, 아니스(Anise) 등을 주된 향료로 만든 리큐어로 향 쑥의 라틴명 압신티움에서 유래한 이름이다.
- 두보네(Dubonnet) : 와인을 베이스로 하여 퀴나피를 첨가한 강장성이 높은 혼성주이다.

30 문배주에 대한 설명으로 틀린 것은?

① 술의 향기가 문배나무의 과실에서 풍기는 향기와 같다하여 붙여진 이름이다.
② 원료는 밀, 좁쌀, 수수를 이용하여 만든 발효주이다.
③ 평안도 지방에서 전수되었다.
④ 누룩의 주원료는 밀이다.

31 다음 중 비터(Bitters)의 설명으로 옳은 것은?

① 쓴맛이 강한 혼성주로 칵테일에는 소량을 첨가하여 향료 또는 고미제로 사용
② 야생체리로 착색한 무색의 투명한 술
③ 박하냄새가 나는 녹색의 색소
④ 초콜릿 맛이 나는 시럽

32 고객이 바에서 진 베이스의 칵테일을 주문할 경우 Call Brand의 의미는?

① 고객이 직접 요청하는 특정브랜드
② 바텐더가 추천하는 특정브랜드
③ 업장에서 가장 인기 있는 특정브랜드
④ 해당 칵테일에 가장 많이 사용되는 특정브랜드

33 칵테일 글라스의 부위명칭으로 틀린 것은?

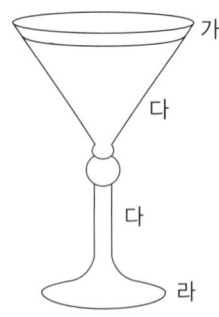

① 가 - rim
② 나 - face
③ 다 - body
④ 라 - bottom

 다 - stem

34 Key Box나 Bottle Member제도에 대한 설명으로 옳은 것은?

① 음료의 판매회원이 촉진된다.
② 고정고객을 확보하기는 어렵다.
③ 후불이기 때문에 회수가 불분명하여 자금 운영이 원활하지 못하다.
④ 주문시간이 많이 걸린다.

35 주로 생맥주를 제공할 때 사용하며 손잡이가 달린 글라스는?

① Mug Glass
② Highball Glass
③ Collins Glass
④ Goblet

36 다음 중 브랜디를 베이스로 한 칵테일은?

① Honeymoon
② New York
③ Old Fashioned
④ Rusty Nail

• New York : Bourbon Whiskey 1과1/2oz + Lime/J 1/2 oz + Powder sugar 1 tsp + Grenadine Syrup 1/2 tsp, Cocktail Glass - Shake, Garnish – Twist of Lemon peel
• Old Fashioned : cube sugar 1ea + Angostura Bitter 1 Dash + Soda Water 1/2 oz + Bourbon Whiskey 1과 1/2 oz, Old Fashioned Glass - Build, Garnish – Orange slice & Cherry
• Rusty Nail : Scotch Whisky 1 oz + Drambuie 1/2 oz, Old Fashioned Glass – Build

37 Mise en place의 의미는?

① 영업제반의 준비사항
② 주류의 수량관리
③ 적정 재고량
④ 대기 자세

38 Under Cloth에 대한 설명으로 옳은 것은?

① 흰색을 사용하는 것이 원칙이다.
② 식탁의 마지막 장식이라 할 수 있다.
③ 식탁 위의 소음을 줄여준다.
④ 서비스 플레이트나 식탁 위에 놓는다.

39 업장에서 장기간 보관 시 세워서 보관하지 않고 뉘어서 보관해야하는 것은?

① 포트와인
② 브랜디
③ 그라파
④ 아이스와인

40 소금을 Cocktail Glass 가장자리에 찍어서(Rimming) 만드는 칵테일은?

① Singapore Sling
② Side Car
③ Margarita
④ Snowball

> • Singapore Sling : Dry Gin 1과 1/2 oz + Lemon/J 1/2 oz + Powder sugar 1tsp + Soda Water Fill + Cherry Brandy 1/2, Pilsner Glass – Shake & Float, Garnish – Orang Slice & Cherry
> • Side Car : Brandy 1 oz + Cointreau 1 oz + Lemon Juice 1/4 oz, Cocktail Glass / Shake
> • Margarita : Tequila 1과 1/2 oz + Triple Sec 1/2 oz + Lime / J 1/2 oz, Cocktail Glass – Shake, Salt Rimming
> • Snowball : Dry Gin 1/5oz + Cream de Violet + White Menth + Anis + Cream

41 보드카가 기주로 쓰이지 않는 칵테일은?

① 맨해튼
② 스크루드라이브
③ 키스 오브 파이어
④ 치치

> • 맨해튼 : Bourbon Whiskey 1과1/2 oz + Sweet vermouth 3/4 oz + Angostura Bitters 1Dash, Cocktail Glass – Stir, Garnish - Cherry
> • 스크루드라이브 : Vodka 1 oz + Sloe Gin 1/2 oz + Dry Vermouth 1/2 oz + Lemon Juice 1 tsp, Cocktail Glass / Shake, Garnish – sugar Rimming
> • 키스 오브 파이어 : Vodka 1 oz + Sloe Gin 1/2 oz + Dry Vermouth 1/2 oz + Lemon Juice 1 tsp, Cocktail Glass / Shake, Garnish – sugar Rimming
> • 치치 : Vodka1/3oz, Pinapple J 4/5oz, Coconut milk1/2oz

42 Gin Fizz를 서브할 때 사용하는 글라스로 적합한 것은?

① Cocktail Glass
② Champagne Glass
③ Liqueur Glass
④ Highball Glass

43 칵테일의 부재료 중 씨 부분을 사용하는 것은?

① Cinnamon
② Nutmeg
③ Celery
④ Mint

44 다음 중 기구에 대한 설명이 잘못된 것은?

① 스토퍼(Stopper) : 남은 음료를 보관하기 위한 병마개
② 코르크 스크루(Cork Screw) : 와인 병마개를 딸 때 사용
③ 아이스 텅(Ice Tongs) : 톱니 모양으로 얼음 집는데 사용
④ 머들러(Muddler) : 얼음을 깨는 송곳

> 머들러(Muddler) : 음료를 저어 섞어주는 용도로 사용

45 얼음을 거르는 기구는?

① Jigger
② Cork Screw
③ Pourer
④ Strainer

> • Jigger : 칵테일을 만들 때 용량을 재는 기구로서 보통 30㎖(1oz), 45㎖(1.5oz)를 잴 수 있는 삼각형이 두 개 붙어 있다
> • Cork Screw : 포도주 병 따위의 코르크 마개를 뽑기 위한 도구
> • Pourer : 액체 종류를 잘 따를 수 있도록 도와주는 소품

46 Pilsner Glass에 대한 설명으로 옳은 것은?

① 브랜디를 마실 때 사용한다.
② 맥주를 따르면 기포가 올라와 거품이 유지된다.
③ 와인의 향을 즐기는데 가장 적합하다.
④ 옆면이 둥글게 되어 있어 발레리나를 연상하게 하는 모양이다.

47 마신 알코올량(mL)을 나타내는 공식은?

① 알코올량(mL) × 0.8
② 술의 농도(%) × 마시는 양(mL) ÷ 100
③ 술의 농도(%) − 마시는 양(mL)
④ 술의 농도(%) ÷ 마시는 양(mL)

48 프라페(Frappe)를 만들기 위해 준비하는 얼음은?

① Cube Ice
② Big Ice
③ Crashed Ice
④ Crushed Ice

> • Cube Ice : 칵테일을 만들 때 가장 많이 사용되는 사각형의 얼음
> • Crushed Ice : 얼음 분쇄기로 잘게 으깬 얼음

49 고객이 호텔의 음료상품을 이용하지 않고 음료를 가지고 오는 경우, 서비스하고 여기에 필요한 글라스, 얼음, 레몬 등을 제공하여 받는 대가를 무엇이라 하는가?

① Rental charge
② V.A.T(value added tax)
③ Corkage charge
④ Service charge

50 다음 중 칵테일 계량단위 범주에 해당되지 않는 것은?

① oz
② tsp
③ jigger
④ ton

51 What is the meaning of a walk-in guest?

① A guest with no reservation.
② Guest on charged instead of reservation guest.
③ By walk-in guest.
④ Guest that checks in through the front desk.

52 다음은 레스토랑에서 종업원과 고객과의 대화이다. ( )에 가장 알맞은 것은?

> G : Waitress, may I have our check, please?
> W : (   )
> G : No, I want it as one bill.

① Do you want separate checks?
② Don't mention it.
③ You are wanted on the phone.
④ Yes, I can.

53 Which is the best wine with a beefsteak course at dinner?

① Red wine
② Dry sherry
③ Blush wine
④ White wine

54 Which one is the cocktail containing beer and tomato juice?

① Red boy
② Bloody mary
③ Red eye
④ Tom collins

55 Which of the following represents drinks like coffee and tea?

① Nutrition drinks
② Refreshing drinks
③ Preference drinks
④ Non-Carbonated drinks

56 Which one does not belong to aperitif?

① Sherry
② Campari
③ Kir
④ Brandy

57 호텔에서 check-in 또는 check-out시 customer가 할 수 있는 말로 적합하지 않은 것은?

① Would you fill out this registration form?
② I have a reservation for tonight.
③ I'd like to check out today.
④ Can you hold my luggage until 4 pm?

58 Which one is the cocktail name containing Dry Gin, Dry vermouth and orange juice?

① Gimlet
② Golden Cadillac
③ Bronx
④ Bacardi Cocktail

59 다음 ( ) 안에 들어갈 단어로 가장 적합한 것은?

Please (   ) yourself to the coffee before it gets cold.

① drink
② help
③ like
④ does

60 What is the name of this cocktail?

「Vodka 30 mL & orange Juice 90 mL, build」
Pour vodka and orange juice into a chilled
Highball glass with several ice cubes, and stir.

① Blue Hawaii
② Bloody Mary
③ Screwdriver
④ Manhattan

- Blue Hawaii : Light Rum 1 oz + Blue Curacao 1 oz + Coconut Rum 1 oz + Pineapple/J 2와 1/2 oz, Pilsner Glass - Shake, Garnish – Pineapple Wedge & Cherry
- Bloody Mary : Worcester Sauce 1 tsp + Tabasco Sauce 1 Dash + Salt & Papper Vodka 1과 1/2 oz + Tomato Juice Fill Highball Glass – Build, Garnish – slice Lemon or Celery
- Manhattan : Burbon Whiskey 1과1/2 oz + Sweet vermouth 3/4 oz + Angostura Bitters 1Dash Cocktail Glass – Stir, Garnish - Cherry

정답 2015년 1회 기출문제

01 ①	02 ③	03 ①	04 ②	05 ②
06 ③	07 ③	08 ④	09 ③	10 ④
11 ②	12 ③	13 ④	14 ②	15 ③
16 ②	17 ③	18 ③	19 ④	20 ③
21 ①	22 ③	23 ④	24 ④	25 ①
26 ④	27 ①	28 ③	29 ④	30 ②
31 ①	32 ①	33 ③	34 ①	35 ①
36 ①	37 ①	38 ③	39 ④	40 ③
41 ①	42 ④	43 ②	44 ④	45 ④
46 ②	47 ②	48 ④	49 ③	50 ④
51 ①	52 ①	53 ①	54 ③	55 ③
56 ④	57 ①	58 ③	59 ②	60 ③

2015년 2회 공단 기출문제
04월 04일 시행

01 매년 보졸레 누보의 출시일은?

① 11월 1째주 목요일
② 11월 3째주 목요일
③ 11월 1째주 금요일
④ 11월 3째주 금요일

02 위스키의 제조과정을 순서대로 나열한 것으로 가장 적합한 것은?

① 맥아 - 당화 - 발효 - 증류 - 숙성
② 맥아 - 당화 - 증류 - 저장 - 후숙
③ 맥아 - 발효 - 증류 - 당화 - 블렌딩
④ 맥아 - 증류 - 저장 - 숙성 - 발효

03 샴페인의 발명자는?

① Bordeaux
② Champagne
③ St. Emilion
④ Dom Perignon

04 포도주에 아티초크를 배합한 리큐르로 약간 진한 커피색을 띠는 것은?

① Chartreuse
② Cynar
③ Dubonnet
④ Campari

　• Chartreuse : 브랜디와 약초를 섞어 만든 연녹색 또는 황색의 술
　• Dubonnet : 약한 키니네 맛을 가지고 있는 적색의 프랑스산 아페리티프 와인
　• Campari : 이탈리아산의 붉은 색 쓴맛의 리큐르로 식전에 주로 사용

05 각 나라별 발포성 와인(Sparkling Wine)의 명칭이 잘못 연결된 것은?

① 프랑스 - Cremant
② 스페인 - Vin Mousseux
③ 독일 - Sekt
④ 이탈리아 - Spumante

　스페인 : cava

06 혼성주(Compounded Liquor)에 대한 설명 중 틀린 것은?

① 칵테일 제조나 식후주로 사용된다.
② 발효주에 초근목피의 침출물을 혼합하여 만든다.
③ 색채, 향기, 감미, 알코올의 조화가 잘 된 술이다.
④ 혼성주는 고대 그리스 시대에 약용으로 사용되었다.

07 주류의 주정 도수가 높은 것부터 낮은 순서대로 나열된 것으로 옳은 것은?

① Vermouth 〉 Brandy 〉 Fortified Wine 〉 Kahlua
② Fortified Wine 〉 Vermouth 〉 Brandy 〉 Beer
③ Fortified Wine 〉 Brandy 〉 Beer 〉 Kahlua
④ Brandy 〉 Sloe Gin 〉 Fortified Wine 〉 Beer

08 프랑스의 와인제조에 대한 설명 줄 틀린 것은?

① 프로방스에서는 주로 로제 와인을 많이 생산한다.
② 포도당이 에틸알코올과 탄산가스로 변한다.
③ 포도 발효 상태에서 브랜디를 첨가한다.
④ 포도 껍질에 있는 천연 효모의 작용으로 발효가 된다.

09 살균방법에 의한 우유의 분류가 아닌 것은?

① 초저온살균우유
② 저온살균우유
③ 고온살균우유
④ 초고온살균우유

10 에스프레소에 우유거품을 올린 것으로 다양한 모양의 디자인이 가능해 인기를 끌고 있는 커피는?

① 카푸치노   ② 카페라테
③ 콘파냐   ④ 카페모카

11 곡물로 만들어 농번기에 주로 먹었던 막걸리는 어느 분류에 속하는가?

① 혼성주   ② 증류주
③ 양조주   ④ 화주

12 다음 중 혼성주에 속하는 것은?

① 그렌피딕   ② 꼬냑
③ 버드와이즈   ④ 캄파리

13 코냑(Cognac) 생산 회사가 아닌 것은?

① 마르텔   ② 헤네시
③ 까뮈   ④ 화이트 홀스

14 맥주 제조에 필요한 중요한 원료가 아닌 것은?

① 맥아   ② 포도당
③ 물   ④ 효모

15 상면 발효 맥주가 아닌 것은?

① 에일맥주(Ale Beer)
② 포터맥주(Porter Beer)
③ 스타우트 맥주(Stout Beer)
④ 필스너 맥주(Pilsner Beer)

- 상면 발효 맥주 : 맥아농도가 높고, 10℃에서 25℃ 사이의 상온에서 발효를 하기 때문에 색이 짙고 강하고 풍부한 맛이 나며 알코올 도수도 높은 편이다. 에일(ale)과 포터(porter), 램빅(lambic), 스타우트(stout) 등이 대표적이다.
- 하면 발효 맥주 : 하면발효맥주는 발효 도중이나 발효가 끝났을 때 가라앉는 성질이 있는 효모로 발효시킨 맥주이다. 10℃ 정도의 저온에서 발효를 하고, 여과가 쉬우며 깨끗하고 부드러운 맛과 향이 특징이다. 세계 맥주시장의 4분의 3을 점유하고 있고 라거(lager), 필스너(pilsener), 뮌헤너(münchener), 보크(bock) 등이 대표적이다.

16 차의 분류가 옳게 연결된 것은?

① 발효차 - 얼그레이
② 불발효차 - 보이차
③ 반발효차 - 녹차
④ 후발효차 - 자스민

- 발효차 : 차 잎에 산화 처리를 행한 차이다. 완전발효의 홍차, 반발효의 청차(靑茶), 오룡차, 경도발효의 백차(白茶), 후발효의 흑차(黑茶), 기타가 포함된다.
- 반발효차 : 발효정도가 녹차와 홍차의 중간적인 중국차로 우롱차, 포종차를 가리킨다. 차잎을 일광위조 한 후 손으로 가볍게 교반함으로써 차입 중의 산화효소의 작용으로 발효시켜 만든다. 종류로는 반고차(半苦茶), 재스민차, 치자꽃차, 계화차, 우롱차(烏龍茶) 등이 있다.
- 후발효차 : 차 잎을 가열처리(증열, 자비)한 후 미생물 발효시켜 끝마무리한 차로 산화효소를 처리한 후에서 미생물 발효를 시킨 것에서 나온 호칭이다. 중국차의 6대 분류 중의 흑차(黑茶), 황차(黃茶)에 속하는 차류로 이 중에서도 보이차(普洱茶)는 후발효차의 대표이다.

17 와인의 등급제도가 없는 나라는?

① 스위스   ② 영국
③ 헝가리   ④ 남아프리카공화국

18 독일 와인 라벨 용어는?

① 로사토
② 트로컨
③ 로쏘
④ 비노

19 보드카(Vodka)에 대한 설명 중 틀린 것은?

① 슬라브 민족의 국민주라고 할 수 있을 정도로 애음되는 술이다.
② 사탕수수를 주원료로 사용한다.
③ 무색(colorless), 무미(tasteless), 무취(odorless)이다.
④ 자작나무의 활성탄과 모래를 통과시켜 여과한 술이다.

🍷 보드카(Vodka)는 감자, 럼(Rum)은 사탕수수를 주원료로 사용한다.

20 다음의 설명에 해당하는 혼성주를 옳게 연결한 것은?

> ㉠ 멕시코산 커피를 주원료로 하여 Cocoa, Vanila 향을 첨가해서 만든 혼성주이다.
> ㉡ 야생 오얏을 진에 첨가해서 만든 빨간색의 혼성주이다.
> ㉢ 이탈리아의 국민주로 제조법은 각종 식물의 뿌리, 씨, 향초, 껍질 등 70여 가지의 재료로 만들어지며 제조 기간은 45일이 걸린다.

① ㉠ 샤르뜨뢰즈(Chartreuse) ㉡ 시나(Cynar) ㉢ 캄파리(Campari)
② ㉠ 파샤(Pasha) ㉡ 슬로우 진(Sloe Gin) ㉢ 캄파리(Campari)
③ ㉠ 칼루아(Kahlua) ㉡ 시나(Cynar) ㉢ 캄파리(Campari)
④ ㉠ 칼루아(Kahlua) ㉡ 슬로우 진(Sloe Gin) ㉢ 캄파리(Campari)

21 증류주가 아닌 것은?

① Light Rum
② Malt Whisky
③ Brandy
④ Bitters

🍷 Bitters : 혼성주

22 다음 중 양조주에 해당하는 것은?

① 청주(淸酒)
② 럼주(Rum)
③ 소주(Soju)
④ 리큐르(Liqueur)

23 커피의 3대 원종이 아닌 것은?

① 피베리
② 아라비카
③ 리베리카
④ 로부스타

24 비알콜성 음료(non-alcoholic beverage)의 설명으로 옳은 것은?

① 양조주, 증류주, 혼성주로 구분된다.
② 맥주, 위스키, 리큐르(liqueur)로 구분된다.
③ 소프트드링크, 맥주, 브랜디로 구분한다.
④ 청량음료, 영양음료, 기호음료로 구분한다.

25 스코틀랜드의 위스키 생산지 중에서 가장 많은 증류소가 있는 지역은?

① 하이랜드(Highland)
② 스페이사이드(Speyside)
③ 로우랜드(Lowland)
④ 아일레이(Islay)

26 곡류를 발효 증류 시킨 후 주니퍼베리, 고수풀, 안젤리카 등의 향료식물을 넣어 만든 증류주는?

① VODKA
② RUM
③ GIN
④ TEQUILA

27 증류주에 대한 설명으로 가장 거리가 먼 것은?

① 대부분 알코올 도수가 20도 이상이다.
② 알코올 도수가 높아 잘 부패되지 않는다.
③ 장기 보관 시 변질되므로 대부분 유통기간이 있다.
④ 갈색의 증류주는 대부분 오크통에서 숙성시킨다.

28 다음 중 소주의 설명 중 틀린 것은?

① 제조법에 따라 증류식 소주, 희석식 소주로 나뉜다.
② 우리나라에 소주가 들어온 연대는 조선시대이다.
③ 주원료로는 쌀, 찹쌀, 보리 등이다.
④ 삼해주는 조선 중엽 소주의 대명사로 알려질 만큼 성행했던 소주이다.

🍷 우리나라에 소주가 들어온 연대는 고려후기 원나라로부터이다.

29 영국에서 발명한 무색투명한 음료로서 키니네가 함유된 청량음료는?

① cider
② cola
③ tonic water
④ soda water

30 다음 중 식전주로 알맞지 않은 것은?

① 셰리 와인
② 샴페인
③ 캄파리
④ 깔루아

31 다음 중 Tumbler Glass는 어느 것인가?

① Champagne Glass
② Cocktail Glass
③ Highball Glass
④ Brandy Glass

32 다음 와인 종류 중 냉각하여 제공하지 않는 것은?

① 클라렛(Claret)
② 호크(Hock)
③ 샴페인(Champagne)
④ 로제(Rose)

🍷 클라렛(Claret) : 보르도 지방에서 나오는 가벼운 스타일의 레드 와인

33 칵테일을 만들 때, 흔들거나 섞지 않고 글라스에 직접 얼음과 재료를 넣어 바스푼이나 머들러로 휘저어 만드는 칵테일은?

① 스크루 드라이버(screw driver)
② 스팅어(stinger)
③ 마가리타(magarita)
④ 싱가포르 슬링(singapore sling)

🍷 • 스팅어(stinger) : Brandy 1과 1/2 oz + Cream de Menthe(white) 3/4 oz, Cocktail Glass - Shake
• 마가리타(magarita) : Tequila 1과 1/2 oz + Triple Sec 1/2 oz + Lime / J 1/2 oz, Cocktail Glass - Shake, Salt Rimming
• 싱가포르 슬링(singapore sling) : Dry Gin 1과 1/2 oz + Lemon/J 1/2 oz + Powder sugar 1tsp + Soda Water Fill + Cherry Brandy 1/2, Pilsner Glass – Shake & Float, Garnish – Orang Slice & Cherry

34 Wine Master의 의미로 가장 적합한 것은?

① 와인의 제조 및 저장관리를 책임지는 사람
② 포도나무를 가꾸고 재배하는 사람
③ 와인을 판매 및 관리하는 사람
④ 와인을 구매하는 사람

35 칵테일에 사용하는 얼음으로 적합하지 않은 것은?

① 컬러 얼음(Color Ice)
② 가루 얼음(Shaved Ice)
③ 기계 얼음(Cube Ice)
④ 작은 얼음(Cracked Ice)

36 조주용 기물 종류 중 푸어러(Pourer)의 설명으로 옳은 것은?

① 쓰고 남은 청량음료를 밀폐시키는 병마개
② 칵테일을 마시기 쉽게 하기 위한 빨대
③ 술병입구에 끼워 쏟아지는 양을 일정하게 만드는 기구
④ 물을 담아놓고 쓰는 손잡이가 달린 물병

37 다음 중 가장 많은 재료를 넣어 만드는 칵테일은?

① Manhattan
② Apple Martini
③ Gibson
④ Long Island Iced Tea

- Manhattan : Bourbon Whiskey 1과1/2 oz + Sweet vermouth 3/4 oz + Angostura Bitters 1Dash, Cocktail Glass - Stir, Garnish - Cherry
- Apple pucker 1 oz + Lime Juice 1/2 oz, Cocktail Glass / Shake, Garnish - Apple Slice
- Gibson : Dry Gin 1과 1/2 oz + Dry vermouth 3/4 oz, Cocktail Glass - Stir , Garnish - cocktail onion
- Long Island Iced Tea : Vodka 1/2 oz + Tequila 1/2 oz + Gin 1/2 oz + Light Rum 1/2 oz + Triple Sec 1/2 oz + Sweet & Sour Mix 1과 1/2 oz + Top with Cola, Collins Glass - Build & Float, Garnish - A Wedge of Fresh Lemon

38 다음 중 Gin Base에 속하는 칵테일은?

① Stinger
② Old-fashioned
③ Dry Martini
④ Sidecar

- tinger : Brandy 1과 1/2 oz + Cream de Menthe(white) 3/4 oz, Cocktail Glass - Shake
- Old-fashioned : cube sugar 1ea + Angostura Bitter 1 Dash + Soda Water 1/2 oz + Bourbon, Whiskey 1과 1/2 oz, Old Fashioned Glass - Build, Garnish - Orange slice & Cherry
- Sidecar : Brandy 1 oz + Cointreau 1 oz + Lemon Juice 1/4 oz, Cocktail Glass / Shake

39 와인의 Tasting 방법으로 가장 옳은 것은?

① 와인을 오픈한 후 공기와 접촉되는 시간을 최소화하여 바로 따른 후 마신다.
② 와인에 얼음을 넣어 냉각시킨 후 마신다.
③ 와인 잔을 흔든 뒤 아로마나 부케의 향을 맡는다.
④ 검은 종이를 테이블에 깔아 투명도 및 색을 확인한다.

40 맥주 보관 방법 중 가장 적합한 것은?

① 냉장고에 5~10℃ 정도에 보관한다.
② 맥주 냉장 보관시 0℃ 이하로 보관한다.
③ 장시간 보관하여도 무방하다.
④ 맥주는 햇볕이 있는 곳에 보관해도 좋다.

41 주장(Bar)관리의 의의로 가장 적합한 것은?

① 칵테일을 연구, 발전시키는 일이다.
② 음료(Beverage)를 많이 판매하는데 목적이 있다.
③ 음료(Beverage) 재고조사 및 원가 관리의 우선함과 영업 이익을 추구하는데 목적이 있다.
④ 주장 내에서 Bottles 서비스만 한다.

42 Old Fashioned Glass를 가장 잘 설명한 것은?

① 옛날부터 사용한 Cocktail Glass이다.
② 일명 On the Rocks Glass 라고도 하고 스템(Stem)이 없는 Glass이다.
③ Juice를 Cocktail하여 마시는 Long Neck Glass이다.
④ 일명 Cognac Glass라고 하고 튤립형의 스템(Stem)이 있는 Glass이다.

43 와인의 적정온도 유지의 원칙으로 옳지 않은 것은?

① 보관 장소는 햇빛이 들지 않고 서늘하며, 습기가 없는 곳이 좋다.
② 연중 급격한 변화가 없는 곳이어야 한다.
③ 와인에 전해지는 충격이나 진동이 없는 곳이 좋다.
④ 코르크가 젖어 있도록 병을 눕혀서 보관해야 한다.

44 연회(Banquet)석상에서 각 고객들이 마신(소비한) 만큼 계산을 별도로 하는 바(Bar)를 무엇이라고 하는가?

① Banquet Bar
② Host Bar
③ No-Host Bar
④ Paid Bar

45 Saucer형 샴페인 글라스에 제공되며 Menthe (Green) 1oz, Cacao(White) 1oz, Light Milk(우유) 1oz를 셰이킹하여 만드는 칵테일은?

① Gin Fizz
② Gimlet
③ Grasshopper
④ Gibson

- Gin Fizz : Gin 1과1/2oz + Lemon/J 1/2oz + Powder sugar 1tsp + Soda water Fill, Highball Glass – Shake & Build, Garnish Lemon Slice
- Gimlet : Dry Gin 1과 1/2 oz + Lime Juice 3/4 oz + Powder Sugar 1 tsp, Cocktail Glass – Shake , Garnish – Lemon or Lime peel
- Gibson : Dry Gin 1과 1/2 oz + Dry vermouth 3/4 oz, Cocktail Glass – Stir , Garnish – cocktail onion

46 바 스푼(Bar Spoon)의 용도가 아닌 것은?

① 칵테일 조주 시 글래스 내용물을 섞을 때 사용한다.
② 얼음을 잘게 부술 때 사용한다.
③ 프로팅칵테일(Floating Cocktail)을 만들 때 사용한다.
④ 믹싱글라스를 이용하여 칵테일을 만들 때 휘젓는 용도로 사용한다.

47 다음은 무엇에 대한 설명인가?

> 음료와 식료에 대한 원가관리의 기초가 되는 것으로서 단순히 필요한 물품만을 구입하는 업무만을 의미하는 것이 아니라, 바 경영을 계획, 통제, 관리하는 경영활동의 중요한 부분이다.

① 검수
② 구매
③ 저장
④ 출고

48 플레인 시럽과 관련이 있는 것은?

① lemon
② butter
③ cinnamon
④ sugar

49 볶은 커피의 보관 시 알맞은 습도는?

① 3.5% 이하
② 5~7%
③ 10~12%
④ 13% 이상

50 조주기법(Cocktail Technique)에 관한 사항에 해당되지 않는 것은?

① Stirring
② Distilling
③ Straining
④ Chilling

- ① – 휘젓기
- ② – 증류
- ③ – 거르기
- ④ – 차갑게 하기

51 다음 질문의 대답으로 적합한 것은?

Are the same kinds of glasses used for all wines?

① Yes, they are.
② No, they don't.
③ Yes, they do.
④ No, they are not.

52 Which drink is prepared with Gin?

① Tom collins
② Rob Roy
③ B&B
④ Black Russian

- Tom collins : Dry Gin 2 oz + Lemon / J 3/4 oz + Powder sugar 1 tsp + Soda Water Fill, Collins Glass - Shake & Build, Garnish – Lemon Slice & Cherry
- Rob Roy : Scotch Whisky 1과 1/2 oz + Sweet vermouth 3/4 oz + Angostura Bitters 1 Dash, Cocktail Glass - Stir, Garnish - Cherry
- B&B : Brandy 1/2oz + Benedictine 1/2
- Black Russian : Vodka 1 oz + Kahlua 1/2 oz, Old Fashioned Glass, Build

53 다음의 밑줄에 들어갈 알맞은 것은?

This bar _____ by a bar helper every morning.

① cleans
② is cleaned
③ is cleaning
④ be cleaned

54 다음 대화 중 밑줄 친 부분에 들어갈 B의 질문으로 적합하지 않은 것은?

G1 : I'll have a Sunset Strip. What about you, Sally?
G2 : I don't drink at all. Do you serve soft drinks?
B : Certainly, Madam. _____?
G2 : It sounds exciting. I'll have that.

① How about a Virgin Colada?
② What about a Shirley Temple?
③ How about a Black Russian?
④ What about a Lemonade?

55 What is the Liqueur on apricot pits base?

① Benedictine
② Chartreuse
③ Kahlua
④ Amaretto

56 다음의 밑줄에 들어갈 단어로 알맞은 것은?

Which one do you like better whisk _____ brandy?

① as
② but
③ and
④ or

- Benedictine : 수십 종의 약초를 사용한 약 42℃의 호박색 리큐르(Liqueur)
- Chartreuse : 브랜디와 약초를 섞어 만든 연녹색 또는 황색의 술
- Kahlua : 테킬라, 커피, 설탕을 주성분으로 만들어진 멕시코산의 커피 리큐르
- Amaretto : 살구씨를 물에 담가 증류한 후 혼합하고 숙성해서 Syrup을 첨가한 리큐르

57 Which of the following is not compounded Liquor?

① Cutty Sark
② Curacao
③ Advocaat
④ Amaretto

58 다음 중 brand가 의미하는 것은?

What brand do you want?

① 브랜디
② 상표
③ 칵테일의 일종
④ 심심한 맛

59 Which one is wine that can be served before meal?

① Table wine
② Dessert wine
③ Aperitif wine
④ Port wine

60 다음에서 설명하는 혼성주는?

The great proprietary liqueur of Scotland made of scotch and heather honey.

① Anisette
② Sambuca
③ Drambuie
④ Peter Heering

- Anisette : 아니스(Anise)향을 착향시킨 무색 리큐르
- Sambuca : 이탈리아에서 생산되는 리큐어로서 Anisette와 비슷한 술이다
- Peter Heering : 야생자두를 배합하여 만든 영국의 검붉은 리큐르

정답 2015년 2회 기출문제

01 ②	02 ①	03 ④	04 ②	05 ②
06 ②	07 ④	08 ③	09 ①	10 ①
11 ③	12 ④	13 ④	14 ②	15 ④
16 ①	17 ④	18 ②	19 ②	20 ④
21 ④	22 ①	23 ①	24 ④	25 ②
26 ③	27 ③	28 ②	29 ③	30 ④
31 ③	32 ①	33 ①	34 ①	35 ①
36 ③	37 ④	38 ③	39 ③	40 ①
41 ③	42 ②	43 ①	44 ①	45 ③
46 ②	47 ②	48 ④	49 ①	50 ②
51 ④	52 ①	53 ②	54 ①	55 ④
56 ④	57 ①	58 ②	59 ③	60 ③

2015년 3회 07월 19일 시행

공단 기출문제

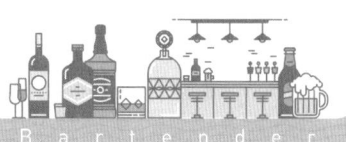

01 음료에 대한 설명 중 틀린 것은?

① 소다수는 물에 이산화탄소를 가미한 것이다.
② 칼린스믹스는 소다수에 생강향을 혼합한 것이다.
③ 사이다는 소다수에 구연산, 주석산, 레몬즙 등을 혼합한 것이다.
④ 토닉워터는 소다수에 레몬, 키니네 껍질 등의 농축액을 혼합한 것이다.

> • 칼린스믹스 : 증류주, 레몬주스, 설탕, 소다수
> • 진저엘 : 소다수에 생강향을 혼합한 것이다.

02 우유가 사용되지 않는 커피는?

① 카푸치노(Cappuccino)
② 에스프레소(Espresso)
③ 카페 마키아토(Cafe Macchiato)
④ 카페 라떼(Cafe Latte)

03 아티초크를 원료로 사용한 혼성주는?

① 운더베르그(Underberg)
② 시나(Cynar)
③ 아마르 피콘(Amer Picon)
④ 샤브라(Sabra)

> • 운더베르그(Underberg) : 과실, 과집, 약초 등을 첨가하여 만든 리큐르
> • 아마르 피콘(Amer Picon) : 쓴맛과 오렌지 향을 가지고 있는 진한 갈색의 프랑스산의 술(알코올 도수는 27도)
> • 샤브라(Sabra) : 초콜릿 맛을 느끼게 하는 이스라엘산의 오렌지 리큐르

04 당밀에 풍미를 가한 석류 시럽(Syrup)은?

① Raspberry syrup
② Grenadine syrup
③ Blackberry syrup
④ Maple syrup

05 럼(Rum)의 분류 중 틀린 것은?

① Light Rum
② Soft Rum
③ Heavy Rum
④ Medium Rum

06 Dry wine의 당분이 거의 남아 있지 않은 상태가 되는 주된 이유는?

① 발효 중에 생성되는 호박산, 젖산 등의 산 성분 때문
② 포도 속의 천연 포도당을 거의 완전히 발효시키기 때문
③ 페노릭 성분의 함량이 많기 때문
④ 설탕을 넣는 가당 공정을 거치지 않기 때문

07 다음 중 양조주가 아닌 것은?

① 그라파
② 샴페인
③ 막걸리
④ 하이네켄

08 다음 중 Gin rickey에 포함되는 재료는?

① 소다수(soda water)
② 진저엘(ginger ale)
③ 콜라(cola)
④ 사이다(cider)

🍷 진리키(Gin rickey)는 드라이 진에 라임 주스를 섞고 소다수를 첨가해 만든 칵테일을 말한다.

09 위스키(whisky)를 만드는 과정이 옳게 배열된 것은?

① mashing – fermentation – distillation – aging
② fermentation – mashing – distillation – aging
③ aging – fermentation – distillation – mashing
④ distillation – fermentation – mashing – aging

10 Grain Whisky에 대한 설명으로 옳은 것은?

① Silent Spirit라고도 불린다.
② 발아시킨 보리를 원료로 해서 만든다.
③ 향이 강하다.
④ Andrew Usher에 의해 개발되었다.

🍷 Grain Whisky : 맥아를 이용하여 옥수수(corn, maize)나 호밀(rye)을 당화시킨 후, 알코올발효로 생성된 알코올을 연속적으로 증류하여 만드는 위스키로 증류 후 물을 첨가하여 60% 전후로 하고 마개를 막아서 3년 이상 숙성시킨다. 그레인위스키는 알코올 이외의 미량성분이 적기 때문에, 숙성은 단기간에 잘 되고 가벼운 풍미의 위스키가 된다.

11 비알코올성 음료에 대한 설명으로 틀린 것은?

① Decaffeinated coffee는 caffeine을 제거한 커피이다.
② 아라비카종은 이디오피아가 원산지인 향미가 우수한 커피이다.
③ 에스프레소 커피는 고압의 수증기로 추출한 커피이다.
④ Cocoa는 카카오 열매의 과육을 말려 가공한 것이다.

12 소주에 관한 설명으로 가장 거리가 먼 것은?

① 양조주로 분류된다.
② 증류식과 희석식이 있다.
③ 고려시대에 중국으로부터 전래되었다.
④ 원료로는 백미, 잡곡류, 당밀, 사탕수수, 고구마, 파티오카 등이 쓰인다.

13 로제와인(rose wine)에 대한 설명으로 틀린 것은?

① 대체로 붉은 포도로 만든다.
② 제조 시 포도껍질은 같이 넣고 발효시킨다.
③ 오래 숙성시키지 않고 마시는 것이 좋다.
④ 일반적으로 상온(17~18℃) 정도로 해서 마신다.

14 Red Bordeaux wine의 service 온도로 가장 적합한 것은?

① 3 ~ 5℃   ② 6 ~ 7℃
③ 7 ~ 11℃   ④ 16 ~ 18℃

15 Gin에 대한 설명으로 틀린 것은?

① 진의 원료는 대맥, 호밀, 옥수수 등 곡물을 주원료로 한다.
② 무색·투명한 증류주이다.
③ 활성탄 여과법으로 맛을 낸다.
④ Juniper berry를 사용하여 착향시킨다.

16 다음 중 주재료가 나머지 셋과 다른 것은?

① Grand Marnier ② Drambuie
③ Triple Sec ④ Cointreau

- Grand Marnier : 3~4년 숙성한 코냑(cognac)에 오렌지 향을 가미한 40도의 프랑스산
- Drambuie : 스카치 위스키를 기주로 하여 꿀로 달게 한 오렌지향의 호박색 리큐르
- Triple Sec : 세 번 증류를 거듭하여 제조하였다는 뜻으로 정성들여 만든 큐라소(Curacao : 오렌지로 만든 리큐어)의 대표적인 제품, 감미가 있고 오렌지 향을 가진 무색투명한 리큐르이다.
- Cointreau : 오렌지 껍질로 만든 무색의 프랑스산 리큐르이다.

17 곡류를 원료로 만드는 술의 제조 시 당화과정에 필요한 것은?

① ethyl alcohol ② CO_2
③ yeast ④ diastase

18 와인의 품질을 결정하는 요소가 아닌 것은?

① 환경요소(Terroir)
② 양조기술
③ 포도품종
④ 제조국의 소득수준

19 까브(cave)의 의미는?

① 화이트
② 지하 저장고
③ 포도원
④ 오래된 포도나무

20 다음 중 버번 위스키가 아닌 것은?

① Jim Beam ② Jack Daniel
③ Wild Turkey ④ John Jameson

John Jameson은 Irish whisky에 속한다.

21 쌀, 보리, 조, 수수, 콩 등 5가지 곡식을 물에 불린 후 시루에 쪄 고두밥을 만들고, 누룩을 섞고 발효시켜 전술을 빚는 것은?

① 백세주
② 과하주
③ 안동소주
④ 연엽주

- 백세주 : 찹쌀로 만든 한국의 발효술이며, 이 가운데 다양한 허브, 인삼으로 맛을 낸다. 백세주는 전통적인 방식으로 양조하며 미량의 인삼을 넣어 감미로운 맛을 낸다.
- 과하주 : 약주에 소주를 섞어 빚는 혼양주. 무더운 여름을 탈 없이 날 수 있는 술이라는 뜻에서 얻은 이름이다. 조선 초기부터 서울에서 알려진 술이다.
- 연엽주 : 술밑으로 쓰려고 시루에 찐 찹쌀밥에 누룩을 버무려 연잎에 싸서 담근 술이다.

22 위스키의 종류 중 증류방법에 의한 분류는?

① malt whisky
② grain whisky
③ blended whisky
④ patent whisky

- pot still법 : 단식증류기를 사용하여 증류한 위스키(스카치 위스키, 아이리시 위스키, 브렌디)
- patent still법 : 연속식 증류기를 사용하여 만든 위스키(아메리칸 위스키, 버번 위스키, 카나디안 위스키)

23 음료류의 식품유형에 대한 설명으로 틀린 것은?

① 무향탄산음료 : 먹는 물에 식품 또는 식품첨가물(착향료 제외)등을 가한 후 탄산가스를 주입한 것을 말한다.
② 착향탄산음료 : 탄산음료에 식품첨가물(착향료)을 주입한 것을 말한다.
③ 과실음료 : 농축과실즙(또는 과실분), 과실주스 등을 원료로 하여 가공한 것(과실즙 10% 이상)을 말한다.
④ 유산균음료 : 유가공품 또는 식물성 원료를 효모로 발효시켜 가공(살균을 포함)한 것을 말한다.

24 나라별 와인을 지칭하는 용어가 바르게 연결된 것은?

① 독일 – Wine
② 미국 – Vin
③ 이태리 – Vino
④ 프랑스 – Wein

🍷 • 미국 – Wine • 프랑스 – Vin • 독일 – Wein

25 차에 들어있는 성분 중 타닌(Tannic acid)의 4대 약리작용이 아닌 것은?

① 해독작용
② 살균작용
③ 이뇨작용
④ 소염작용

26 우리나라 민속주에 대한 설명으로 틀린 것은?

① 탁주류, 약주류, 소주류, 등 다양한 민속주가 생산된다.
② 쌀 등 곡물을 주원료로 사용하는 민속주가 많다.
③ 삼국시대부터 증류주가 제조되었다.
④ 발효제로는 누룩만을 사용하여 제조하고 있다.

🍷 고려시대부터 증류주가 제조되었다.

27 일반적으로 dessert wine으로 적합하지 않은 것은?

① Beerenauslese
② Barolo
③ Sauternes
④ Ice Wine

🍷 • Beerenauslese : "선택된 열매"라는 뜻으로 좋은 포도 알을 골라 만든 독일의 대표적 디저트 와인이다.
• Barolo : 피에몬테(Piemonte)지방 남부, 쿠네오(Cuneo)의 바롤로(Barolo) 마을과 그 주변 마을에서 생산하는 네비올로(Nebbiolo) 품종의 와인으로 이탈리아 최고급 DOCG(Denominazione di Origine Controllata e Garantita) Red Wine 중 하나이다.
• Sauternes : 프랑스의 보르도 소테른지구에서 생산되는 화이트와인으로 귀부포도로 만들어 달콤한 화이트와인이다.
• Ice Wine : 얼어 있는 포도로 만든 디저트 와인으로 풍미가 좋고 당도와 산도가 높다.

28 다음의 제조 방법에 해당되는 것은?

> 삼각형, 받침대 모양의 틀에 와인을 꽂고 약 4개월 동안 침전물을 병입구로 모은 후, 순간냉동으로 병목을 얼려서 코르크 마개를 열면 순간적으로 자체 압력에 의해 응고되었던 침전물이 병 밖으로 빠져 나온다. 침전물의 방출로 인한 양적 손실은 도자쥬(dosage)로 채워진다.

① 레드 와인(Red wine)
② 로제 와인(Rose wine)
③ 샴페인(Champagne)
④ 화이트 와인(White wine)

29 혼성주에 대한 설명으로 틀린 것은?

① 중세의 연금술사들이 증류주를 만드는 기법을 터득하는 과정에서 우연히 탄생되었다.
② 증류주에 당분과 과즙, 꽃, 약초 등 초근목피의 침출물로 향미를 더했다.
③ 프랑스에서는 알코올 30% 이상, 당분 30% 이상을 함유하고 향신료가 첨가된 술을 리큐르라 정의한다.
④ 코디알(Cordial)이라고도 부른다.

30 다음 중 보르도(Bordeaux) 지역에 속하며, 고급 와인이 많이 생산되는 곳은?

① 콜마(Colmar)
② 샤블리(Chablis)
③ 보졸레(Beaujolais)
④ 뽀므롤(Pomerol)

🍷 • 보르도(Bordeaux) 지역 : 프랑스 남서부 지롱드(Gironde)강 주변의 메독(Medoc), 그라브(Graves), 생테밀리옹(Saint-Emilion), 포므롤(Pomerol), 소테른-바르삭(Sauternes-Barsac) 지구를 포함한 세계최대의 고급 와인산지
• 버건디(Burgundy) 지역 : 프랑스 중간에 위치하고 있으며 파리의 남쪽에 위치해 있다. 꼬뜨도르, 꼬뜨샬로네스, 마꼬네, 샤블리.

31 싱가폴 슬링(Singapore Sling) 칵테일의 재료로 가장 거리가 먼 것은?

① 드라이 진(Dry Gin)
② 체리 브랜디(Cherry-Flavored Brandy)
③ 레몬쥬스(Lemon Juice)
④ 토닉워터(Tonic Water)

32 다음 중 High ball glass를 사용하는 칵테일은?

① 마가리타(Margarita)
② 키르 로열(Kir Royal)
③ 씨 브리즈(Sea Breeze)
④ 블루 하와이(Blue Hawaii)

> • 마가리타(Margarita) : Tequila 1과 1/2 oz + Triple Sec 1/2 oz + Lime / J 1/2 oz, Cocktail Glass - Shake, Salt Rimming
> • 키르 로열(Kir Royal) : White Wine 3 oz + Cream de Cassis 1/2 oz, White wine Glass - Build, Garnish – Twist of Lemon peel
> • 블루 하와이(Blue Hawaii) : Light Rum 1 oz + Blue Curacao 1 oz + Coconut Rum 1 oz + Pineapple/J, 2와 1/2 oz, Pilsner Glass - Shake, Garnish – Pineapple Wedge & Cherry

33 Bartender가 영업 전 반드시 해야 할 준비사항이 아닌 것은?

① 칵테일용 과일 장식 준비
② 냉장고 온도 체크
③ 모객 영업
④ 얼음준비

34 Key Box나 Bottle Member제도에 대한 설명으로 옳은 것은?

① 음료의 판매회전이 촉진된다.
② 고정고객을 확보하기는 어렵다.
③ 후불이기 때문에 회수가 불분명하여 자금 운영이 원활하지 못하다.
④ 주문시간이 많이 걸린다.

35 잔 주위에 설탕이나 소금 등을 묻혀서 만드는 방법은?

① Shaking
② Building
③ Floating
④ frosting

36 Angostura Bitter가 1 dash정도로 혼합되는 것은?

① Daiquiri
② Grasshopper
③ Pink Lady
④ Manhattan

> • Daiquiri : Rum 1과 3/4 oz + Lime/J 3/4 oz + Powder sugar 1 tsp, Cocktail Glass – Shake
> • Grasshopper : Cream de Menthe/G 1 oz + Cream de Cacao/W 1 oz + Light Cream 1 oz, Saucer champagne glass - Shake
> • Pink Lady : Egg White 1 ea + Dry Gin 1 oz + Light cream 1 oz + Grenadine Syrup 1 tsp, Saucer champagne glass – Shake
> • Manhattan : Bourbon Whiskey 1과 1/2 oz + Sweet vermouth 3/4 oz + Angostura Bitters 1Dash, Cocktail Glass – Stir, Garnish - Cherry

37 재고 관리상 쓰이는 용어인 F.I.F.O의 뜻은?

① 정기구입
② 선입 선출
③ 임의 불출
④ 후입 선출

38 서브 시 칵테일 글라스를 잡는 부위로 가장 적합한 것은?

① Rim
② Stem
③ Body
④ Bottom

39 와인의 보관방법으로 적합하지 않은 것은?

① 진동이 없는 곳에 보관한다.
② 직사광선을 피하여 보관한다.
③ 와인을 눕혀서 보관한다.
④ 습기가 없는 곳에 보관한다.

> 와인의 코르크가 마르지 않게 하기 위해 적당한 습기를 유지한다.

40 레몬의 껍질을 가늘고 길게 나선형으로 장식하는 것과 관계있는 것은?

① Slice
② Wedge
③ Horse's Neck
④ Peel

41 다음 중 고객에게 서브되는 온도가 18℃ 정도 되는 것이 가장 적정한 것은?

① Whiskey
② White Wine
③ Red Wine
④ Champagne

42 와인 서빙에 필요치 않은 것은?

① Decanter
② Cork screw
③ Stir rod
④ Pincers

- Decanter : 술을 옮겨 담는 장식용 병 종류를 일컬으며 현재 고급스러운 여러 모양의 컷 글라스 등이 사용되고 있다. 옮겨 담는 작업을 "Decanting"이라고 한다.
- Cork screw : 코르크 마개 병을 따는 기구
- Stir rod : 막대바
- Pincers : 쪽집게

43 Corkage Charge의 의미는?

① 적극적인 고객 유치를 위한 판촉비용
② 고객이 Bottle 주문 시 따라 나오는 Soft Drink의 요금
③ 고객이 다른 곳에서 구입한 주류를 바(Bar)에 가져와서 마실 때 부과되는 요금
④ 고객이 술을 보관할 때 지불하는 보관 요금

44 칵테일 기법 중 믹싱 글라스에 얼음과 술을 넣고 바 스푼으로 잘 저어서 잔에 따르는 방법은?

① 직접넣기(Building)
② 휘젓기(Stirring)
③ 흔들기(Shaking)
④ 띄우기(Float & Layer)

45 다음 중 칵테일 장식용(Garnish)으로 보통 사용되지 않는 것은?

① Olive
② Onion
③ Raspberry Syrup
④ Sherry

46 칵테일의 기본 5대 요소와 가장 거리가 먼 것은?

① Decoration(장식)
② Method(방법)
③ Glass(잔)
④ Flavor(향)

47 다음 중 소믈리에(Sommelier)의 역할로 틀린 것은?

① 손님의 취향과 음식과의 조화, 예산 등에 따라 와인을 추천한다.
② 주문한 와인은 먼저 여성에게 우선적으로 와인 병의 상표를 보여 주며 주문한 와인임을 확인시켜 준다.
③ 시음 후 여성부터 차례로 와인을 따르고 마지막에 그 날의 호스트에게 와인을 따라 준다.
④ 코르크 마개를 열고 주빈에게 코르크 마개를 보여주면서 시큼하고 이상한 냄새가 나지 않는지, 코르크가 잘 젖어있는지를 확인시킨다.

48 다음 중 그레나딘grenadine)이 필요한 칵테일은?

① 위스키 사워(Whisky Sour)
② 바카디(Bacardi)
③ 카루소(Caruso)
④ 마가리타(Margarita)

> • 위스키 사워(Whisky Sour) : Whisky 1과 1/2 oz + Lemon/J 1/2 oz + Powder sugar 1tsp + Soda water Fill Sour glass - Shake & Build, Garnish Lemon Slice & Cherry
> • 바카디(Bacardi) : Bacardi white Rum 1과 3/4 oz + Lime/J 3/4 oz + Grenadine/S 1 tsp, Cocktail Glass - Shake
> • 카루소(Caruso) : Dry Gin 1/2 oz + Dry Vermouth 1/4oz + Cream de menthe 1/4
> • 마가리타(Margarita) : Tequila 1과 1/2 oz + Triple Sec 1/2 oz + Lime / J 1/2 oz, Cocktail Glass - Shake, Salt Rimming

49 맥주를 취급, 관리, 보관하는 방법으로 틀린 것은?

① 장기간 보관하여 숙성시킨다.
② 심한 온도 변화를 주지 않는다.
③ 그늘진 곳에 보관한다.
④ 맥주가 얼지 않도록 한다.

> 맥주는 유통기한을 지켜주기 위해 선입선출을 철저히 한다.

50 칵테일 제조에 사용되는 얼음(Ice)종류의 설명이 틀린 것은?

① 쉐이브드 아이스(Shaved Ice) : 곱게 빻은 가루 얼음
② 크렉드 아이스(Cracked Ice) : 큰 얼음을 아이스 픽(Ice Pick)으로 깨어서 만든 각얼음
③ 큐브드 아이스(Cubed Ice) : 정육면체의 조각 얼음 또는 육각형 얼음
④ 럼프 아이스(Lump Ice) : 각얼음을 분쇄하여 만든 작은 콩알얼음

> 럼프 아이스(Lump Ice) : 얼음이 바위처럼 보여 록 아이스(Rock Ice)로도 불린다. 얼음이 단단하고 음료에 닿는 표면적이 적어 음료는 차갑게 유지하고 알코올 도수는 낮추면서 음료 고유의 맛과 향을 유지하는 역할을 한다.

51 「먼저 하세요.」라고 양보할 때 쓰는 영어 표현은?

① Before you, please.
② Follow me, please
③ After you!
④ Let's go

52 아래의 설명에 해당하는 것은?

> This complex, aromatic concoction containing some 56 herbs, roots, and fruits has been popular in germany since its introduction in 1878.

① Kummel
② Sloe Gin
③ Maraschino
④ Jagermeister

53 Which is not scotch whisky?

① Bourbon
② Ballantine
③ Cutty sark
④ V.A.T.69

54 다음의 ( ) 안에 적당한 단어는?

> I'll have a Scotch (㉠) the rocks and a Bloody Mary (㉡) my wife.

① ㉠ - on, ㉡ - for
② ㉠ - in, ㉡ - to
③ ㉠ - for, ㉡ - at
④ ㉠ - of, ㉡ - in

55 다음 중 밑줄 친 change가 나머지 셋과 다른 의미로 쓰인 것은?

① Do you have <u>change</u> for a dollar?
② Keep the <u>change</u>.
③ I need some <u>change</u> for the bus.
④ Let's try a new restaurant for a <u>change</u>.

56 Which one is made with vodka, lime juice, triple sec and cranberry juice?

① Kamikaze
② Godmother
③ Seabreeze
④ Cosmopolitan

- Kamikaze : Vodka 1과1/2oz + White Curacso 1/2oz + Lime Juice1/2oz
- Godmother : Scotch whisky + Amaretto
- Seabreeze : Vodka 1과 1/2oz + Cranberry Juice 3oz + Grapefruit Juice 1/2oz

57 다음에서 설명하는 것은?

A kind of drink made of gin, brandy and so on sweetened with fruit juices, especially lime.

① Ade
② Squash
③ Sling
④ Julep

58 "이것으로 주세요." 또는 "이것으로 할게요."라는 의미의 표현으로 가장 적합한 것은?

① I'll have this one.
② Give me one more.
③ I would like to drink something.
④ I already had one.

59 다음의 ( )에 들어갈 알맞은 말은?

I am afraid you have the (　　　) number. (전화 잘못 거셨습니다.)

① correct
② wrong
③ missed
④ busy

60 다음 중 Ice bucket에 해당되는 것은?

① Ice pail
② Ice tong
③ Ice pick
④ Ice pack

정답 2015년 3회 기출문제

01 ②	02 ②	03 ②	04 ②	05 ②
06 ②	07 ①	08 ①	09 ①	10 ①
11 ④	12 ①	13 ④	14 ④	15 ③
16 ②	17 ④	18 ②	19 ②	20 ④
21 ③	22 ④	23 ④	24 ③	25 ③
26 ③	27 ②	28 ③	29 ③	30 ④
31 ④	32 ③	33 ③	34 ①	35 ④
36 ④	37 ②	38 ②	39 ④	40 ③
41 ③	42 ③	43 ③	44 ②	45 ③
46 ②	47 ②	48 ②	49 ①	50 ④
51 ③	52 ④	53 ①	54 ①	55 ④
56 ④	57 ③	58 ①	59 ②	60 ①

2015년 4회 공단 기출문제

10월 10일 시행

QUESTIONS FROM PREVIOUS TESTS

01 멕시코에서 처음 생산된 증류수는?

① 럼(Rum)
② 진(Gin)
③ 아쿠아비트(Aquavit)
④ 테킬라(Tequila)

- 럼(Rum) : 사탕수수를 원료로 하여 만든 증류주이다. 맛에 의한 분류는 Heavy Rum, Medium Rum, Light Rum. 색에 의한 분류로는 Dark Rum, Gold Rum, White Rum이 있다.
- 진(Gin) : 두송향의 스피리츠 진은 무색 투명하며 깊은 향을 가진 술
- 아쿠아비트(Aquavit) : 곡물을 원재료로 한 생명의 술이라는 뜻을 지니는 증류주
- 테킬라(Tequila) : 멕시코의 대표적인 증류주. 아가베의 줄기를 쪄서 단맛의 액즙을 짜서 발효 증류한다. 이를 숙성시키지 않은 것이 화이트 테킬라, 통에 숙성시킨 것을 골드 테킬라라고 한다.

02 맨해튼(Manhattan), 올드패션(Old Fashion) 칵테일에 쓰이며 뛰어난 풍미와 향기가 있는 고미제로서 널리 사용되는 것은?

① 클로버(Clover)
② 시나몬(Cinnamon)
③ 앙고스트라 비터(Angostura Bitter)
④ 오렌지 비터(Orang Bitter)

- 맨해튼(Manhattan) : Bourbon Whiskey 1과1/2 oz + Sweet vermouth 3/4 oz + Angostura Bitters 1Dash, Cocktail Glass – Stir, Garnish - Cherry
- 올드패션(Old Fashion) : cube sugar 1ea + Angostura Bitter 1 Dash + Soda Water 1/2 oz + Bourbon Whiskey 1 과1/2 oz, Old Fashioned Glass - Build, Garnish – Orange slice & Cherry

03 제조방법상 발효 방법이 다른 차(Tea)는?

① 한국의 작설차
② 인도의 다르질링(Darjeeling)
③ 중국의 기문차
④ 스리랑카의 우바(Uva)

- 대표적인 발효차 : 인도의 다르질링(Darjeeling), 중국의 기문차, 스리랑카의 우바(Uva)

04 다음 중 셰리를 숙성하기에 가장 적합한 곳은?

① 솔레라(Solera)
② 보데가(Bodega)
③ 꺄브(Cave)
④ 플로(Flor)

- 솔레라(Solera) : 오래 숙성시킨 와인과 새로운 와인을 포함시켜 같은 맛을 지니게 하는 방법을 말한다.
- 보데가(Bodega) : 스페인어로 와인 저장창고를 말한다. 사전적 의미로 포도주 파는 술집, 포도주 저장 창고, 식품 잡화점"의 뜻이며, 와인용어로 와인저장고를 말한다.
- 꺄브(Cave) : 지하실 저장 포도주, 지하 저장고
- 플로(Flor) : 발효가 일어나는 동안 포도주 표면을 덮는 효소. 박테리아 또는 미생물의 덮개

05 레드 와인용 품종이 아닌 것은?

① 시라(Syrah)
② 네비올로(Nebbiolo)
③ 그르나슈(Grenache)
④ 세미용(Semillion)

- 레드와인(Red wine) : 카베르네 소비뇽(Cabernet Sauvignon), 메를로(Merlot), 피노 누와(Pinot Noir), 시라(Syrah), 네비올로(Nebbiolo), 그르나슈(Grenache)
- 화이트와인(White wine) : 샤르도네(Chardonnay), 소비뇽 블랑(Sauvignon Blanc), 리슬링(Riesling), 세미용(Semillon), 피노 그리지오(Pinot Grigio), 게뷔르츠트라미너(Gewurztraminer)

06 스카치 위스키의 법적 정의로써 틀린 것은?

① 위스키의 숙성기간은 최소 3년 이상이어야 한다.
② 물 외에 색을 내기 위한 어떤 물질도 첨가할 수 없다.
③ 병입 후 알코올 도수가 최소 40도 이상이어야 한다.
④ 증류된 원액을 숙성시켜야 하는 오크통은 700리터가 넘지 않아야 한다.

물 외에 색을 내기 위해 물과 카라멜 색소를 소량 첨가할 수 있다.

07 샴페인 제조 시 블렌딩 방법이 아닌 것은?

① 여러 포도 품정
② 다른 포도밭 포도
③ 다른 수확 연도의 와인
④ 10% 이내의 샴페인 외 다른 지역 포도

08 재배하기가 무척 까다롭지만 궁합이 맞는 토양을 만나면 훌륭한 와인을 만들어 내기도 하며 Romanee-Conti를 만드는 데 사용된 프랑스 부르고뉴 지방의 대표적인 품종으로 옳은 것은?

① Cabernet Sauvignon
② Pinot Noir
③ Sangiovese
④ Syrah

09 소주의 원료로 틀린 것은?

① 쌀
② 보리
③ 밀
④ 맥아

맥아 : 보리의 싹으로 맥주의 주원료이다.

10 보드카(Vodka) 생산 회사가 아닌 것은?

① 스톨리치나야(Stolichnaya)
② 비피터(Beefeater)
③ 핀란디아(Finlandia)
④ 스미노프(Smirnoff)

비피터(Beefeater)는 진을 생산하는 대표적인 회사이다.

11 다음 중 무색, 무미, 무취의 탄산음료는?

① 칼린스 믹스(Collins Mix)
② 콜라(Cola)
③ 소다수(Soda Water)
④ 에비앙(Evian Water)

12 Bourbon Whisky "80 proof"는 우리나라의 알코올 도수로 몇 도인가?

① 20도
② 30도
③ 40도
④ 50도

13 두송차를 첨가하여 풍미를 나게 하는 술은?

① Gin
② Rum
③ Vodka
④ Tequila

- 진(Gin) : 두송향의 스피리츠 진은 무색투명하며 깊은 향을 가진 술이다.
- 럼(Rum) : 사탕수수를 원료로 하여 만든 증류주이다. 맛에 의한 분류는 Heavy Rum, Medium Rum, Light Rum. 색에 의한 분류로는 Dark Rum, Gold Rum, White Rum이 있다.
- 보드카(Vodka) : 밀, 호밀, 감자 따위로 만드는 러시아의 대표적인 술이다.
- Tequila : 용설란의 풀케로 발효 증류한다. 이를 숙성시키지 않은 것이 화이트 테킬라. 통에 숙성시킨 것을 골드 테킬라라고 한다.

14 클라렛(Claret)이란?

① 독일산의 유명한 백포도주(White Wine)
② 프랑스 보르도 지방의 적포도주(Red Wine)
③ 스페인 헤레스 지방의 포트 와인(Port Wine)
④ 이탈리아산 스위트 버무스(Sweet Vermouth)

15 제조 시 향초류(Herb)가 사용되지 않는 술은?

① Absinthe
② Creme de Cacao
③ Benedictine D.O.M
④ Chartreuse

- Absinthe : 향 쑥, 살구씨, 회향, 아니스(Anise) 등을 주된 향료로 써서 만든 리큐어
- Creme de Cacao : 코코아 열매에 카라디몬이나 계피, 바닐라콩을 넣어 만든 리큐어
- Benedictine D.O.M : 수십 종의 약초를 사용한 약 42℃의 호박색 리큐어
- Chartreuse : 브랜디와 약초를 섞어 만든 연녹색 또는 황색의 술

16 우리나라의 증류식 소주에 해당되지 않는 것은?

① 안동 소주
② 제주 한주
③ 경기 문배주
④ 금산 삼송주

- 안동 소주 : 안동지방의 명가에서 전승되어온 증류식 소주인 전통 민속주
- 제주 한주 : 전통적인 방법으로 빚는 재래식 소주의 일종
- 경기 문배주 : 조와 수수, 밀 세 가지 곡물만을 이용하여 빚고, 이것을 다시 증류해야만 배 향이 나는 이슬같이 맑은 술을 얻을 수 있다
- 금산 삼송주 : 멥쌀, 인삼, 쑥 및 인삼누룩을 원료로 하여 발효 후 여과한 16도의 약주로 누룩 제조방법이 밀가루와 인삼을 반죽·성형하는 것이 특이하다.

17 적포도를 착즙해 주스만 발효시켜 만드는 와인은?

① Blanc de Blanc
② Blush Wine
③ Port Wine
④ Red Vermouth

- Blanc de Blanc : 샴뉴(샴페인) 중에서 샤르도네로 만든 것을 블랑드블랑(Blanc de Blanc)이라고 한다.
- Blush Wine : 포도 껍질과 과육을 같이 넣고 발효시키다가 색이 우러나오면 껍질을 제거한 채 과즙을 가지고 제조하는 와인으로 색이 분홍빛이며 맛은 화이트 와인에 가깝다.
- Port Wine : 발효 중인 와인에 브랜디를 첨가한 포르투갈의 스위트한 주정강화 와인
- Red Vermouth : 포도주에 브랜디와 당분을 섞고, 향쑥, 용담, 키니네 등의 향료나 약초를 넣어 만든 리큐르

18 커피의 맛과 향을 결정하는 중요 가공 요소가 아닌 것은?

① Roasting
② Blending
③ Grinding
④ Weathering

19 다음 중 After Drink로 가장 거리가 먼 것은?

① Rusty Nail
② Cream Sherry
③ Campari
④ Alexander

- Campari : 시전주로 많이 애용된다.

20 다음 중 비알코올성 음료의 분류가 아닌 것은?

① 기호음료
② 청량음료
③ 영양음료
④ 유성음료

- 유성음료 : 영양음료의 한 부류, 유제품이 여기에 속한다.

21 스카치 위스키를 기주로 하여 만들어진 리큐르는?

① 샤트루즈
② 드람브이
③ 꼬앙뜨로
④ 베네딕틴

- 샤트루즈 : 브랜디와 약초를 섞어 만든 연녹색 또는 황색의 술
- 드람브이 : 위스키와 허브로 만드는 스코틀랜드 술
- 꼬앙뜨로 : 오렌지 향을 가미한 주정 도수가 40℃인 프랑스산 무색 리큐르
- 베네딕틴 : 수십 종의 약초를 사용한 약 42℃의 호박색 리큐르

22 다음 중 영양음료는?

① 토마토 주스
② 카푸치노
③ 녹차
④ 광천수

23 다음 리큐르(Liqueur) 중 그 용도가 다른 하나는?

① 드람브이(Drambuie)
② 갈리아노(Galliano)
③ 시나(Cynar)
④ 꼬앙트루(Cointreau)

- 드람브이(Drambuie) : 위스키와 허브로 만드는 스코틀랜드 술
- 갈리아노(Galliano) : 오렌지와 바닐라 향이 강하여 독특하고 길쭉한 병에 담긴 리큐르
- 시나(Cynar) : 와인에 아티초크를 배합해서 약간 진한 커피색을 띄는 리큐르
- 꼬앙트루(Cointreau) : 오렌지 향을 가미한 주정 도수가 40℃인 프랑스산 무색 리큐르

24 나라별 와인 산지가 바르게 연결된 것은?

① 미국 - 루아르
② 프랑스 - 모젤
③ 이탈리아 - 키안티
④ 독일 - 나파벨리

- 미국 - 나파벨리
- 프랑스 - 루아르
- 독일 - 모젤

25 스카치 위스키(Scotch Whisky)와 가장 거리가 먼 것은?

① Malt
② Peat
③ Used Sherry Cask
④ Used Limousin Oak Cask

26 다음에서 설명되는 약용주는?

충남 서북부 해안지방의 전통 민속주로 고려 개국공신 복지겸이 백약이 무효인 병을 앓고 있을 때 백일기도 끝에 터득한 비법에 따라 찹쌀, 아미산의 진달래, 안샘물로 빚은 술을 마심으로 질병을 고쳤다는 신비의 전설과 함께 내려온다.

① 두견주
② 송순주
③ 문배주
④ 백세주

27 커피의 제조방법 중 틀린 것은?

① 드립식(Drip Filter)
② 퍼콜레이터식(Percolator)
③ 에스프레소식(Espresso)
④ 디켄터식(Decanter)

- 디켄터식(Decanter) : 향을 풍부하게 하고 침전물을 걸러내기 위해 사용되는 도구

28 감미 와인(Sweet Wine)을 만드는 방법이 아닌 것은?

① 귀부포도(Noble Rot Grape)를 사용하는 방법
② 발효 도중 알코올을 강화하는 방법
③ 발효 시 설탕을 첨가하는 방법(Chaptalization)
④ 햇빛에 말린 포도를 사용하는 방법

29 맥주를 따른 때 글라스 위쪽에 생성된 거품의 작용과 가장 거리가 먼 것은?

① 탄산가스의 발산을 막아준다.
② 산화작용을 억제시킨다.
③ 맥주의 신선도를 유지시킨다.
④ 맥주 용량을 줄일 수 있다.

30 독일 맥주가 아닌 것은?

① 뢰벤브로이
② 벡스
③ 밀러
④ 크롬바허

> 미국 맥주 양조회사 : 밀러, 버드와이저, 쿠어스

31 다음 중 바 기물과 가장 거리가 먼 것은?

① Ice Cube Maker
② Muddler
③ Beer Cooler
④ Deep Freezer

> Deep Freezer : 급속으로 냉동시키기 위한 냉동기구

32 프로스팅(Frosting) 기법을 사용하지 않는 칵테일은?

① Margarita
② Kiss of Fire
③ Harvey Wallbanger
④ Irish Coffee

> Harvey Wallbanger : Vodka 1 /2 oz + Orange Juice Fill + Galliano 1/2 oz, Collins Glass – Build & Float

33 다음의 설명에 해당하는 바의 유형으로 가장 적합한 것은?

- 국내에서는 위스키 바라고도 부른다. 맥주보다는 위스키나 코냑과 같은 하드리큐르(Hard Liquor) 판매를 위주로 하기 때문이다.
- 칵테일도 마티니, 맨해튼, 올드 패션드 등 전통적인 레시피에 좀 더 무게를 두고 있다.
- 우리나라에서는 피아노 한 대로 라이브 음악을 연주하는 형태를 선호한다.

① 째즈 바
② 클래식 바
③ 시가 바
④ 비어 바

34 다음 중 셰이커(Shaker)를 사용하여야 하는 칵테일은?

① 브랜디 알렉산더(Brandy Alexander)
② 드라이 마티니(Dry Martini)
③ 올드 패션드(Old Fashioned)
④ 크렘 드 망뜨 프라페(Creme de Menthe Frappe)

> - 브랜디 알렉산더(Brandy Alexander) : Brandy 3/4 oz + Cream de Cacao(B) 3/4 oz + Light Milk 3/4 oz, Cocktail Glass - Shake, Garnish – Nutmeg Powder
> - 드라이 마티니(Dry Martini) : Dry Gin 2 oz + Dry vermouth 1/3 oz, Cocktail Glass - Stir, Garnish – Green olive
> - 올드 패션드(Old Fashioned) : cube sugar 1ea + Angostura Bitter 1 Dash + Soda Water 1/2 oz + Bourbon Whiskey 1 과 1/2 oz, Old Fashioned Glass - Build, Garnish – Orange slice & Cherry
> - 크렘 드 망뜨 프라페(Creme de Menthe Frappe) : Shaved ice + Creme de Menthe 1 oz, Cocktail Glass

35 다음 칵테일 중 Mixing Glass를 사용하지 않는 것은?

① Martini
② Gin Fizz
③ Manhattan
④ Rob Roy

> - Martini : Gin 2 oz + Dry vermouth 1/3 oz, Cocktail Glass, Stir, Garnish–Green olive.
> - Gin Fizz : Gin 1과1/2oz + Lemon/J 1/2oz + Powder sugar 1tsp + Soda water Fill, Highball Glass, Shake & Build, Garnish–Lemon Slice
> - Manhattan : Bourbon Whiskey 1과 1/2 oz + Sweet vermouth 3/4 oz + Angostura Bitters 1Dash, Cocktail Glass, Stir, Garnish - Cherry
> - Rob Roy : Scotch Whisky 1과 1/2 oz + Sweet vermouth 3/4 oz + Angostura Bitters 1 Dash, Cocktail Glass, Stir, Garnish - Cherry

36 조주보조원이라 일컬으며 칵테일 재료의 준비와 청결유지를 위한 청소담당 및 업장보조를 하는 사람을 의미하는 것은?

① 바 헬퍼(Bar Helper)
② 바텐더(Bartender)
③ 헤드 바텐더(Head Bartender)
④ 바 매니저(Bar Manager)

37 테이블의 분위기를 돋보이게 하거나 고객의 편의를 위해 중앙에 놓는 집기들의 배열을 무엇이라 하는가?

① Service Wagon
② Show Plate
③ B&B Plate
④ Center Piece

• Service Wagon : 고객의 요리를 운반 또는 Serve할 때 사용하는 이동 수단
• Show Plate : 모양이 화려하고 냅킨을 세워서 식탁의 세팅을 격식 있게 꾸며주는 접시로 Service Plate라고도 함
• B&B Plate : 버터 앤 브레드용으로 사용하는 접시

38 Whisky나 Vermouth 등을 On the Rocks로 제공할 때 준비하는 글라스는?

① Highball Glass
② Old Fashioned Glass
③ Cocktail Glass
④ Liqueur Glass

39 Moscow Mule 칵테일을 만드는 데 필요한 재료가 아닌 것은?

① Rum
② Vodka
③ Lime Juice
④ Ginger Ale

Moscow Mule : Vodka 1과 1/2 oz + Lime Juice 1/2 oz + Fill with Ginger ale, Highball Glass, Build, Garnish – A Slice of Lime or Lemon

40 다음 중 Sugar Frost로 만드는 칵테일은?

① Rob Roy
② Kiss of Fire
③ Margarita
④ Angel's Tip

• Rob Roy : Scotch Whisky 1과 1/2 oz + Sweet vermouth 3/4 oz + Angostura Bitters 1 Dash, Cocktail Glass, Stir, Garnish - Cherry
• Kiss of Fire : Vodka 1 oz + Sloe Gin 1/2 oz + Dry Vermouth 1/2 oz + Lemon Juice 1 tsp, Cocktail Glass, Shake, Garnish–sugar Rimming
• Margarita : Tequila 1과 1/2 oz + Triple Sec 1/2 oz + Lime / J 1/2 oz, Cocktail Glass, Shake, Salt Rimming
• Angel's Tip : Cream de cacao1과 1/2 oz + Milk 1/2 oz, Cocktail Glass, Built, Garnish - Cherry

41 칵테일 기구인 지거(Jigger)를 잘못 설명한 것은?

① 일명 Measure Cup이라고 한다.
② 지거는 크고 작은 두 개의 삼각형 컵이 양쪽으로 붙어 있다.
③ 작은 쪽 컵은 1oz이다.
④ 큰 쪽의 컵은 대부분 2oz이다.

지거에서 큰 쪽의 컵은 대부분 1과 1/2oz(45ml)이다.

42 Sidecar 칵테일을 만들 때 재료로 적당하지 않은 것은?

① 테킬라
② 브랜드
③ 화이트큐라소
④ 레몬주스

Sidecar : Brandy 1 oz + Cointreau 1 oz + Lemon Juice 1/4 oz, Cocktail Glass / Shake

43 주장(Bar)에서 사용하는 기물이 아닌 것은?

① Champagne Cooler
② Soup Spoon
③ Lemon Squeezer
④ Decanter

44 레스토랑에서 사용하는 용어인 "Abbreviation"의 의미는?

① 헤드웨이터가 몇 명의 웨이터들에게 담당 구역을 배정하여 고객에 대한 서비스를 제공하는 제도
② 주방에서 음식을 미리 접시에 담아 제공하는 서비스
③ 레스토랑에서 고객이 찾고자 하는 고객을 대신 찾아주는 서비스
④ 원활한 서비스를 위해 사용하는 직원 간에 미리 약속된 메뉴의 약어

45 얼음의 명칭 중 단위당 부피가 가장 큰 것은?

① Cracked Ice
② Cubed Ice
③ Lumped Ice
④ Crushed Ice

- Cracked Ice : 아이스픽(Ice Pick)으로 깬 얼음
- Cubed Ice : 칵테일을 만들 때 가장 많이 사용되는 사각형의 얼음
- Lumped Ice : 직경 5inch 정도 크기의 덩어리 얼음, 보통 화채 같은 것을 오랫동안 차갑게 유지시키기 위해 사용하는 얼음
- Crushed Ice : 얼음 분쇄기로 잘게 으깬 얼음

46 믹싱 글라스(Mixing Glass)의 설명 중 옳은 것은?

① 칵테일 조주 시 음료 혼합물을 섞을 수 있는 기물이다.
② 셰이커(Shaker)의 또 다른 명칭이다.
③ 칵테일에 혼합되어지는 과일이나 약초를 머들링(Muddling)하기 위한 기물이다.
④ 보스턴 셰이커를 구성하는 기물로서 주로 안전한 플라스틱 재질을 사용한다.

47 조주 서비스에서 Chaser의 의미는?

① 음료를 체온보다 높여 약 62~67℃로 해서 서빙하는 것
② 따로 조주하지 않고 생으로 마시는 것
③ 서로 다른 두 가지 술을 반씩 따라 담는 것
④ 독한 술이나 칵테일을 내놓을 때 다른 글라스에 물 등을 담아 내놓는 것

Chaser : 주정이 강한 술을 직접 스트레이트로 마신 후 뒤따라 마시는 술 혹은 청량음료를 뜻함

48 Standard Recipe란?

① 표준 판매가
② 표준 제조표
③ 표준 조직표
④ 표준 구매가

49 Liqueur Glass의 다른 명칭은?

① Shot Glass
② Cordial Glass
③ Sour Glass
④ Goblet

50 블러디 메리(Bloody Mary)에 주로 사용되는 주스는?

① 토마토 주스
② 오렌지 주스
③ 파인애플 주스
④ 라임 주스

블러디 메리(Bloody Mary): Worcester Sauce 1 tsp + Tabasco Sauce 1 Dash + Salt & Papper + Vodka 1과 1/2 oz + Tomato Juice Fill, Highball Glass, Build, Garnish - slice Lemon or Celery

51 다음 내용 중 옳은 것은?

① Cognac is produced only in the Cognac region of France.
② All brandy is Cognac.
③ Not all Cognac is brandy
④ All French brandy is Cognac.

🍷 Cognac is brandy but all brandy isn't Cognac.

52 다음 괄호 안에 공통적으로 적합한 단어는?

( ), which looks like fine sea spray, is the Holy Grail of espresso, the beautifully tangible sign that everything has gone right.
( ) is a golden foam made up of oil and colloids, which floats atop the surface of a perfectly brewed cup of espresso.

① Crema
② Cupping
③ Cappuccino
④ Caffe Latte

53 Please, select the cocktail based on gin in the following.

① Side Car
② Zoom Cocktail
③ Between the Sheets
④ Million Dollar

🍷 · Side Car : Brandy 1oz + Cointreau 1 oz + Lemon Juice 1/4 oz, Cocktail Glass, Shake
· Zoom Cocktail : Brandy 1/2oz + Honey 1/4oz + Cream, Cocktail Glass, Shake
· Between the Sheets : Brandy 1/3oz + White Rum + Cointreau 1/3 oz + Lemon Juice 1/2 tsp, Cocktail Glass, Shake
· Million Dollar : Gin 1oz, sweet vermouth1/2oz, pineapple juice1/2oz, grenadine syrup 2tsp, egg white1ea, Cocktail Glass, Shake

54 다음의 괄호 안에 들어갈 적합한 것은?

( ) whisky is a whisky which is distilled and produces at just one particular distillery. ( )s are made entirely from one type of malted grain, traditionally barley, which is cultivated in the region of the distillery.

① Grain
② Blended
③ Single Malt
④ Bourbon

🍷 ( ) 위스키는 증류주이고 증류 후 바로 만들어진다. ( ) 전통적으로 증류소 근처에서 수확하는 한 종류의 씨앗이 보리로 만들어 진다.

55 다음의 문장에서 밑줄 친 postponed와 가장 가까운 뜻은?

The meeting was postponed until tomorrow morning.

① Cancelled
② Finished
③ Put off
④ Taken off

56 괄호 안에 알맞은 리큐르는?

( ) is called the queen of liqueur. This is one the French traditional liqueur and is made from several years aging after distilling of various herbs added to spirit.

① Chartreuse
② Benedictine
③ Kummel
④ Cointreau

🍷 · Benedictine : Deo Optimo Maximo, To God Most Good, Most Frwat
· Kummel : Brandy, Anise, Caraway
· Cointreau : bitter oranges

57 다음에서 설명하는 것은?

> what is used to present the check, return the change or the credit card, and remind the customer to leave the tip.

① Serving trays
② Bill trays
③ Corkscrews
④ Can openers

🍷 영수증과 함께 잔돈이나 신용카드를 돌려준 후 고객이 팁을 놓을 수 있도록 하는 것은 무엇인가?

58 What does 'Black Coffee' mean?

① Rich in coffee
② Strong coffee
③ Coffee without cream and sugar
④ Clear strong coffee

59 'I feel like throwing up.'의 의미는?

① 토할 것 같다.
② 기분이 너무 좋다.
③ 공을 던지고 싶다.
④ 술을 더 마시고 싶다.

60 손님에게 사용할 때 가장 공손한 표현이 되도록 다음의 밑줄 안에 들어갈 알맞은 표현은?

_____ to have a drink?

① Would you like
② Won't you like
③ Will you like
④ Do you like

정답 2015년 4회 기출문제

01 ④	02 ③	03 ①	04 ②	05 ④
06 ②	07 ④	08 ②	09 ④	10 ②
11 ③	12 ③	13 ①	14 ②	15 ②
16 ④	17 ②	18 ④	19 ③	20 ④
21 ②	22 ①	23 ③	24 ③	25 ④
26 ①	27 ④	28 ②	29 ④	30 ③
31 ④	32 ③	33 ②	34 ①	35 ②
36 ①	37 ④	38 ②	39 ①	40 ②
41 ④	42 ①	43 ②	44 ④	45 ③
46 ①	47 ④	48 ②	49 ④	50 ①
51 ①	52 ①	53 ④	54 ③	55 ③
56 ①	57 ②	58 ③	59 ①	60 ①

공단 기출문제

2016년 1회 01월 24일 시행

01 커피의 3대 원종이 아닌 것은?

① 로부스타종
② 아라비카종
③ 인디카종
④ 리베리카종

🍷 커피의 3대 원종 : 로부스타종, 아라비카종, 리베리카종

02 이태리가 자랑하는 3대 리큐르(liqueur) 중 하나로 살구씨를 기본으로 여러 가지 재료를 넣어 만든 아몬드 향의 리큐르로 옳은 것은?

① 아드보카트(Advocaat)
② 베네딕틴(Benedictine)
③ 아마레또(Amaretto)
④ 그랜드 마니에르(Grand Marnier)

🍷
- 아드보카트(Advocaat) : 달걀노른자, 설탕을 섞어서 바닐라 향을 곁들인 약 18℃의 혼성주
- 베네딕틴(Benedictine) : 수십 종의 약초를 사용한 약 42℃의 호박색 리큐르(Liqueur)
- 그랜드 마니에르(Grand Marnier) : 코냑에 오렌지 향을 가미한 프랑스산 리큐어

03 Malt Whisky를 바르게 설명한 것은?

① 대량의 양조주를 연속식으로 증류해서 만든 위스키
② 단식 증류기를 사용하여 2회의 증류과정을 거쳐 만든 위스키
③ 피트탄(peat, 석탄)으로 건조한 맥아의 당액을 발효해서 증류한 피트향과 통의 향이 배인 독특한 맛의 위스키
④ 옥수수를 원료로 대맥의 맥아를 사용하여 당화시켜 개량솥으로 증류한 고농도 알코올의 위스키

04 Ginger ale에 대한 설명 중 틀린 것은?

① 생강의 향을 함유한 소다수이다.
② 알코올 성분이 포함된 영양음료이다.
③ 식욕증진이나 소화제로 효과가 있다.
④ Gin이나 Brandy와 조주하여 마시기도 한다.

🍷 Ginger ale은 생강향이 가미된 탄산음료이다.

05 우유의 살균방법에 대한 설명으로 가장 거리가 먼 것은?

① 저온 살균법 : 50℃에서 30분 살균
② 고온 단시간 살균법 : 72℃에서 15초 살균
③ 초고온 살균법 : 135~150℃에서 0.5~5초 살균
④ 멸균법 : 150℃에서 2.5~3초 동안 가열 처리

🍷 저온 살균법 : 60℃에서 30분 살균

06 다음 중에서 이탈리아 와인 키안티 클라시코(Chianti classico)와 가장 거리가 먼 것은?

① Gallo nero
② Piasco
③ Raffia
④ Barbaresco

> Barbaresco : 이탈리아 바롤로(Barolo)와 동북쪽으로 이웃하고 있으며 네비올로(Nebbiolo) 품종을 재배한다.

07 옥수수를 51% 이상 사용하고 연속식 증류기로 알코올 농도 40% 이상 80% 미만으로 증류하는 위스키는?

① Scotch Whisky
② Bourbon Whiskey
③ Irish Whiskey
④ Canadian Whisky

08 사과로 만들어진 양조주는?

① Camus Napoleon
② Cider
③ Kirschwasser
④ Anisette

> • Camus Napoleon : 포도
> • Kirschwasser : 버찌
> • Anisette : 지중해 지방산의 미나리과 식물인 아니스(Anise)

09 스트레이트 업(Straight Up)의 의미로 가장 적합한 것은?

① 술이나 재료의 비중을 이용하여 섞이지 않게 마시는 것
② 얼음을 넣지 않은 상태로 마시는 것
③ 얼음만 넣고 그 위에 술을 따른 상태로 마시는 것
④ 글라스 위에 장식하여 마시는 것

10 약초, 향초류의 혼성주는?

① 트리플섹
② 크림 드 카시스
③ 깔루아
④ 쿰멜

11 헤네시의 등급 규격으로 틀린 것은?

① EXTRA : 15~25년
② V.O : 15년
③ X.O : 45년 이상
④ V.S.O.P : 20~30년

> EXTRA : 70~75년

12 다음은 어떤 포도품종에 관하여 설명한 것인가?

> 작은 포도알, 깊은 적갈색, 두꺼운 껍질, 많은 씨앗이 특징이며 씨앗은 타닌함량을 풍부하게 하고, 두꺼운 껍질은 색깔을 깊이 있게 나타낸다. 블랙커런트, 체리, 자두 향을 지니고 있으며, 대표적인 생산지역은 프랑스 보르도 지방이다.

① 메를로(Merlot)
② 삐노 느와르(Pinot Noir)
③ 까베르네 쇼비뇽(Cabernet Sauvignon)
④ 샤르도네(Chardonnay)

> • Merlot : 부드럽고, 과일 향이 풍부하고, Cabernet Sauvignon보다 타닌(Tannin) 성분이 적은 적포도 품종
> • Pinot Noir : 프랑스 부르고뉴 지방이 원산지인 정통 최고급 적포도주를 만드는 포도 품종
> • Chardonnay : 부르고뉴 백포도주를 만드는 대표적 포도 품종

13 담색 또는 무색으로 칵테일의 기본주로 사용되는 Rum은?

① Heavy Rum
② Medium Rum
③ Light Rum
④ Jamaica Rum

> Light Rum은 저장숙성을 하지 않은 Rum으로 칵테일의 기본주로 사용된다.

14 전통 민속주의 양조기구 및 기물이 아닌 것은?

① 오크통
② 누룩고리
③ 채반
④ 술자루

🍷 오크통 : 위스키나 브랜디의 저장숙성에 사용

15 세계의 유명한 광천수 중 프랑스 지역의 제품이 아닌 것은?

① 비시 생수(Vichy Water)
② 에비앙 생수(Evian Water)
③ 셀처 생수(Seltzer Water)
④ 페리에 생수(Perrier Water)

🍷 셀처 워터(Seltzer Water)는 독일 위스 바덴 지방에서 용출되는 천연 광천수이다.

16 Irish Whiskey에 대한 설명으로 틀린 것은?

① 깊고 진한 맛과 향을 지닌 몰트 위스키도 포함된다.
② 피트훈연을 하지 않아 향이 깨끗하고 맛이 부드럽다.
③ 스카치 위스키와 제조과정이 동일하다.
④ John Jameson, Old Bushmills가 대표적이다.

🍷 아이리쉬 위스키는 3회 증류하고, 스카치 위스키는 2회 증류한다.

17 세계 4대 위스키(Whisky)가 아닌 것은?

① 스카치(Scotch)
② 아이리쉬(Irish)
③ 아메리칸(American)
④ 스패니쉬(Spanish)

🍷 세계 4대 위스키 : Scotch, Irish, American, Canadian

18 다음 중 연속식 증류주에 해당하는 것은?

① Pot still Whisky
② Malt Whisky
③ Cognac
④ Patent still Whisky

19 Benedictine의 설명 중 틀린 것은?

① B-52 칵테일을 조주할 때 사용한다.
② 병에 적힌 D.O.M은 '최선 최대의 신에게'라는 뜻이다.
③ 프랑스 수도원 제품이며 품질이 우수하다.
④ 허니문(Honeymoon) 칵테일을 조주할 때 사용한다.

🍷 B-52 : 깔루아(Kahlúa), 베일리스(Baileys Irish Cream), 그랑 마르니에

20 다음 중 이탈리아 와인 등급 표시로 맞는 것은?

① A.O.P.
② D.O.
③ D.O.C.G
④ QbA

🍷 D.O.C.G는 이탈리아 와인 최상위 등급 표시이다.

21 소주가 한반도에 전해진 시기는 언제인가?

① 통일신라
② 고려
③ 조선 초기
④ 조선 중기

🍷 소주는 고려시대에 중국으로부터 전래되었다.

22 프랑스 와인의 원산지 통제 증명법으로 가장 엄격한 기준은?

① DOC
② AOC
③ VDQS
④ QMP

- DOC : 이탈리아에서 고품질의 명성 높은 와인에 대해 인증 받아 붙이는 포도재배지의 명칭
- AOC : 프랑스의 농산품과 식료품 분야에서 법규로 통제하는 원산지명칭
- VDQS : 프랑스 와인의 4단계 등급에서 최상위인 원산지 통제명칭 와인(AOC)의 다음인 두번째 등급
- QMP : 독일와인 중 특별 품질 표기의 고급 와인

23 솔레라 시스템을 사용하여 만드는 스페인의 대표적인 주정강화 와인은?

① 포트 와인
② 쉐리 와인
③ 보졸레 와인
④ 보르도 와인

24 리큐르(liqueur) 중 베일리스가 생산되는 곳은?

① 스코틀랜드
② 아일랜드
③ 잉글랜드
④ 뉴질랜드

25 다음 중 스타일이 다른 맛의 와인이 만들어지는 것은?

① Late harvest
② Noble rot
③ Ice wine
④ Vin mousseux

26 스파클링 와인에 해당되지 않는 것은?

① Champagne
② Cremant
③ Vin doux naturel
④ Spumante

- Champagne : 프랑스 샴페인지역의 스파클링 와인
- Cremant : 프랑스 샴페인지역 외의 스파클링 와인
- Spumante : 이태리의 스파클링 와인

27 주류와 그에 대한 설명으로 옳은 것은?

① Absinthe - 노르망디 지방의 프랑스산 사과 브랜디
② Campari - 주정에 향쑥을 넣어 만드는 프랑스산 리큐르
③ Calvados - 이탈리아 밀라노에서 생산되는 와인
④ Chartreuse - 승원(수도원)이라는 뜻을 가진 리큐르

- Absinthe : 향쑥·살구씨·회향·아니스 등을 주된 향료로 써서 만든 술
- Campari : 이탈리아의 가스파레 캄파리가 만든 리큐어
- Calvados : 노르망디 지방의 프랑스산 사과 브랜디

28 브랜디의 제조공정에서 증류한 브랜디를 열탕 소독한 White oak Barrel에 담기 전에 무엇을 채워 유해한 색소나 이물질을 제거하는가?

① Beer
② Gin
③ Red Wine
④ White Wine

29 양조주의 제조방법 중 포도주, 사과주 등 주로 과실주를 만드는 방법으로 만들어진 것은?

① 복발효주
② 단발효주
③ 연속발효주
④ 병행발효주

단발효주는 포도주, 사과주 등과 같이 공정 과정이 한 번인 술을 뜻하고, 복발효주는 맥주, 탁주, 청주 등등과 같이 공정과정이 두 번인 경우의 술을 의미한다.

30 다음 중 알코올성 커피는?

① 카페 로얄(Cafe Royale)
② 비엔나 커피(Vienna Coffee)
③ 데미타세 커피(Demi-Tasse Coffee)
④ 카페오레(Cafe au Lait)

31 영업 형태에 따라 분류한 bar의 종류 중 일반적으로 활기차고 즐거우며 조금은 어둡지만 따뜻하고 조용한 분위기와 가장 거리가 먼 것은?

① Western bar
② Classic bar
③ Modern bar
④ Room bar

32 소프트 드링크(Soft Drink) 디캔터(Decanter)의 올바른 사용법은?

① 각종 청량음료(soft drink)를 별도로 담아 나간다.
② 술과 같이 혼합하여 나간다.
③ 얼음과 같이 넣어 나간다.
④ 술과 얼음을 같이 넣어 나간다.

33 우리나라에서 개별소비세가 부과되지 않는 영업장은?

① 단란주점
② 요정
③ 카바레
④ 나이트클럽

34 칵테일 글라스의 3대 명칭이 아닌 것은?

① Bowl
② Cap
③ Stem
④ Base

※ Cap은 쉐이커의 뚜껑을 말한다.

35 칵테일 서비스 진행 절차로 가장 적합한 것은?

① 아이스 페일을 이용해서 고객의 요구대로 글라스에 얼음을 넣는다.
② 먼저 커팅보드 위에 장식물과 함께 글라스를 놓는다.
③ 칵테일용 냅킨을 고객의 글라스 오른쪽에 놓고 젓는 막대를 그 위에 놓는다.
④ 병술을 사용할 때는 스토퍼를 이용해서 조심스럽게 따른다.

36 오크통에서 증류주를 보관할 때의 설명으로 틀린 것은?

① 원액의 개성을 결정해준다.
② 천사의 몫(Angel's share) 현상이 나타난다.
③ 색상이 호박색으로 변한다.
④ 변화 없이 증류한 상태 그대로 보관된다.

※ 오크통에서 증류주가 숙성되면 개성이 강한 고급술이 된다.

37 Blending 기법에 사용하는 얼음으로 가장 적당한 것은?

① Lumped ice
② Crushed ice
③ Cubed ice
④ Shaved ice

38 비터류(Bitters)가 사용되지 않는 칵테일은?

① Manhattan
② Cosmopolitan
③ Old Fashioned
④ Negroni

※ • Cosmoplitan : 보드카 1온스, 트리플섹 ½온스, 라임 주스 ½온스, 크란베리 주스 ½온스
• Negroni : 드라이 진 ⅔온스, 캄파리 ⅔온스, 스위트 베르무트 ⅔온스

39 Bock Beer에 대한 설명으로 옳은 것은?

① 알코올 도수가 높은 흑맥주
② 알코올 도수가 낮은 담색 맥주
③ 이탈리아산 고급 흑맥주
④ 제조 12시간 이내의 생맥주

40 탄산음료나 샴페인을 사용하고 남은 일부를 보관할 때 사용하는 기구로 가장 적합한 것은?

① 코스터   ② 스토퍼
③ 폴러   ④ 코르크

🍷 스토퍼 : 탄산가스가 새어나오는 것을 막아주는 병마개

41 맥주의 보관에 대한 내용으로 옳지 않은 것은?

① 장기 보관할수록 맛이 좋아진다.
② 맥주가 얼지 않도록 보관한다.
③ 직사광선을 피한다.
④ 적정온도(4~10℃)에 보관한다.

🍷 맥주는 오래 보관할수록 맛이 떨어진다.

42 칼바도스(Calvados)는 보관온도 상 다음 품목 중 어떤 것과 같이 두어도 좋은가?

① 백포도주   ② 샴페인
③ 생맥주   ④ 코냑

43 칵테일 Kir Royal의 레시피(Receipe)로 옳은 것은?

① Champagne + Cacao
② Champagne + Kahlua
③ Wine + Cointreau
④ Champagne + Creme de Cassis

44 바텐더가 Bar에서 Glass를 사용할 때 가장 먼저 체크하여야 할 사항은?

① Glass의 가장자리 파손 여부
② Glass의 청결 여부
③ Glass의 재고 여부
④ Glass의 온도 여부

🍷 가장자리 파손 여부를 확인한 후 청결 상태를 확인한다.

45 Red Cherry가 사용되지 않는 칵테일은?

① Manhattan
② Old Fashioned
③ Mai-Tai
④ Moscow Mule

🍷
- Manhattan : 라이 위스키 ¾, 스위트 베르무트 ¼, 앙고스투라 비터스 1dash
- Old Fashioned : 아메리칸 위스키나 버번위스키 1~1½온스, 앙고스투라 비터스 1~2대시, 각설탕 1개, 소다수, 체리
- Mai Tai : 화이트 럼 1~1½온스, 오렌지 퀴라소 1티스푼, 파인애플 주스 2티스푼, 오렌지 주스 2티스푼, 레몬주스 1티스푼, 다크 럼 2티스푼
- Moscow Mule : 보드카 1~1½온스, 라임 주스 ½온스, 진저비어 또는 진저에일 적당량

46 고객이 위스키 스트레이트를 주문하고, 얼음과 함께 콜라나 소다수, 물 등을 원하는 경우 이를 제공하는 글라스는?

① Wine Decanter
② Cocktail Decanter
③ Collins Glass
④ Cocktail Glass

47 스카치 750mL 1병의 원가가 100,000원이고 평균 원가율을 20%로 책정했다면 스카치 1잔의 판매가격은?

① 10,000원   ② 15,000원
③ 20,000원   ④ 25,000원

🍷
- 1잔의 원가 = 4,000원 (1잔 = 1oz = 약 30mL)
- 원가 = 판매가격 × 원가율
- ∴ 판매가격 = 4000 ÷ 0.2 = 20,000원

48 일반적인 칵테일의 특징으로 가장 거리가 먼 것은?

① 부드러운 맛
② 분위기의 증진
③ 색, 맛, 향의 조화
④ 항산화, 소화증진 효소 함유

49 휘젓기(Stirring) 기법을 할 때 사용하는 칵테일 기구로 가장 적합한 것은?

① Hand Shaker
② Mixing Glass
③ Squeezer
④ Jigger

🍷
- hand shaker : 칵테일 Recipe에 따라 각종 재료를 넣어 그 재료들이 잘 혼합되고 용해되고 냉각시키기 위해서 흔들어 주는 기구이다.
- Squeezer : 레몬, 오렌지 등 과실을 짜낼 때 사용하는 기구
- Jigger : 칵테일을 만들 때 용량을 재는 기구로서 보통 30㎖(1oz), 45㎖(1.5oz)를 잴 수 있는 삼각형이 두 개 붙어 있다.

50 용량 표시가 옳은 것은?

① 1 tea spoon = 1/32 oz
② 1 pony = 1/2 oz
③ 1 pint = 1/2 quart
④ 1 table spoon = 1/32 oz

🍷
- 1 pint = 16 oz
- 1 quart = 32 oz

51 '당신은 손님들에게 친절해야 한다.'의 표현으로 가장 적합한 것은?

① You should be kind to guest.
② You should kind guest.
③ You'll should be to kind to guest.
④ You should do kind guest.

52 Three factors govern the appreciation of wine. Which of the following does not belong to them?

① Color
② Aroma
③ Taste
④ Touch

🍷 와인 테스팅의 3가지 : 향, 맛, 색

53 '한잔 더 주세요.'의 가장 정확한 영어 표현은?

① I'd like other drink.
② I'd like to have another drink.
③ I want one more wine.
④ I'd like to have the other drink.

54 Which of the following is the right beverage in the blank?

B : Here you are. Drink it While it's hot.
G : Um... nice. What pretty drink are you mixing there?
B : Well, it's for the lady in that corner. It is a "＿＿＿", and it is made from several liqueurs.
G : Looks like a rainbow. How do you do that?
B : Well, you pour it in carefully. Each liquid has a different weight, so they sit on the top of each other without mixing.

① Pousse Café
② Cassis Frappe
③ June Bug
④ Rum Shrub

🍷
- Pousse Café is an alcoholic beverage consumed after the coffee course. It is layered drink composed of several layers of differently colored liqueurs.
- June Bug It consists of a mixture of a strong spirit, usually vodka, with coconut rum, melon liqueur, orange or pineapple juice, and lime juice.

55 바텐더가 손님에게 처음 주문을 받을 때 사용할 수 있는 표현으로 가장 적합한 것은?

① What do you recommend?
② Would you care for a drink?
③ What would you like with that?
④ Do you have a reservation?

56 Which one is the right answer in the blank?

> B : Good evening, sir. What Would you like?
> G : What kind of (   ) have you got?
> B : We've got our own brand, sir. Or I can give you an rye, a bourbon or a malt
> G : I'll have a malt. A double, please
> B : Certainly, sir. Would you like any water or ice with it?
> G : No water, thank you. That spoils it. I'll have just one lump of ice.
> B : one lump, sir. Certainly.

① Wine
② Gin
③ Whiskey
④ Rum

57 'Are you free this evening?'의 의미로 가장 적합한 것은?

① 이것은 무료입니까?
② 오늘 밤에 시간 있으십니까?
③ 오늘 밤에 만나시겠습니까?
④ 오늘 밤에 개점합니까?

58 (   ) 안에 들어갈 알맞은 것은?

> I don't know what happened at the meeting because I wasn't able to (   ).

① Decline
② Apply
③ Depart
④ Attend

59 Which one is not made from grapes?

① Cognac
② Calvados
③ Armagnac
④ Grappa

> • Cognac is produced in the wine-growing region surrounding the town from which it takes its name, in the French.
> • Calvados is an apple brandy from the Normandy region in France.
> • Armagnac is a distinctive kind of brandy produced in the Armagnac region in Gascony, southwest France. It is distilled from wine usually made from a blend of grapes.
> • Grappa is an alcoholic beverage, a fragrant, grape-based pomace brandy of Italian origin.

60 다음 (   ) 안에 알맞은 것은?

> (   ) must have juniper berry flavor and can be made either by distillation or re-distillation.

① Whisky
② Rum
③ Tequila
④ Gin

- Whisky is a type of distilled alcoholic beverage made from fermented grain mash. Various grains (which may be malted) are used for different varieties, including barley, corn (maize), rye, and wheat. Whisky is typically aged in wooden casks, generally made of charred white oak.
- Vodka is a distilled beverage composed primarily of water and ethanol, sometimes with traces of impurities and flavorings. Traditionally, vodka is made by the distillation of fermented cereal grains or potatoes, though some modern brands use other substances, such as fruits or sugar.
- Gin is a sprit which derives its predominant flavour from juniper berries(Juniperus communis)
- Rum is a distilled alcoholic beverage made from sugarcane byproducts, such as molasses, or directly from sugarcane juice, by a process of fermentation and distillation. The distillate, a clear liquid, is then usually aged in oak barrels.

정답 2016년 1회 기출문제

01 ③	02 ③	03 ③	04 ②	05 ①
06 ④	07 ②	08 ②	09 ②	10 ④
11 ①	12 ③	13 ③	14 ①	15 ③
16 ③	17 ④	18 ④	19 ①	20 ③
21 ②	22 ②	23 ②	24 ②	25 ④
26 ③	27 ④	28 ④	29 ②	30 ①
31 ①	32 ①	33 ①	34 ②	35 ③
36 ④	37 ②	38 ②	39 ①	40 ②
41 ①	42 ④	43 ④	44 ①	45 ④
46 ②	47 ③	48 ④	49 ②	50 ③
51 ①	52 ④	53 ②	54 ①	55 ②
56 ③	57 ②	58 ④	59 ②	60 ④

2016년 2회 공단 기출문제
04월 02일 시행

QUESTIONS FROM PREVIOUS TESTS

01 혼성주에 해당하는 것은?

① Armagnac
② Corn Whisky
③ Cointreau
④ Jamaican Rum

- Armagnac : 프랑스 보르도(Bordeaux) 지방의 남쪽 피레네산맥에 가까운 아르마냑 지역에서 생산되는 브랜디의 일종
- Corn Whisky : 미국 남부에서 생산되며 전체 원료 중 옥수수의 비율이 80% 이상
- Cointreau : 오렌지 향을 가미한 주정도수가 40도인 프랑스산 무색 리큐어(Liqueur)

02 각 국가별 부르는 적포도주로 틀린 것은?

① 프랑스 – Vim Rouge
② 이태리 – Vino Rosso
③ 스페인 – Vino Rosado
④ 독일 – Rotwein

스페인 – vino tinto

03 Sparkling Wine이 아닌 것은?

① Asti Spumante
② Sekt
③ Vin Mousseux
④ Troken

Troken은 독일어로 '드라이'하다는 의미이다.

04 포도 품종의 그린 수확(Green Harvest)에 대한 설명으로 옳은 것은?

① 수확량을 제한하기 위한 수확
② 청포도 품종 수확
③ 완숙한 최고의 포도 수확
④ 포도원의 잡초 제거

05 보르도 지역의 와인이 아닌 것은?

① 샤블리
② 메독
③ 마고
④ 그라브

부르고뉴 와인 생산지 : 샤블리, 꼬뜨 드 뉘(Côte de Nuits), 꼬뜨 드 본(Côte de Beaune), 보졸레(Beaujolais)

06 프랑스에서 생산되는 칼바도스(Calvados)는 어느 종류에 속하는가?

① Brandy
② Gin
③ Wine
④ Whisky

칼바도스 : 사과로 만든 브랜디인 칼바도스는 노르망디 상륙 작전으로 유명한 노르망디 지방에 있는 칼바도스의 특산주이다

07 원료인 포도주에 브랜디나 당분을 섞고 향료나 약초를 넣어 향미를 내어 만들며 이탈리아산이 유명한 것은?

① Manzanilla
② Vermouth
③ Stout
④ Hock

- Manzanilla : 스페인의 Fino(삐노)를 대서양 연안의 산루 카르 데 바라메다(Sanlucar de Barrameda)라는 곳에서 발효 숙성시킨 것을 말하는데, 약간 짠맛이 있는 듯한 자극성을 갖게 된다.
- Stout : 스타우트 에일(ale) 또는 스타우트 비어를 줄여서 쓰는 호칭으로 알코올은 보통 맥주보다 강한 8% 정도이고, 까맣게 탄 맥아를 사용하기 때문에 색은 짙은 갈색이고, 상면 발효법으로 양조한다.
- Hock : 독일 라인 지방산의 백포도주를 말하며, 미국에서는 Rhine Wine이라 한다.

혼성주 제조법
- 증류법(Distillation) : 과일이나 약초 등의 원료를 증류주에 담가서 향과 맛을 나도록 한 후 단식 증류법으로 증류하고 당분과 착색료를 첨가하는 제조법
- 침출법(Infusion, 침적법, 침지법) : 과일이나 약초, 향료 등을 증류주에 넣어 열을 가하지 않고 자연적으로 향과 맛, 색깔이 우러나게 하는 제조법
- 에센스법(Essence Process, 추출법, 향유 혼합법) : 천연 혹은 인조향료의 에센스를 사용하여 당분과 함께 알코올을 배합하여 만드는 방법으로 설비비가 저렴하고 제조과정이 쉽기 때문에 가장 일반적으로 사용되는 방법

08 다음 중 Aperitif Wine으로 가장 적합한 것은?

① Dry Sherry Wine
② White Wine
③ Red Wine
④ Port Wine

09 혼성주의 종류에 대한 설명이 틀린 것은?

① 아드보카트(Advocaat)는 브랜디에 계란 노른자와 설탕을 혼합하여 만들었다.
② 드람브이(Drambuie)는 '사람을 만족시키는 음료'라는 뜻을 가지고 있다.
③ 아르마냑(Armagnac)은 체리향을 혼합하여 만든 술이다.
④ 깔루아(Kahlua)는 증류주에 커피를 혼합하여 만든 술이다.

아르마냑은 프랑스 보르도(Bordeaux) 지방의 남쪽 피레네산맥에 가까운 지역에서 생산되는 브랜디이다.

10 혼성주 제조방법인 침출법에 대한 설명으로 틀린 것은?

① 맛과 향이 알코올에 쉽게 용해되는 원료일 때 사용한다.
② 과실 및 향료를 기주에 담가 맛과 향이 우러나게 하는 방법이다.
③ 원료를 넣고 밀봉한 후 수개월에서 수년간 장기 숙성시킨다.
④ 맛과 향이 추출되면 여과한 후 블렌딩하여 병입한다.

11 보졸레 누보 양조과정의 특징이 아닌 것은?

① 기계수확을 한다.
② 열매를 분리하지 않고 송이째 밀폐된 탱크에 집어넣는다.
③ 발효 중 CO_2의 영향을 받아 산도가 낮은 와인이 만들어진다.
④ 오랜 숙성 기간 없이 출하한다.

12 맥주의 원료로 알맞지 않은 것은?

① 물   ② 피트
③ 보리   ④ 호프

13 원산지가 프랑스인 술은?

① Absinthe   ② Curacao
③ Kahlua   ④ Drambuie

- Curacao – 남미 서인도제도
- Kahlua – 멕시코
- Drambuie – 영국

14 상면발효 맥주로 옳은 것은?

① Bock Beer   ② Budweiser Beer
③ Porter Beer   ④ Asahi Beer

- 상면발효 : 발효 중에 발생하는 이산화탄소의 거품과 함께 액면상에 뜨고 일정 기간을 경과하지 않으면 가라앉지 않는 발효 효모를 상면 효모라 하고, 이 효모에 의해 발효가 된다. 에일(ale)과 포터(porter), 램빅(lambic), 스타우트(stout)
- 하면발효 : 발효 도중이나 발효가 끝났을 때 가라앉는 성질이 있는 효모로 발효시킨 맥주이다. 라거(lager), 필스너(pilsener), 뮌헤너(münchener), 보크(bock)

15 Hop에 대한 설명 중 틀린 것은?

① 자웅이주의 숙근 식물로서 수정이 안 된 암꽃을 사용한다.
② 맥주의 쓴 맛과 향을 부여한다.
③ 거품의 지속성과 항균성을 부여한다.
④ 맥아즙 속의 당분을 분해하여 알코올과 탄산가스를 만드는 작용을 한다.

16 다음에서 설명하는 것은?

• 북유럽 스칸디나비아 지방의 특산주로 어원은 생명의 물이라는 라틴어에서 온 말이다.
• 제조과정은 먼저 감자를 익혀서 으깬 감자와 맥아를 당화, 발효시켜 증류시킨다.
• 연속증류기로 95%의 고농도 알코올을 얻은 다음 물로 희석하고 회향초 씨나 박하, 오렌지 껍질 등 여러 가지 종류의 허브로 향기를 착향시킨 술이다.

① Vodka   ② Rum
③ Aquavit ④ Brandy

• Vodka : 감자로 만든 무색, 무취의 증류수
• Rum : 당밀이나 사탕수수의 즙을 발효시켜서 증류한 술이며 화이트 럼과 다크 럼이 있다.
• Brandy : 포도주를 증류하여 만든 술

17 프랑스에서 사과를 원료로 만든 증류주인 Apple Brandy는?

① Cognac   ② Calvados
③ Armagnac ④ Camus

18 다음 중 과실음료가 아닌 것은?

① 토마토주스
② 천연과즙주스
③ 희석과즙음료
④ 과립과즙음료

19 우리나라 전통주 중에서 약주가 아닌 것은?

① 두견주
② 한산 소국주
③ 칠선주
④ 문배주

문배주는 조와 찰수수만으로 만드는 순곡의 증류식 소주이다.

20 다음 중 스카치 위스키(Scotch Whisky)가 아닌 것은?

① Crown Royal
② White Horse
③ Johnnie Walker
④ Chivas Regal

Crown Royal : 캐나다 위스키

21 차를 만드는 방법에 따른 분류와 대표적인 차의 연결이 틀린 것은?

① 불발효차 – 보성녹차
② 반발효차 – 오룡차
③ 발효차 – 다즐링차
④ 후발효차 – 쟈스민차

쟈스민차는 허브티로 말린 화(꽃)차이다.

22 소다수에 대한 설명으로 틀린 것은?

① 인공적으로 이산화탄소를 첨가한다.
② 약간의 신맛과 단맛이 나며 청량감이 있다.
③ 식욕을 돋우는 효과가 있다.
④ 성분은 수분과 이산화탄소로 칼로리는 없다.

소다수는 맛이 나지 않는다.

23 다음에서 설명되는 우리나라 고유의 술은?

> 엄격한 법도에 의해 술을 담근다는 전통주로 신라시대부터 전해오는 유상곡수(流觴曲水)라 하여 주로 상류계급에서 즐기던 것으로 중국 남방술인 샤오싱주보다 빛깔은 조금 희고 그 순수한 맛이 가히 일품이다.

① 두견주
② 인삼주
③ 감홍로주
④ 경주교동법주

24 레몬쥬스, 슈가시럽, 소다수를 혼합한 것으로 대용할 수 있는 것은?

① 진저엘
② 토닉워터
③ 칼린스 믹스
④ 사이다

25 다음 중 테킬라(Tequila)가 아닌 것은?

① Cuervo
② El Toro
③ Sambuca
④ Sauza

🍷 Sambuca : 이탈리아에서 생산되는 아니스 향의 리큐어

26 다음 중 아메리칸 위스키(American Whisky)가 아닌 것은?

① Jim Beam'
② Wild Whisky
③ John Jameson
④ Jack Daniel

🍷 John Jameson은 대표적인 아이리쉬 위스키이다.

27 다음 중 그 종류가 다른 하나는?

① Vienna Coffee
② Cappuccino Coffee
③ Espresso Coffee
④ Irish Coffee

28 스카치 위스키의 5가지 법적 분류에 해당하지 않는 것은?

① 싱글 몰트 스카치 위스키
② 블렌디드 스카치 위스키
③ 블렌디드 그레인 스카치 위스키
④ 라이 위스키

29 다음 중 증류주에 속하는 것은?

① Vermouth
② Champagne
③ Sherry Wine
④ Light Rum

🍷
- Vermouth : 와인을 기주로 하여 약재를 가미한 혼성주
- Champagne : 프랑스의 샹파뉴지역에서 생산되는 스파클링 와인
- Sherry wine : 발효가 끝난 일반 와인에 브랜디를 첨가하여 알코올 도수를 높인 스페인 와인

30 음료의 역사에 대한 설명으로 틀린 것은?

① 기원전 6000년 경 바빌로니아 사람들은 레몬과즙을 마셨다.
② 스페인 발렌시아 부근의 동굴에서는 탄산가스를 발견해 마시는 벽화가 있었다.
③ 바빌로니아 사람들은 밀빵이 물에 젖어 발효된 맥주를 발견해 음료로 즐겼다.
④ 중앙아시아 지역에서는 야생의 포도가 쌓여 자연 발효된 포도주를 음료로 즐겼다.

31 주장(Bar)에서 주문받는 방법으로 가장 거리가 먼 것은?

① 손님의 연령이나 성별을 고려한 음료를 추천하는 것은 좋은 방법이다.
② 추가 주문은 고객이 한잔을 다 마시고 나면 최대한 빠른 시간에 여쭤 본다.
③ 위스키와 같은 알코올 도수가 높은 술을 주문 받을 때에는 안주류도 함께 여쭤본다.
④ 2명 이상의 외국인 고객의 경우 반드시 영수증을 하나로 할지, 개인별로 따로 할지 여쭤본다.

🍷 추가 주문은 고객이 한 잔을 다 마시기 전에 물어 본다.

32 샴페인 1병을 주문한 고객에게 샴페인을 따라주는 방법으로 옳지 않은 것은?

① 샴페인은 글라스에 서브할 때 2번에 나눠서 따른다.
② 샴페인의 기포를 눈으로 충분히 즐길 수 있게 따른다.
③ 샴페인은 글라스의 최대 절반정도까지만 따른다.
④ 샴페인을 따를 때에는 최대한 거품이 나지 않게 조심해서 따른다.

33 에스프레소 추출 시 너무 진한 크레마(Dark Crema)가 추출되었을 때 그 원인이 아닌 것은?

① 물의 온도가 95℃보다 높은 경우
② 펌프압력이 기준 압력보다 낮은 경우
③ 포터필터의 구멍이 너무 큰 경우
④ 물 공급이 제대로 안 되는 경우

34 칵테일을 만드는 데 필요한 기물이 아닌 것은?

① Cork Screw ② Mixing Glass
③ Shaker   ④ Bar Spoon

🍷 Cork Screw : 코르크병 마개를 빼내는 도구

35 다음 중 주장 종사원(Waiter/Waitness)의 주요 임무는?

① 고객이 사용한 기물과 빈 잔을 세척한다.
② 칵테일의 부재료를 준비한다.
③ 창고에서 주장(Bar)에서 필요한 물품을 보급한다.
④ 고객에게 주문을 받고 주문받은 음료를 제공한다.

36 바람직한 바텐더(Bartender) 직무가 아닌 것은?

① 바(Bar) 내에 필요한 물품 재고를 항상 파악한다.
② 일일 판매할 주류가 적당한지 확인한다.
③ 바(Bar)의 환경 및 기물 등의 청결을 유지, 관리한다.
④ 칵테일 조주 시 지거(Jigger)를 사용하지 않는다.

🍷 반드시 지거(Jigger)를 사용하여 정확한 레시피 양을 사용하도록 한다.

37 Glass 관리방법 중 틀린 것은?

① 알맞은 Rack에 담아서 세척기를 이용하여 세척한다.
② 닦기 전에 금이 가거나 깨진 것이 없는지 먼저 확인한다.
③ Glass의 Steam부분을 시작으로 돌려서 닦는다.
④ 물에 레몬이나 에스프레소 1잔을 넣으면 Glass의 잡냄새가 제거된다.

38 Extra Dry Martini는 Dry Vermouth를 어느 정도 넣어야 하는가?

① 1/4 oz   ② 1/3 oz
③ 1 oz   ④ 2 oz

🍷 Extra Dry Martini : Dry Gin 2 oz, Dry Vermouth 1/4 oz

39 Gibson에 대한 설명으로 틀린 것은?

① 알코올 도수는 약 36도에 해당된다.
② 베이스는 Gin이다.
③ 칵테일 어니언(Onion)으로 장식한다.
④ 기법은 Shaking이다.

🍷 조주법은 Stir기법이다.

40 칵테일 상품의 특성과 가장 거리가 먼 것은?

① 대량 생산이 가능하다.
② 인적 의존도가 높다.
③ 유통 과정이 없다.
④ 반품과 재고가 없다.

🍷 칵테일 상품은 특성상 대량 생산이 불가능하다.

41 바의 한 달 전체 매출액이 1,000만원이고 종사원에게 지불된 모든 급료가 300만원이라면 이 바의 인건비율은?

① 10%   ② 20%
③ 30%   ④ 40%

42 내열성이 강한 유리잔에 제공되는 칵테일은?

① Grasshopper
② Tequila Sunrise
③ New York
④ Irish Coffee

🍷 Irish Coffee는 핫 칵테일이다.

43 다음 중에서 Cherry로 장식하지 않는 칵테일은?

① Angel's Kiss
② Manhattan
③ Rob Roy
④ Martini

🍷 Martini는 올리브로 장식한다.

44 칵테일에 사용되는 Garnish에 대한 설명으로 가장 적절한 것은?

① 과일만 사용이 가능하다.
② 꽃이 화려하고 향기가 많이 나는 것이 좋다.
③ 꽃가루가 많은 꽃은 더욱 운치가 있어서 잘 어울린다.
④ 과일이나 허브향이 나는 잎이나 줄기가 적합하다.

45 다음 중 가장 영양분이 많은 칵테일은?

① Brandy Eggnog
② Gibson
③ Bacardi
④ Olympic

🍷 Brandy Eggnog는 계란과 밀크가 들어간 영양음료이다.

46 다음 중 1oz 당 칼로리가 가장 높은 것은?(단, 각 주류의 도수는 일반적인 경우를 따른다)

① Red Wine
② Champagne
③ Liqueur
④ White Wine

47 네그로니(Negroni) 칵테일의 조주 재료로 가장 적합한 것은?

① Rum 3/4oz, Sweet Vermouth 3/4oz, Campari 3/4oz, Twist of Lemon Peel
② Dry Gin 3/4oz, Sweet Vermouth 3/4oz, Campari 3/4oz, Twist of Lemon Peel
③ Dry Gin 3/4oz, Dry Vermouth 3/4oz, Campari 3/4oz, Twist of Lemon Peel
④ Tequila 3/4oz, Sweet Vermouth 3/4oz, Campari 3/4oz, Twist of Lemon Peel

48 다음 중 장식이 필요 없는 칵테일은?

① 김렛(Gimlet)
② 시브리즈(Seabreeze)
③ 올드 패션(Old Fashioned)
④ 싱가폴 슬링(Singapore Sling)

49 칵테일 레시피(Recipe)를 보고 알 수 없는 것은?

① 칵테일의 색깔
② 칵테일의 판매량
③ 칵테일의 분량
④ 칵테일의 성분

50 Gibson을 조주할 때 Garnish는 무엇으로 하는가?

① Olive   ② Cherry
③ Onion   ④ Lime

> Gibson : 드라이진 5/6, 드라이 베르무트 1/6를 잘 저어서 칵테일 잔에 따르고, 칵테일 어니언을 칵테일 핀에 꽂아서 장식한다.

51 '우리 호텔을 떠나십니까?'의 표현으로 옳은 것은?

① Do you start our hotel?
② Are you leave to our hotel?
③ Are you leaving our hotel?
④ Do you go our hotel?

52 다음 ( )안에 가장 적합한 것은?

> W : Good evening Mr. Carr.
>   How are you this evening?
> G : Fine, And you Mr. Kim
> W : Very well, Thank you.
>   What would you like to try tonight?
> G : (   )
> W : A whisky, No ice, No water. Am I correct?
> G : Fantastic!

① Just one For my health, please.
② One for the road.
③ I'll stick to my usual.
④ Another one please.

53 다음 ( )안에 알맞은 단어와 아래의 상황 후 Jenny가 Kate에게 할 말의 연결로 가장 적합한 것은?

> Jenny comes back with a magnum and glasses carried by a barman. She sets the glasses while he barman opens the bottle. There is a loud (   ) and the cork hits Kate who jumps up with a cry. The champagne spills all over the carpet.

① Peep - Good luck to you.
② Ouch - I am sorry to hear that.
③ Tut - How awful!
④ Pop - I am very sorry. I do hope you are not hurt.

54 다음 밑줄에 들어갈 가장 적합한 것은?

> I'm sorry to have _____ you waiting.

① Kept   ② Made
③ Put   ④ Had

55 Which one is not aperitif cocktail?

① Dry Martini
② Kir
③ Campari Orange
④ Grasshopper

56 다음 ( ) 안에 알맞은 것은?

( ) is distilled spirits from the fermented juice of sugarcane or other sugarcane by-products.

① Whisky   ② Vodka
③ Gin   ④ Rum

🍷 사탕수수가 주원료인 것은 Rum이다.

57 There are basic direction of wine service. Select the one which is not belong to them in the following?

① Filling four-fifth of red wine into the glass.
② Serving the red wine with room temperature.
③ Serving the white wine with condition of 8~12℃.
④ Showing the guest the label of wine before service.

58 Which one is not distilled beverage in the following?

① Gin
② Calvados
③ Tequila
④ Cointreau

🍷 Distilled beverage(증류주)가 아닌 것은 Cointreau이다.

59 다음 문장에서 의미하는 것은?

This is produced in Italy and made with apricot and almond.

① Amaretto   ② Absinthe
③ Anisette   ④ Angelica

60 다음 밑줄 친 곳에 가장 적합한 것은?

A : Good evening, Sir.
B : Could you show me the wine list?
A : Here you are, Sir. This week is the promotion week of _____.
B : OK. I'll try it.

① Stout
② Calvados
③ Glenfiddich
④ Beaujolais Nouveau

🍷 와인 메뉴는 Beaujolais Nouveau이다.

정답 2016년 2회 기출문제

01 ③	02 ③	03 ④	04 ①	05 ①
06 ①	07 ②	08 ①	09 ③	10 ①
11 ①	12 ②	13 ①	14 ③	15 ④
16 ③	17 ②	18 ①	19 ④	20 ①
21 ④	22 ②	23 ④	24 ③	25 ③
26 ③	27 ④	28 ④	29 ④	30 ②
31 ②	32 ④	33 ③	34 ①	35 ④
36 ④	37 ③	38 ①	39 ④	40 ①
41 ③	42 ④	43 ④	44 ④	45 ①
46 ③	47 ②	48 ①	49 ②	50 ③
51 ③	52 ③	53 ④	54 ①	55 ④
56 ④	57 ①	58 ④	59 ①	60 ④

2016년 3회 공단 기출문제
07월 10일 시행

01 다음 중 호크 와인(Hock wine)이란?

① 독일 라인산 화이트 와인
② 프랑스 버건디산 화이트 와인
③ 스페인 호크하임엘산 레드 와인
④ 이탈리아 피에몬테산 레드 와인

02 슬로우 진(Sloe Gin)의 설명 중 옳은 것은?

① 증류주의 일종이며, 진(Gin)의 종류이다.
② 보드카(Vodka)에 그레나딘 시럽을 첨가한 것이다.
③ 아주 천천히 분위기 있게 먹는 칵테일이다.
④ 진(Gin)에 야생자두(Sloe berry)의 성분을 첨가한 것이다.

03 식후주(After Dinner Drink)로 가장 적합한 것은?

① 코냑(Cognac)
② 드라이 셰리 와인(Dry Sherry Wine)
③ 드라이 진(Dry Gin)
④ 베르무트(Vermouth)

- 드라이 셰리 와인 : 달지 않고 보통 식전주로 많이 애용된다.
- 드라이 진 : 주니퍼(Juniper) 열매와 오렌지 껍질 등의 원료를 혼합한 후 다시 증류해서 만드는 술로 일반적으로 달지 않고 40도 정도 도수를 가지고 있다.
- 베르무트 : 포도주에 향료를 넣어 우려 만든 술로 칵테일을 만들 때 많이 쓰인다.

04 다음 보기들과 가장 관련되는 것은?

㉠ 만사니야(Mazanilla)
㉡ 몬티야(Montilla)
㉢ 올로로쏘(Oloroso)
㉣ 아몬티야도(Amontillado)

① 이탈리아산 포도주
② 스페인산 백포도주
③ 프랑스산 샴페인
④ 독일산 포도주

05 리큐르(Liqueur)의 여왕이라고 불리며 프랑스의 수도원의 이름을 가지고 있는 것은?

① 드람부이(Drambuie)
② 샤르트르즈(Chartreuse)
③ 베네딕틴(Benedictine)
④ 체리브랜디(Cherry Brandy)

06 리큐르 중 D.O.M. 글자가 표기되어 있는 것은?

① Sloe Gin
② Kahlua
③ Kummel
④ Benedictine

- 베네딕틴 : 수십 종의 약초를 사용한 약 42℃의 호박색 리큐르이다. 레이블에는 D.O.M(Deo Option Maximo)이라고 표기되어 있는데, 이 뜻은 "최고의 신에게 바치는 술"이라는 의미이다.

07 밀(Wheat)을 주원료로 만든 맥주는?

① 산미구엘(San Miguel)
② 호가든(Hoegaarden)
③ 람빅 (Lambic)
④ 포스터스(Foster's)

> • 산미구엘 : 필리핀 맥주
> • 람빅 : 벨기에 맥주
> • 포스터스 : 호주산 라거 맥주

08 콘 위스키(Corn Whiskey)란?

① 원료의 50% 이상 옥수수를 사용한 것
② 원료에 옥수수 50%, 호밀 50%가 섞인 것
③ 원료의 80% 이상 옥수수를 사용한 것
④ 원료의 40% 이상 옥수수를 사용한 것

09 이탈리아 와인에 대한 설명으로 틀린 것은?

① 거의 전 지역에서 와인이 생산된다.
② 지명도가 높은 와인산지로는 피에몬테, 토스카나, 베네토 등이 있다.
③ 이탈리아의 와인등급체계는 5등급이다.
④ 네비올로, 산지오베제, 바르베라, 돌체토 포도품종은 레드와인용으로 사용된다.

> 이탈리아 와인등급 체계는 4등급이다.

10 과일이나 곡류를 발효시켜 증류한 스피릿츠(Spirits)에 감미와 천연 추출물 등을 첨가한 것은?

① 양조주 (Fermented Liquor)
② 증류주(Distilled Liquor)
③ 혼성주(Liqueur)
④ 아쿠아비트(Aquavit)

11 맥주 제조 시 호프(Hop)를 사용하는 가장 주된 이유는?

① 잡냄새 제거
② 단백질 등 질소화합물 제거
③ 맥주색깔의 강화
④ 맥즙의 살균

12 발포성 와인의 이름이 잘못 연결된 것은?

① 스페인 - 카바(Cava)
② 독일 - 젝트(Sekt)
③ 이탈리아 - 스푸만테(Spumante)
④ 포르투갈 - 도세(Doce)

13 다음 중 Bitter가 아닌 것은?

① Angostura
② Campari
③ Galliano
④ Amer Picon

> • 앙고스투라 비터 : 중남미에서 생산되는 앙고스트라 나무껍질의 액으로 만든 일종의 약초 향료를 배합한 술로서 쓴맛이 나며 뛰어난 풍미와 향기가 있다
> • 캄바리 : 허브, 향신료, 식물의 뿌리, 과일껍질, 나무껍질 등 60 가지 이상의 재료를 알코올, 물 등과 혼합하여 만든다.
> • 갈리아노 : 아니스, 바닐라, 약초의 향이 조화로운 리큐어이다.
> • Amer Picon : 프랑스산의 쓴맛과 오렌지향이 배합된 술로 주정 도수는 27%로 식전주로 주로 마신다.

14 맥주의 제조과정 중 발효가 끝난 후 숙성시킬 때의 온도로 가장 적합한 것은?

① -1~3℃
② 8~10℃
③ 12~14℃
④ 16~20℃

15 레드와인용 포도 품종이 아닌 것은?

① 리슬링(Riesling)
② 메를로(Merlot)
③ 삐노 누아(Pinot Noir)
④ 카베르네 쇼비뇽(Cabernet Sauvignon)

🍷 화이트와인 품종 : 샤르도네, 소비뇽 블랑, 리슬링, 세미용, 게뷔르츠트라미너, 머스캇

16 브랜디에 대한 설명으로 가장 거리가 먼 것은?

① 포도 또는 과실을 발효하여 증류한 술이다.
② 코냑 브랜디에 처음으로 별표의 기호를 도입한 것은 1865년 헤네시(Hennessy)사에 의해서이다.
③ Brandy는 저장기간을 부호로 표시하며 그 부호가 나타내는 저장기간은 법적으로 정해져 있다.
④ 브랜디의 증류는 와인을 2~3회 단식 증류기(Pot Still)로 증류한다.

17 다음 중 럼에 대한 설명이 아닌 것은?

① 럼의 주재료는 사탕수수이다.
② 럼은 서인도제도를 통치하는 유럽의 식민 정책 중 삼각무역에 사용되었다.
③ 럼은 사탕을 첨가하여 만든 리큐르이다.
④ 럼의 향, 맛에 따라 라이트 럼, 미디엄 럼, 헤비 럼으로 분류된다.

🍷 Rum은 당밀이나 사탕수수의 즙을 발효시켜서 증류한 술이며 화이트 럼과 다크 럼이 있다.

18 보드카의 설명으로 옳지 않는 것은?

① 슬라브 민족의 국민주로 애음되고 있다.
② 보드카는 러시아에서만 생산된다.
③ 보드카의 원료는 주로 보리, 밀, 호밀, 옥수수, 감자 등이 사용된다.
④ 보드카에 향을 입힌 보드카를 플레이버 보드카라 칭한다.

19 일반적으로 단식증류기(Pot still)로 증류하는 것은?

① Kentucky Straight Bourbon whiskey
② Grain whisky
③ Dark rum
④ Aquavit

🍷 단식 증류기 : 가열관으로 원료를 가열하여 발생한 증기를 관 상부로부터 냉각기에 이끌어 응축하여 회수하는 방식의 증류기

20 알코올성 음료를 의미하는 용어가 아닌 것은?

① Hard Drink
② Liquor
③ Ginger ale
④ Spirits

🍷 Ginger Ale은 생강을 주원료로 만든 탄산음료이다.

21 위스키의 원료에 따른 분류가 아닌 것은?

① 몰트 위스키
② 그레인 위스키
③ 포트 스틸 위스키
④ 블렌디드 위스키

🍷 원료에 의한 분류 : 몰트 위스키, 그레인 위스키, 블렌디드 위스키

22 혼합물을 구성하는 각 물질의 비등점 차이를 이용하여 만드는 술을 무엇이라 하는가?

① 발효주
② 발아주
③ 증류주
④ 양조주

23 커피 로스팅의 정도에 따라 약한 순서에서 강한 순서대로 나열한 것으로 옳은 것은?

① American Roasting → German Roasting → French Roasting → Italian Roasting
② German Roasting → Italian Roasting → American Roasting → French Roasting
③ Italian Roasting → German Roasting → American Roasting → French Roasting
④ French Roasting → American Roasting → Italian Roasting → German Roasting

24 비알코올성 음료의 분류방법에 해당되지 않는 것은?

① 청량음료
② 영양음료
③ 발포성음료
④ 기호음료

🍷 비알콜성 음료는 청량음료, 영양음료, 기호음료로 구분한다.

25 국가지정 중요무형문화재로 지정받은 전통주가 아닌 것은?

① 충남 면천두견주
② 진도 홍주
③ 서울 문배주
④ 경주 교동법주

26 Whisky의 재료가 아닌 것은?

① 맥아
② 보리
③ 호밀
④ 감자

🍷 감자로 만든 증류주는 보드카이다.

27 에스프레소의 커피추출이 빨리되는 원인이 아닌 것은?

① 너무 굵은 분쇄입자
② 약한 탬핑 강도
③ 너무 많은 커피 사용
④ 높은 펌프 압력

28 탄산음료 중 뒷맛이 쌉쌀한 맛이 남는 음료는?

① 칼린스 믹서
② 토닉워터
③ 진저 엘
④ 콜라

29 다음 중 생산지가 옳게 연결된 것은?

① 비시수 – 오스트리아
② 셀처수 – 독일
③ 에비앙수 – 그리스
④ 페리에수 - 이탈리아

🍷 비시수, 에비앙수, 페리에수는 모두 프랑스가 생산지이다.

30 우리나라 전통주에 대한 설명으로 틀린 것은?

① 증류주 제조기술은 고려시대 때 몽고에 의해 전래 되었다.
② 탁주는 쌀 등 곡식을 주로 이용하였다.
③ 탁주, 약주, 소주의 순서로 개발되었다.
④ 청주는 쌀의 향을 얻기 위해 현미를 주로 사용한다.

🍷 청주는 쌀·누룩·물을 원료로 하여 빚어서 걸러낸 맑은 술이다.

31 바의 매출액 구성요소 산정방법 중 옳은 것은?

① 매출액 = 고객수 ÷ 객단가
② 고객수 = 고정고객 × 일반고객
③ 객단가 = 매출액 ÷ 고객수
④ 판매가 = 기준단가 × (재료비/100)

32 Manhattan 조주 시 사용하는 기물은?

① 셰이커(Shaker)
② 믹싱글라스(Mixing Glass)
③ 전기 블렌더(Blender)
④ 주스믹서(Juice Mixer)

33 와인에 대한 Corkage charge의 설명으로 가장 거리가 먼 것은?

① 업장의 와인이 아닌 개인이 따로 가져온 와인을 마시고자 할 때 적용된다.
② 와인을 마시기 위해 이용되는 글라스, 직원 서비스 등에 대한 요금이 포함된다.
③ 주로 업소가 보유하고 있지 않은 와인을 시음할 때 많이 적용된다.
④ 코르크로 밀봉되어 있는 와인을 서비스 하는 경우에 적용되며, 스크류캡을 사용한 와인은 부가되지 않는다.

34 바텐더의 칵테일용 가니시 재료손질에 관한 설명 중 가장 거리가 먼 것은?

① 레몬슬라이스는 미리 손질하여 밀폐용기에 넣어서 준비한다.
② 오렌지 슬라이스는 미리 손질하여 밀폐용기에 넣어서 준비한다.
③ 레몬껍질은 미리 손질하여 밀폐용기에 넣어서 준비한다.
④ 딸기는 미리 꼭지를 제거한 후 깨끗하게 세척하여 밀폐용기에 넣어서 준비한다.

35 Gin & Tonic에 알맞은 glass와 장식은?

① Collins Glass – Pineapple Slice
② Cocktail Glass – Olive
③ Cordial Glass – Orange Slice
④ Highball Glass – Lemon Slice

36 Pousse café를 만드는 재료 중 가장 나중에 따르는 것은?

① Brandy
② Grenadine
③ Creme de Menthe(White)
④ Creme de Cassis

37 Classic Bar의 특징과 가장 거리가 먼 것은?

① 서비스의 중점을 정중함과 편안함에 둔다.
② 소규모 라이브 음악을 제공한다.
③ 고객에게 화려한 바텐딩 기술을 선보인다.
④ 칵테일 조주 시 정확한 용량과 방법으로 제공한다.

38 주장의 종류로 가장 거리가 먼 것은?

① Cocktail Bar   ② Members Club Bar
③ Snack Car   ④ Pup Bar

> 주장의 종류에는 Cocktail Bar, Members Club Bar, Pup Bar, Hotel bar, Restaurant Bar, Potable Bar 등이 있다.

39 구매부서의 기능이 아닌 것은?

① 검수   ② 저장
⑤ 불출   ④ 판매

40 주장(Bar)에서 기물의 취급방법으로 적합하지 않은 것은?

① 금이 간 접시나 글라스는 규정에 따라 폐기한다.
② 은기물은 은기물 전용 세척액에 오래 담가 두어야 한다.
③ 크리스털 글라스는 가능한 손으로 세척한다.
④ 식기는 같은 종류별로 보관하며 너무 많이 쌓아두지 않는다.

41 위스키가 기주로 쓰이지 않는 칵테일은?

① 뉴욕(New York)
② 로브 로이(Rob Roy)
③ 블랙러시안(Black Russian)
④ 맨하탄(Manhattan)

🍷 Black russian : Vodka 1 oz + Kahlua 1/2 oz

42 다음 칵테일 중 Floating 기법으로 만들지 않는 것은?

① B&B
② Pousse cafe
③ B-52
④ Black Russian

🍷 Floating : 술의 비중의 차를 이용하여 내용물이 섞이지 않게 층층이 띄우는 기법이다

43 다음 중 소믈리에(Sommelier)의 주요 임무는?

① 기물세척(Utensil Cleaning)
② 주류저장(Store Keeper)
③ 와인판매(Wine Steward)
④ 칵테일조주(Cocktail Mixing)

44 다음 중 달걀이 들어가는 칵테일은?

① Millionaire
② Black Russian
③ Brandy Alexander
④ Daiquiri

🍷 밀리언에어(Millionaire)는 위스키, 트리플섹, 그레나딘, 달걀 흰자가 들어가는 칵테일이다.

45 셰이킹(Shaking)기법에 대한 설명으로 틀린 것은?

① 셰이커(Shaker)에 얼음을 충분히 넣어 빠른 시간 안에 잘 섞이고 차게 한다.
② 셰이커(Shaker)에 재료를 넣고 순서대로 Cap을 Strainer에 씌운 다음 Body에 덮는다.
③ 잘 섞이지 않는 재료들을 셰이커(Shaker)에 넣어 세차게 흔들어 섞는 조주기법이다.
④ 계란, 우유, 크림, 당분이 많은 리큐르 등으로 칵테일을 만들 때 많이 사용된다.

46 글라스 세척 시 알맞은 세제와 세척순서로 짝지어진 것은?

① 산성세제, 더운물 - 찬물
② 중성세제, 찬물 - 더운물
③ 산성세제, 찬물 - 더운물
④ 중성세제, 더운물 - 찬물

47 바(Bar) 기물이 아닌 것은?

① Bar Spoon   ② Shaker
③ Chaser   ④ Jigger

🍷 Chaser : 독한 술 뒤에 마시는 음료. 또는 독한 술(주정이 강한 술)을 직접 스트레이트로 마신 후 뒤따라 마시는 술 혹은 청량음료를 뜻한다.

48 다음 중 휘젓기(Stirring) 기법으로 만드는 칵테일이 아닌 것은?

① Manhattan   ② Martini
③ Gibson   ④ Gimlet

🍷 Gimlet : Dry Gin 1과 1/2 oz + Lime Juice 3/4 oz + Powder Sugar 1 tsp, Cocktail Glass - Shake, Garnish - Lemon or Lime peel

49 다음 중 보드카(Vodka)를 주재료로 사용하지 않는 칵테일은?

① Cosmopolitan
② Kiss of Fire
③ Apple Martini
④ Margarita

🍷 마가리타(Margarita) : Tequila 1과 1/2 oz + Triple Sec 1/2 oz + Lime / J 1/2 oz, Cocktail Glass - Shake, Salt Rimming

50 Rum 베이스 칵테일이 아닌 것은?

① Daiquiri　　② Cuba Libre
③ Mai Tai　　④ Stinger

🍷 Stinger : Brandy 1과 1/2 oz + Cream de Menthe(white) 3/4 oz

51 Dry Gin, Egg White and Grenadine are the main ingredients of (　　).

① Bloody Marry
② Eggnog
③ Tom and Jerry
④ Pink Lady

52 Which one is the spirit made from agave?

① Tequila　　② Rum
③ Vodka　　④ Gin

🍷 • Rum is a distilled alcoholic beverage made from sugarcane byproducts, such as molasses, or directly from sugarcane juice, by a process of fermentation and distillation. The distillate, a clear liquid, is then usually aged in oak barrels.
• Vodka is a distilled beverage composed primarily of water and ethanol, sometimes with traces of impurities and flavorings. Traditionally, vodka is made by the distillation of fermented cereal grains or potatoes, though some modern brands use other substances, such as fruits or sugar.
• Gin is a sprit which derives its predominant flavour from juniper berries(Juniperus communis)

53 Which is not an appropriate instrument for the stirring method of how to make cocktail?

① Mixing glass
② Bar spoon
③ Shaker
④ Strainer

54 다음 중 의미가 다른 하나는?

① It's my treat this time.
② I'll pick up the tab.
③ Let's go Dutch.
④ It's on me.

55 "5월 5일에는 이미 예약이 다 되어 있습니다."의 표현은?

① We look forward to seeing you on May 5th.
② We are fully booked on May 5th.
③ We are available on May 5th.
④ I will check availability on May 5th.

56 다음 문장 중 틀린 것은?

① Are you in a hurry?
② May I help with you your baggage.
③ Will you pay in cash or with a credit card?
④ What is the most famous place in Seoul?

57 "a glossary of basic wine terms"의 연결로 틀린 것은?

① Balance : the portion of the wine's odor derived from the grape variety and fermentation.
② Nose : the total odor of wine composed of aroma, bouquet, and other factors.
③ Body : the weight or fullness of wine on palate.
④ Dry : a tasting term to denote the absence of sweetness in wine.

58 ( ) 안에 가장 적합한 것은?

A bartender must ( ) his helpers, waiters and waitress. He must also ( ) various kinds of records, such as stock control, inventory, daily sales report, purchasing report and so on.

① take, manage
② supervise, handle
③ respect, deal
④ manage, careful

바텐더는 웨이터, 웨이트레스, 헬퍼를 지도해야 한다. 그는 또한 재고량, 수량, 매일의 판매 리포트, 구매 리포트 등등의 다양한 기록들을 다룰 줄 알아야 한다.

59 다음 ( )에 들어갈 단어로 가장 적합한 것은?

( ) goes well with dessert.

① Ice Wine
② Red Wine
③ Vermouth
④ Dry Sherry

60 아래 문장의 의미는?

The line is busy, so I can't put you through.

① 통화 중이므로 바꿔 드릴 수 없습니다.
② 고장이므로 바꿔 드릴 수 없습니다.
③ 외출 중이므로 바꿔 드릴 수 없습니다.
④ 아무도 없으므로 바꿔 드릴 수 없습니다.

정답 2016년 3회 기출문제

01 ①	02 ④	03 ①	04 ②	05 ②
06 ④	07 ②	08 ③	09 ③	10 ③
11 ②	12 ④	13 ③	14 ①	15 ①
16 ③	17 ③	18 ②	19 ③	20 ③
21 ③	22 ③	23 ①	24 ③	25 ②
26 ④	27 ②	28 ②	29 ②	30 ④
31 ③	32 ②	33 ④	34 ④	35 ④
36 ①	37 ③	38 ③	39 ④	40 ②
41 ③	42 ④	43 ③	44 ①	45 ②
46 ④	47 ③	48 ④	49 ④	50 ④
51 ④	52 ①	53 ③	54 ③	55 ②
56 ②	57 ①	58 ②	59 ①	60 ①

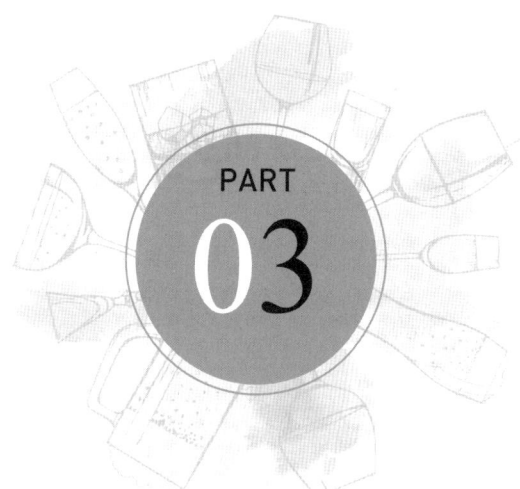

PART 03

CBT 대비 적중모의고사

Chapter

적중모의고사 1회
적중모의고사 2회
적중모의고사 3회
적중모의고사 4회
적중모의고사 5회

적중 모의고사

1회 CBT대비 적중 모의고사

QUESTIONS FROM PREVIOUS TESTS

01 white wine을 차게 마시는 이유는?

① 유산은 온도가 낮으면 단맛이 더 강해지기 때문이다.
② 사과산은 온도가 차가울 때 더욱 fruity하기 때문이다.
③ tannin의 맛은 차가울수록 부드러워지기 때문이다.
④ polyphenol은 차가울 때 인체에 더욱 이롭기 때문이다.

02 일반적으로 칵테일에 사용되지 않는 시럽(syrup)은?

① Plain syrup
② Gum syrup
③ Grenadine syrup
④ Maple syrup

> Maple syrup : 캐나다, 미국 등지에서 사탕단풍의 수액으로 만들고 팬케이크, 와플과 먹는다.

03 Draft Beer란 무엇인가?

① 효모가 살균되어 저장이 가능한 맥주
② 효모가 살균되지 않아 장기저장이 불가능한 맥주
③ 제조과정에서 특별히 만든 흑맥주
④ 저장이 가능한 병이나 캔 맥주

04 Brandy의 등급을 나타내는 V.S.O.P의 약자는?

① Very Superior Old Passion
② Very Superior Old pale
③ Verse Superior Old pale
④ Verse Special Old Passion

05 dry wine이 당분이 거의 남아 있지 않은 상태가 되는 주된 이유는?

① 발효 중에 생성되는 호박산, 젖산 등의 산성분 때문
② 포도 속의 천연 포도당을 거의 완전히 발효시키기 때문
③ 페노릭 성분의 함량이 많기 때문
④ 설탕을 넣는 가당 공정을 거치지 않기 때문

06 다음 중 혼성주에 해당하는 것은?

① Crown Royal
② Tangueray
③ Absolute
④ Irish Mist

> Crown Royal, Tangueray, Absolute는 증류주에 해당된다.

07 Cognac은 무엇을 원료로 만든 술인가?

① 감자   ② 옥수수
③ 보리   ④ 포도

> 보드카 : 감자, 버번 : 옥수수

08 Sherry wine 의 원산지는?

① Bordeaux 지방
② Xeres 지방
③ Rhine 지방
④ Hockheim 지방

09 Rum의 주원료는?

① malt
② hop
③ molasses
④ juniper berry

> malt : Whisky, hop : Beer, molasses : Cane, juniper berry : Gin

10 양주에 표시된 도수 중 미국식 도수 표시(American proof) 86도는 우리나라 도수 표시로 몇 도에 해당하는가?

① 43도
② 86도
③ 172도
④ 7.9도

11 Gibson을 조주할 때 garnish는 무엇으로 하는가?

① Olive
② Cherry
③ Onion
④ Lime

12 레드 와인 제조 과정이 순서대로 연결된 것은?

① 수확-분쇄-압착-발효-숙성-여과-병입
② 수확-분쇄-발효-압착-숙성-여과-병입
③ 수확-분쇄-압착-숙성-발효-여과-병입
④ 수확-압착-분쇄-발효-숙성-여과-병입

13 Simple syrup을 만드는 데 필요한 것은?

① lemon
② butter
③ cinnamon
④ sugar

14 증류주가 아닌 것은?

① Rum
② Malt Whisky
③ Brandy
④ Vermouth

15 다음 계량단위 중 옳은 것은?

① 1oz = 28.35㎖
② 1Dash= 6Teaspoon
③ 1Jigger= 60㎖
④ 1shot= 100㎖

> 1oz = 28.35㎖ = 1Pony = 1Shot

16 일반적으로 Bourbon Whiskey를 주조할 때 약 몇 %의 어떤 곡물이 사용되는가?

① 50% 이상의 호밀
② 40% 이상의 감자
③ 51% 이상의 옥수수
④ 40%이상의 보리

17 바 스푼(Bar Spoon)의 용도에 대한 설명으로 틀린 것은?

① Floating Cocktail을 만들 때 사용한다.
② mixing glass를 이용하여 칵테일을 만들 때 휘젓는 용도로 사용한다.
③ 글라스의 내용물을 섞을 때 사용한다.
④ 얼음을 아주 잘게 부술 때 사용한다.

18 Fino를 일정기간 숙성시킨 것으로 숙성과정에서 색이 호박색(황금색)으로 변하는 medium sweet형의 sherry wine은?

① Amontillado
② Amoroso
③ Manzanilla
④ Oloroso

- Amoroso : 짙은 갈색에 단맛이 난다.
- Manzanilla : Fino를 일정기간 숙성시킨 것으로 뒷맛이 약간 쓰다.
- Oloroso : 스페인 셰리의 대표적인 스타일. 풀바디하며 카라멜향과 견과류의 향이 난다. 알콜도수는 18 ~ 21%

19 Still wine을 바르게 설명한 것은?

① 발포성 와인
② 식사 전 와인
③ 비발포성 와인
④ 식사 후 와인

20 얼음을 거르는 기구는?

① Jigger
② Cork Screw
③ Pourer
④ Strainer

- Jigger : 음료의 정확한 양을 측정하기 위한 도구
- Cork Screw : 와인을 오픈할 때 사용하는 도구
- Pourer : 음료를 따를 때 적당한 양 조절을 위해 병 입구에 끼우는 도구

21 칵테일의 특징이 아닌 것은?

① 부드러운 맛
② 분위기의 증진
③ 색, 맛, 향의 조화
④ 폴리페놀, 소화증진 효소 함유

22 맥주의 마개를 따서 맥주가 넘쳐 나올 경우의 보관·관리상 원인은?

① 시원하고 그늘진 곳에 보관하였다.
② 통풍이 잘되지 않는 지하에서 보관하였다.
③ 너무 차게 하였으나 너무 오래 되었다.
④ 건조하게 보관하였으며 직사광선에 노출되었다.

23 이탈리아 리큐르로 살구씨를 물과 함께 증류하여 향초성분과 혼합하고 시럽을 첨가해서 만든 리큐르는?

① Cherry Brandy
② Curacao
③ Amaretto
④ Tia Maria

24 Malt Whisky 제조 순서를 올바르게 나열한 것은?

㉮ 보리(2조 보리)	㉯ 침맥	㉰ 건조(피트)
㉱ 분쇄	㉲ 당화	㉳ 발효
㉴ 증류(단식증류)	㉵ 숙성	㉶ 병입

① ㉮-㉯-㉰-㉱-㉲-㉳-㉴-㉵-㉶
② ㉮-㉰-㉯-㉱-㉲-㉳-㉴-㉵-㉶
③ ㉮-㉯-㉱-㉰-㉳-㉲-㉴-㉵-㉶
④ ㉮-㉯-㉰-㉱-㉳-㉲-㉴-㉵-㉶

25 다음 칵테일의 조주기법이 바르게 연결된 것은?

㉮ 핑크레이디(Pink Lady)
㉯ 마티니(Martini)
㉰ 진앤토닉(Gin & Tonic)
㉱ 엔젤스팁(Angel's Tip)

① ㉮ 흔들기 – ㉯ 휘젓기 – ㉰ 직접넣기 – ㉱ 띄우기

② ㉠ 휘젓기 - ㉡ 흔들기 - ㉢ 직접넣기 - ㉣ 띄우기
③ ㉠ 띄우기 - ㉡ 휘젓기 - ㉢ 직접넣기 - ㉣ 흔들기
④ ㉠ 직접넣기 - ㉡ 휘젓기 - ㉢ 흔들기 - ㉣ 띄우기

26 아래의 설명에 해당하는 위스키는?

- 발아시킨 보리만을 원료로 사용한다.
- 맥아를 건조시킬 때 피트탄의 훈향(smoky flavor)이 배도록 한다.
- 단식증류기로 증류 후 오크통에서 숙성시킨다.

① Grain Whisky
② American Whiskey
③ Malt Whisky
④ Blended Whisky

27 다음에서 설명하는 민속주는?

호남의 명주로서 부드럽게 취하고 뒤끝이 깨끗하여 우리의 고유한 전통술로 정평이 나있고 쌀로 빚은 30도의 소주에 배, 생각, 울금 등 한약재를 넣어 숙성시킨 약주이다

① 이강주
② 춘향주
③ 국화주
④ 복분자주

28 맥주를 만드는 원료로 보리를 싹틔워 건조시킨 것은?

① 맥아
② 밀
③ 홉
④ 효모

29 칵테일을 서비스할 때 lemon peel로 장식하여 제공한다는 의미로 가장 적합한 것은?

① 레몬을 슬라이스하여 장식한다.
② 레몬을 정반으로 잘라 칵테일 잔에 넣는다.
③ 레몬껍질을 벗겨 잔에 걸친다.
④ 레몬주스를 리밍한다.

30 다음 중 중요무형문화재로 지정받은 민속주는?

① 전주 이강주
② 계룡 백일주
③ 서울 문배주
④ 한산 소곡주

31 Store room에서 쓰이는 bin card의 용도는?

① 품목별 불출입 재고 기록
② 품목별 상품특성 및 용도 기록
③ 품목별 수입가와 판매가 기록
④ 품목별 생산지와 빈티지 기록

32 Par stock이란?

① 영업장 보관 재고량
② 술 창고 보관 재고량
③ 일일 음료 판매량
④ 재고 순환율

33 aperitif에 대한 설명으로 옳은 것은?

① 식사 전에 먹는 식전주이다.
② 디저트용으로 먹는 술이다.
③ 메인음식과 함께 먹는 술이다.
④ 식사 후에 먹는 식후주이다.

34 다음 중 바텐더가 지켜야 할 사항이 아닌 것은?

① 항상 고객의 입장에서 근무하며 고객을 공평이 대할 것
② 업장에 손님이 없을 시에도 서비스 자세를 바르게 유지 할 것
③ 고객의 취향에 맞추어 서비스 할 것
④ 고객끼리의 대화를 할 경우 적극적으로 대화에 참여할 것

35 브랜디 글라스(Brandy Glass)에 대한 설명 중 틀린 것은?

① 튤립형의 글라스이다.
② 향이 잔속에서 휘감기는 특징이 있다.
③ 글라스를 예열하여 따뜻한 상태로 사용한다.
④ 브랜디는 글라스에 가득 채워 따른다.

36 발포성 와인의 서비스 방법으로 옳은 것은?

① 병을 수직으로 세운 후 병 안쪽의 압축가스를 신속하게 빼낸다.
② 병을 45도로 기울인 후 세게 흔들어 거품이 충분히 나도록 한 후 철사 열 개를 푼다.
③ 거품이 충분이 일어나도록 잔의 가운데에 한꺼번에 많은 양을 넣어 잔을 채운다.
④ 거품이 너무 나지 않게 잔의 내측 벽으로 흘리면서 잔을 채운다.

37 맥주를 저장할 때 신선한 맛을 유지하기 위하여 어떤 재고관리 방법을 활용하는 것이 좋은가?

① First In First Out
② Last In First Out
③ Maximum Inventory
④ Minimum Inventory

38 Cork screw의 사용 용도는?

① 와인의 병마개 따개용
② 와인의 병마개용
③ 와인 보관용 그릇
④ 잔 받침대

39 바텐더의 영업개시 전 준비사항으로 바람직하지 않은 것은?

① 레드와인을 냉각시킨다.
② 칵테일용 얼음을 준비한다.
③ 글라스의 청결도를 점검한다.
④ 적정재고를 점검한다.

🍷 레드와인은 15~18℃ 정도의 온도로 보관한다.

40 Glass류 취급 요령으로 맞지 않는 것은?

① 습기가 없는 청결한 장소에 보관 한다.
② 차게 서브되는 품목의 glass는 냉장고에 보관한다.
③ glass는 사용 후 기름기가 많을 때는 찬물에 세척한다.
④ rack 보관하여 파손을 줄인다.

41 Draft Beer 관리 방법으로 잘못된 것은?

① 충격을 주면 거품이 지나치게 많이 생기므로 주의한다.
② 적온 유지를 위해 냉장고에 보관한다.
③ 직사광선을 피한다.
④ 변질을 막기 위하여 냉동고에 보관한다.

42 Glass 취급 방법으로 가장 적합한 것은?

① glass 상단을 쥐고 서브한다.
② glass 중간을 쥐고 서브한다.
③ glass 하단 부분을 쥐고 서브한다.
④ glass 리밍 부분을 쥐고 서브한다.

43 Cocktail Equipment 가 아닌 것은?

① Cocktail Shaker
② Blender
③ Mixing Glass
④ Stirring

44 Brandy Base Cocktail이 아닌 것은?

① Gibson
② B & B
③ Side Car
④ Zoom

🍷
- Gibson : Dry Gin, Dry vermouth
- B & B : Brandy, Benedictine
- Side Car : Brandy, Cointreau, Lemon Juice
- Zoom : Brandy, Honey, Cream

45 주세법상 알코올분의 도수는 섭씨 몇 도에서 원용량 100분 중에 포함되어 있는 알코올분의 용량으로 하는가?

① 4도　　② 10도
③ 15도　　④ 20도

46 소주의 특성 중 아닌 것은?

① 초기에는 약용으로 음용되기 시작하였다.
② 희석식 소주가 가장 일반적이다.
③ 자작나무 숯으로 여과하기에 맑고 투명하다.
④ 저장과 숙성과정을 거치면서 고급화 된다.

47 Grasshopper 칵테일의 조주 기법은?

① Float & Layer
② Shaking
③ Stirring
④ Building

48 디캔딩(Decanting)작업이 필요하지 않은 와인은?

① 침전물이 많은 와인
② 오래 숙성된 레드 와인
③ 달콤한 화이트 와인
④ 숙성이 덜 된 거친 와인

49 주장 경영에 있어서 프라임 코스트(Prime Cost)는?

① 감가상각과 이자율
② 식음료 재료비와 인건비
③ 임대비 등의 부동산관련 비용
④ 초과근무수당

50 Standard recipe 설정의 장점이 아닌 것은?

① 일정한 품질과 맛의 지속적 유지
② 조주 원가 산정이 용이
③ 재료배합의 기준량 제시로 원가 관리용어
④ 음료 보관 관리가 용이

51 아래의 설명과 관계가 깊은 것은?

> As wine ages, Its original aroma changes with maturity.

① Growth
② Brilliant
③ Bouquet
④ Delicate

🍷 와인의 연도로 인해 본래의 향이 성숙한 향으로 변한다.

52 "Can you charge what I've just had to my room number 310?"의 뜻은?

① 내방 310호로 주문한 것을 배달해 줄 수 있습니까?
② 내방 310호로 거스름돈을 가져다 줄 수 있습니까?
③ 내방 310호로 담당자를 보내 주시겠습니까?
④ 내방 310호로 방금 마신 것을 달아놓아 주시겠습니까?

> charge : 계산하다, 충전하다

53 아래의 설명과 관련이 깊은 것은?

> Flavors associated with the grape fruit it self this would mean flavors that are inherent in the different grape varietals similar to berry-like, herbal, florae, etc.

① Aroma
② Bouquet
③ Tannin
④ Taste

> 여러 가지의 포도 본연의 향뿐 아니라 베리, 허브, 플로럴 등의 다양한 향

54 "얼음물 좀 더 갖다 드릴까요?"의 적합한 표현은?

① Shall you have some more ice water?
② Shall I get you some more ice water?
③ Will you get me some more ice water?
④ Shall I have some more ice water?

55 Which is not an appropriate definition?

① Ice Pick : 얼음을 잘게 부술 때 사용하는 기구
② Squeezer : 과즙을 짤 때 사용하는 기구
③ Ice Tong : 얼음을 제조하는 기구
④ Pourer : 주류를 따를 때 흘리지 않도록 하는 기구

> Ice Tong : 얼음을 집을 때 사용하는 기구

56 ( ) 안에 알맞은 리큐어는?

> ( ) is called 'the queen of liqueur'. this is one of the French traditional liqueur and is made from several years' aging after distilling of various herbs added to spirit.

① Chartreuse
② Benedictine
③ Kummel
④ Cointreau

57 고객과 종업원간의 대화에서 ( ) 안에 알맞은 것은?

> W : Welcome to Toscana restaurant.
> G : Do you have a table for three?
> W : Sorry. All the tables are occupied for now. Would you wait for a while in front of restaurant?
> G : Ok.
> ·········· a few minute later ··········
> W : ( ) We have a table for you.

① I am sorry to have kept you waiting.
② I am sorry to kept your wait.
③ I am sorry to have not kept you waiting.
④ I am sorry not to keep you waiting.

> 기다리게 해서 죄송합니다.

58 Select the place in which the French wine is not produced.

① Bordeaux
② Bourgogne
③ Alsace
④ Soave

🍷 Soave : 이탈리아의 와인산지

59 ( ) 안에 적합한 것은?

> What ( ) do you serve with a Manhattan?

① vegetable
② sauce
③ garniture(garnish)
④ condiment

60 밑줄 친 it에 해당하는 술은?

> It is colorless, tasteless, and odorless spirits.

① gin
② vodka
③ white rum
④ tequila

🍷 무색, 무취, 무향의 대표적 주류

정답 1회 적중 모의고사

01 ②	02 ④	03 ②	04 ②	05 ②
06 ④	07 ④	08 ②	09 ③	10 ①
11 ③	12 ②	13 ④	14 ④	15 ①
16 ③	17 ④	18 ①	19 ③	20 ④
21 ④	22 ③	23 ③	24 ①	25 ①
26 ③	27 ①	28 ①	29 ③	30 ③
31 ①	32 ①	33 ①	34 ④	35 ④
36 ④	37 ①	38 ①	39 ①	40 ③
41 ④	42 ③	43 ④	44 ①	45 ③
46 ③	47 ②	48 ③	49 ②	50 ④
51 ③	52 ④	53 ①	54 ②	55 ③
56 ①	57 ①	58 ④	59 ③	60 ②

적중 모의고사

01 커피에 대한 설명으로 틀린 것은?

① 아라비카종의 원산지는 에티오피아이다.
② 초기에는 약용으로 사용하기도 했다.
③ 발효와 숙성과정을 통하여 만들어 진다.
④ 카페인이 중추신경을 자극하여 피로감을 없애준다.

02 프랑스와인의 원산지 통제 증명법으로 가장 엄격한 기준은?

① D.O.C.
② A.O.C.
③ V.D.Q.S.
④ Q.M.P.

> • D.O.C. : 이탈리아
> • A.O.C. : 프랑스
> • Q.M.P. : 독일

03 Black Russian에 사용되는 글라스는?

① Cocktail glass
② Old fashioned glass
③ Sherry wine glass
④ High-ball glass

04 Whisky를 만드는 과정이 순서대로 나열된 것은?

① Fermentation - Mashing - Distillation - Aging
② Distillation - Mashing - Fermentation - Aging
③ Mashing - Fermentation - Distillation - Aging
④ Mashing - Distillation - Fermentation - Aging

> 위스키는 당화, 발효, 증류, 저장 및 숙성과정을 거쳐 만든다.

05 Aquavit에 대한 설명으로 틀린 것은?

① 감자를 맥아로 당화시켜 발효하여 만든다.
② 알코올 농도는 40~45% 이다.
③ 엷은 노란색이다.
④ 북유럽에서 만드는 증류주이다.

> Aquavit는 무색 투명하다.

06 다음 중 나머지 셋과 칵테일 만드는 기법이 다른 것은?

① Martini
② Grasshopper
③ Stinger
④ Zoom Cocktail

> Martini는 Stirring, 나머지는 Shaking 기법으로 만든다.

07 전통민속주 중 모주(母酒)에 대한 설명으로 틀린 것은?

① 조선 광해군 때 인목대비의 어머니가 빚었던 술이라고 알려져 있다.
② 증류해서 만든 제주도의 대표적인 민속주다.
③ 막걸리에 한약재를 넣고 끓인 해장술이다.
④ 계피가루를 넣어 먹는다.

08 주로 Blender를 사용하여 만드는 칵테일은?

① Mai Tai
② Seven and seven
③ Rusty nail
④ Angel's kiss

09 Rum 베이스 칵테일이 아닌 것은?

① Daiquiri
② Cuba Libre
③ Mai Tai
④ Stinger

🍷 Stinger는 브랜디 베이스 칵테일이다.

10 80Proof를 알코올의 도수(%)로 표시하면?

① 10%   ② 20%
③ 30%   ④ 40%

11 다음 중 Agave의 수액을 발효하여 만든 술은?

① Tequila
② Aquavit
③ Grappa
④ Rum

12 다음 중 Dry sherry의 용도로 가장 적합한 것은?

① Aperitif wine
② Dessert wine
③ Entree wine
④ Table wine

13 우리나라 고유의 술로 liqueur에 해당하는 것은?

① 삼해주
② 안동소주
③ 인삼주
④ 동동주

14 음료류와 주류에 대한 설명으로 틀린 것은?

① 맥주에서는 메탄올이 전혀 검출되어서는 안 된다.
② 탄산음료는 탄산가스압이 $0.5kg/cm^2$인 것을 말한다.
③ 탁주는 전분질 원료와 국을 주원료로 하여 술덧을 혼탁하게 제성한 것을 말한다.
④ 과일·채소류 음료에는 보존료로 안식향산을 사용할 수 있다.

15 다음 중 롱 드링크(long drink)에 해당하는 것은?

① Side car
② Stinger
③ Royal fizz
④ Manhattan

🍷 Long drink : Fizz, Collins, Sour, Sling, Punch 등

16 주로 생맥주를 제공할 때 사용하며 손잡이가 달린 글라스는?

① Mug glass
② Highball glass
③ Collins glass
④ Manhattan

17 다음 증류주에 대한 설명으로 틀린 것은?

① Gin은 곡물을 발효 증류한 주정에 두송나무 열매를 첨가한 것이다.
② Tequila는 멕시코 원주민들이 즐겨 마시는 풀케(Pulque)를 증류한 것이다.
③ Vodka는 무색, 무취, 무미하며 러시아인들이 즐겨 마신다.
④ Rum의 주원료는 서인도제도에서 생산되는 자몽(grapefruit)이다.

🍷 Rum의 주원료는 당밀과 사탕수수이다.

18 안동소주에 대한 설명으로 틀린 것은?

① 제조 시 소주를 내릴 때 소주 고리를 사용한다.
② 곡식을 물에 불린 후 시루에 쪄 고두밥을 만들고 누룩을 섞어 발효시켜 빚는다.
③ 경상북도무형문화재로 지정되어 있다.
④ 희석식소주로써 알코올 농도는 20도이다.

🍷 안동소주 : 증류식 소주

19 차와 코코아에 대한 설명으로 틀린 것은?

① 차는 보통 홍차, 녹차, 청차로 분류된다.
② 차의 등급은 잎의 크기나 위치 등에 크게 좌우된다.
③ 코코아는 카카오기름을 제거하여 만든다.
④ 코코아는 사이폰(syphon)을 사용하여 만든다.

20 다음 중 증류주는?

① Bourbon   ② Champagne
③ Beer   ④ Wine

🍷 ②, ③, ④항은 모두 양조주이다.

21 다음 중 Cognac지방의 brandy가 아닌 것은?

① Remy Martin
② Hennessy
③ Hiram walker
④ Napoleon

22 칵테일 잔의 밑받침대로 헝겊이나 두터운 종이로 만든 것은?

① Muddler
② Pourer
③ Stopper
④ Coaster

23 이탈리아 와인에 대한 설명으로 틀린 것은?

① 거의 전 지역에서 와인이 생산된다.
② 지명도가 높은 와인산지로는 피에몬테, 토스카나, 베네토 등이 있다.
③ 이탈리아의 와인등급체계는 5등급이다.
④ 네비올로, 산지오베제, 바르베라, 돌체토 포도품종은 레드와인용으로 사용된다.

24 맥주의 원료 중 홉(hop)의 역할이 아닌 것은?

① 맥주 특유의 상큼한 쓴맛과 향을 낸다.
② 알코올의 농도를 증가시킨다.
③ 맥아즙의 단백질을 제거한다.
④ 잡균을 제거하여 보존성을 증가시킨다.

25 토닉워터(Tonic water)에 대한 설명으로 틀린 것은?

① 무색투명한 음료이다.
② Gin과 혼합하여 즐겨 마신다.
③ 식욕증진과 원기를 회복시키는 강장제 음료이다.
④ 주로 구연산, 감미료, 커피 향을 첨가하여 만든다.

26 다음 중 혼성주에 속하는 것은?

① Whisky
② Tequila
③ Rum
④ Benedictine

27 탄산음료(carbonated drink)가 아닌 것은?

① Collins Mixer
② Soda Water
③ Ginger Ale
④ Grenadine Syrup

Grenadine Syrup : 당밀에 석류향을 넣어 만든 시럽이다.

28 다음 중 Sugar frost로 만드는 칵테일은?

① Rob Roy
② Kiss of Fire
③ Magarita
④ Angel's Tip

29 Old Fashioned에 필요한 재료가 아닌 것은?

① Whiskey
② Sugar
③ Angostra Bitter
④ Light Rum

30 여러 종류의 술을 비중이 무거운 것부터 차례로 섞이지 않도록 floating하여 만드는 것은?

① Long Island Iced Tea
② Pousse Cafe
③ Malibu Punch
④ Tequila sunrise

31 칵테일 조주 시 술의 양을 계량할 때 사용하는 기구는?

① squeezer
② Measure cup
③ Cork screw
④ Ice pick

Measure cup = 계량컵

32 뜨거운 물 또는 차가운 물에 설탕과 술을 넣어서 만든 칵테일은?

① Toddy   ② Punch
③ Sour   ④ Sling

33 백포도주를 서비스 할 때 함께 제공하여야 할 기물은?

① Bar spoon
② Wine cooler
③ Muddler
④ Tongs

34 효과적인 주장 음료관리 방법으로 잘못된 것은?

① 주문 시에는 서면구매 청구서를 사용한다.
② 검수 시에는 송장과 구매 청구서를 대조, 체크한다.
③ 영속적인 재고조사 시스템을 둔다.
④ 바의 간이창고에는 한 달분의 재료를 저장한다.

35 다음 중 가장 Dry한 표기는?

① Brut
② Sec
③ Doux
④ Demi sec

36 다음 중 칵테일 재료선택 방법 및 보관방법으로 틀린 것은?

① 과실은 신선하고 모양이 좋은 것을 선택하고 냉장고에 보관한다.
② 계란은 껍데기가 매끄럽고, 흔들었을 때 소리가 나는 것을 선택한다.
③ 탄산음료는 구입 시 병마개가 녹슬지 않았는지 확인한다.
④ 포도주는 병을 눕혀 코르크마개가 항상 젖은 상태로 보관해야 한다.

🍷 계란은 껍데기가 거칠고, 흔들었을 때 소리가 나지않아야 신선하다.

37 Short drink 칵테일이 아닌 것은?

① Martini
② Manhattan
③ Gin & Tonic
④ Bronx

🍷 Gin & Tonic – Long drink

38 다음 중 주세법상 발효주류에 해당하지 않는 것은?

① 소주
② 탁주
③ 약주
④ 과실주

🍷 소주 – 증류주

39 Champagne 서브 방법으로 옳은 것은?

① 병을 미리 흔들어서 거품이 많이 나도록 한다.
② 0~4℃ 정도의 냉장온도로 서브한다.
③ 쿨러에 얼음과 함께 담아서 운반한다.
④ 가능한 코르크를 열 때 소리가 크게 나도록 한다.

40 Corkage Charge의 의미는?

① 고객이 다른 곳에서 구입한 주류를 바(Bar)에 가져와서 마실 때 부과되는 요금
② 고객이 술을 보관할 때 지불하는 보관 요금
③ 고객이 Bottle 주문 시 따라 나오는 Soft Drink의 요금
④ 적극적인 고객 유치를 위한 판촉비용

41 다음 중 나무딸기 시럽은?

① Grenadine Syrup
② Maple Syrup
③ Raspberry Syrup
④ Plain Syrup

42 재고가 과도한 경우의 단점이 아닌 것은?

① 판매 기회가 상실된다.
② 식재료의 손실을 초래한다.
③ 필요 이상의 유지 관리비가 유지된다.
④ 기회 이익이 상실된다.

🍷 재고가 적정보다 적을 경우 판매 기회가 상실될 수 있다.

43 다음 중 Rum의 맛에 의한 분류로 옳은 것은?

① Light Rum : 향신료를 첨가한 것이 특징이다.
② Heavy Rum : 색과 향이 가장 진한 럼으로, 단식증류기를 사용하여 증류한다.
③ Flavored Rum : Light Rum 과 Heavy Rum의 중간 타입을 말한다.
④ Medium Rum : 가볍고 깔끔한 맛을 가진 Rum을 말한다.

44 Gin fizz를 서브할 때 사용하는 글라스는?

① cocktail glass
② champagne glass
③ liqueur glass
④ High-ball glass

45 다음 중 주로 Tropical cocktail 조주할 때 사용하며 "두들겨 으깬다."라는 의미를 가지고 있는 얼음은?

① Shaved Ice
② Crushed Ice
③ Cubed Ice
④ Cracked Ice

46 Par Stock은 무엇을 의미하는가?

① 식음료 재료저장
② 식음료 예비저장
③ 영업에 필요한 적정 재고량
④ 영업 후 남아 보관하여야 할 상품

47 다음 중 Bitters란?

① 박하냄새가 나는 녹색의 색소
② 칵테일이나 기타 드링크류에 사용하는 향미 제용 술
③ 야생체리로 착색한 무색투명한 술
④ 초콜릿 맛이 나는 시럽

48 다음 중 병행복발효주는?

① 와인　　② 맥주
③ 사과주　④ 청주

> 양조주에는 단발효주와 복발효주가 있다. 단발효주는 당분을 그대로 발효시켜 만드는 포도주와 사과주가 있고 복발효주에는 단행복발효주(맥주)와 병행복발효주(막걸리, 청주)가 있다.

49 원가의 분류에서 고정비에 해당하는 것은?

① 직접재료비
② 직접노무비
③ 공장건물에 대한 보험료
④ 일정비율로 지급되는 판매수수료

50 레스토랑에서 사용하는 용어인 "Abbreviation"의 의미는?

① 헤드웨이터가 몇 명의 웨이터들에게 담당 구역을 배정하여 고객에 대한 서비스를 제공하는 제도
② 주방에서 음식이 미리 접시에 담아 제공하는 서비스
③ 레스토랑에서 고객이 찾고자 하는 고객을 대신 찾아주는 서비스
④ 원활한 서비스를 위해 사용하는 직원 간에 미리 약속된 메뉴의 약어

51 다음 ( ) 안에 가장 알맞은 것은?

What Kind of drink would you ( )?

① like to
② like
③ have to
④ has

52 다음 중 다른 보기들과 의미가 다른 하나는?

① May I take your order?
② Are you ready to order?
③ What would you like, Sir?
④ How would you like, Sir?

53 다음 밑줄 친 단어의 의미는?

> A : This beer is flat. I don't like warm beer.
> B : I'll have them replace it with a cold one.

① 시원한
② 맛이 좋은
③ 김이 빠진
④ 너무 독한

54 다음 중 ( ) 안에 알맞은 것은?

> Main ingredient of ( ) is potato. ( ) is characterized by no color, no smell and no taste. It is usually used by base of cocktail.

① Brandy
② Gin
③ Vodka
④ Whisky

🍷 주원료가 감자, 무색, 무미, 무취한 특징을 가진 술은 Vodka이다.

55 What is the liqueur made by orange peel originated from Venezuela?

① Drambuie
② Grand Marnier
③ Benedictine
④ Curacao

56 다음 중 ( ) 안에 알맞은 것은?

> ( ) is the chemical interaction of grape sugar and yeast cells to produce alcohol, carbon dioxide and heat.

① Distillation
② Maturation
③ Blending
④ Fermentation

🍷 • Distillation : 증류
• Maturation : 숙성
• Blending : 혼합
• Fermentation : 발효

57 Which one is basic liqueur among the cocktail name which containing "Alexander"?

① Gin
② Vodka
③ Whisky
④ Rum

58 "I feel like throwing up."의 의미는?

① 토할 것 같다.
② 기분이 너무 좋다.
③ 공을 던지고 싶다.
④ 술을 마시고 싶다.

🍷 feel like ~ing : ~할 것 같다.

59 Which one is distilled from fermented fruit?

① Gin
② Wine
③ Brandy
④ Whisky

60 "All tables are booked tonight"과 의미가 같은 것은?

① All books are on the table.
② There are a lot of tables here.
③ All tables are very dirty tonight.
④ There aren't any available tables tonight.

book : 예약하다.(= reservation)

정답 2회 적중 모의고사

01 ③	02 ②	03 ②	04 ③	05 ③
06 ①	07 ②	08 ①	09 ④	10 ④
11 ①	12 ①	13 ③	14 ①	15 ③
16 ①	17 ④	18 ④	19 ④	20 ①
21 ③	22 ④	23 ③	24 ②	25 ④
26 ④	27 ④	28 ②	29 ④	30 ②
31 ②	32 ①	33 ②	34 ④	35 ①
36 ②	37 ③	38 ①	39 ③	40 ①
41 ③	42 ①	43 ②	44 ④	45 ②
46 ③	47 ②	48 ④	49 ③	50 ④
51 ②	52 ④	53 ③	54 ③	55 ④
56 ④	57 ①	58 ①	59 ③	60 ④

적중 모의고사

3회 CBT대비 적중 모의고사

QUESTIONS FROM PREVIOUS TESTS

01 다음 중 저장 숙성(Aging)시키지 않는 증류주는?

① Scotch Whisky
② Brandy
③ Vodka
④ Bourbon Whisky

🍷 Vodka : 무색, 무취, 무향의 특징을 가지고 있다.

02 다음 증류주 중에서 곡류의 전분을 원료로 하지 않는 것은?

① 진(gin)
② 럼(Rum)
③ 보드카(Vodka)
④ 위스키(Whisky)

03 다음 중 레몬(lemon)이나 오렌지 슬라이스(Orange Slice)와 체리(Red Cherry)를 장식하여 제공되는 칵테일은?

① Tom Collins
② Martini
③ Rusty Nail
④ Black Russian

04 Daiquiri Frozen의 주재료와 부재료는 어느 것인가?

① Grenadine syrup과 Lime juice
② Vodka와 Lime juice
③ Rum과 Lime juice
④ Brandy와 Grenadine syrup

05 다음 리큐르(liqueur) 중 베일리스가 생산되는 곳은?

① 스코틀랜드
② 아일랜드
③ 잉글랜드
④ 뉴질랜드

06 위스키(Whisky)를 그대로 마시기 위해 만들어진 스트레이트 글라스(Straight glass)의 용량은?

① 1~2 온스
② 4~5 온스
③ 6~7 온스
④ 8~9 온스

07 다음 중 우리나라의 전통주가 아닌 것은?

① 소흥주
② 소곡주
③ 문배주
④ 경주법주

08 다음 중 양조주(Fermented Liquer)에 포함되지 않는 것은?

① 와인
② 맥주
③ 막걸리
④ 진

09 호크(Hock) 와인이란?

① 독일 라인산 화이트와인
② 프랑스 버건디산 화이트와인
③ 스페인산 호크하임엘산 레드와인
④ 이탈리아 피에몬테산 레드와인

10 양조주에 대한 설명으로 옳은 것은?

① 당질 또는 전분질 원료에 효모를 첨가하여 발효시켜 만든 술이다.
② 발효주에 열을 가하여 증류하여 만든다.
③ Amaretto, Drambuie, Cointreau 등은 양조주에 속한다.
④ 증류주 등에 초근, 목피, 향료, 과즙, 당분을 첨가하여 만든 술이다.

11 와인(Wine)의 빈티지(Vintage)설명을 올바르게 한 것은?

① 포도의 수확년도를 가리키는 것으로 병의 라벨에 표기되어 있다.
② 와인 숙성시키는 기간을 의미하고 병의 라벨에 표기되어 있다.
③ 와인을 발효시키는 기간과 첨가물을 의미한다.
④ 와인의 향과 맛을 나타내는 것으로 병의 라벨에 표기되어 있다.

12 다음 중 발포성포도주가 아닌 것은?

① Vin Mousseux
② Vin Rouge
③ Sekt
④ Spumante

- Vin Rouge : 적포도주
- Vin Mousseux : 프랑스
- Sekt : 독일
- Spumante : 이태리

13 와인 제조용 포도 재배 시 일조량이 부족한 경우의 해결책은?

① 알코올분 제거
② 황산구리 살포
③ 물 첨가하기
④ 발효 시 포도즙에 설탕을 첨가

14 Rob Roy를 조주할 때는 일반적으로 어떤 술을 사용하는가?

① Rye Whisky
② Bourbon Whisky
③ Canadian Whisky
④ Scotch Whisky

15 포도주(Wine)의 용도별 분류가 바르게 된 것은?

① 백(White Wine)포도주, 적(Red)포도주, 녹색(Green)포도주
② 감미(Sweet)포도주, 산미(Dry)포도주
③ 식전포도주(Aperitif Wine), 식탁포도주(Table Wine), 식후포도주(Dessert Wine)
④ 발포성 포도주(Sparkling Wine), 비발포성 포도주(Still Wine)

16 비중이 서로 다른 술을 섞이지 않고 띄워서 여러 가지 색상을 음미할 수 있는 칵테일은?

① 프라페(Frappe)
② 슬링(Sling)
③ 피즈(Fizz)
④ 포즈카페(Pousse Cafe)

17 다음 레시피(Recipe)의 칵테일 명으로 올바른 것은?

> Dry Gin 1과 1/2oz
> Lime Juice 1oz
> Powder Sugar 1tsp

① Gimlet Cocktail
② Stinger Cocktail
③ Dry Gin
④ Manhattan

18 식사 중 생선(Fish)코스에 주로 곁들여 지는 술은?

① 크림 셰리(Cream Sherry)
② 레드 와인(Red Wine)
③ 포트 와인(Port wine)
④ 화이트 와인(White wine)

19 콘 위스키(Corn Whisky)란?

① 50% 이상 옥수가 포함된 것
② 옥수수 50%, 호밀 50%가 섞인 것
③ 80% 이상 옥수수가 포함된 것
④ 40% 이상 옥수수가 포함된 것

20 다음 칵테일(Cocktail) 중 글라스(Glass) 가장자리에 소금으로 프로스트(Frost)하여 내용물을 담는 것은?

① Million Dollar
② Cuba Libre
③ Grasshopper
④ Margarita

21 장식으로 라임 혹은 레몬 슬라이스 칵테일로 어울리지 않는 것은?

① 모스코뮬(Moscow Mule)
② 진토닉(Gin & Tonic)
③ 맨하탄(Manhattan)
④ 쿠바 리브레(Cuba Libre)

22 주류에 따른 일반적인 주정도수의 연결이 틀린 것은?

① Beer : 4~11% alcohol by volume
② Vermouth : 44~45% alcohol by volume
③ Fortified Wines : 18~21% alcohol by volume
④ Brandy : 40% alcohol by volume

23 다음 탄산음료 중 없을 경우 레몬 1/2oz, 슈가시럽 1tsp, 소다수를 사용하여 만들 수 있는 음료는?

① 시드르
② 사이다
③ 카린스 믹스
④ 스프라이트

24 프랑스의 포도주 생산지가 아닌 것은?

① 보르도
② 보르고뉴
③ 보졸레
④ 키안티

25 Rum 베이스 칵테일이 아닌 것은?

① Daiquiri
② Cuba Libre
③ Mai Tai
④ Stinger

26 Gin Fizz의 특징이 아닌 것은?

① 하이볼 글라스를 사용한다.
② 기법으로 Shaking과 Building을 병행한다.
③ 레몬의 신맛과 설탕의 단맛이 난다.
④ 칵테일 어니언(Onion)으로 장식한다.

27 다음 중 알코올의 함량이 가장 많은 것은?

① 알코올 40도의 위스키 1잔(1oz)
② 알코올 10도의 와인 1잔(4oz)
③ 알코올 5도의 맥주 2잔(16oz)
④ 알코올 20도의 소주 1잔(2oz)

🍷 ① : 1oz, ② : 4oz, ③ : 16oz, ④ : 2oz

28 Pina Colada를 만들 때 필요한 재료로 가장 거리가 먼 것은?

① 럼
② 파인애플 쥬스
③ 코코넛 밀크
④ 레몬쥬스

29 다음 중 원료가 다른 술은?

① 트리플 섹
② 마라스퀸
③ 꼬엥뜨로
④ 블류 퀴라소

🍷 • 트리플 섹, 꼬엥뜨로, 블류 퀴라소 : 오렌지
• 마라스퀸 : 체리

30 Liqueur병에 적혀 있는 D.O.M의 의미는?

① 이탈리아어의 약자로 최고의 리큐르라는 뜻이다.
② 라틴어로 베네딕틴 술을 말하며, 최선, 최대의 신에게 라는 뜻이다.
③ 15년 이상 숙성된 약술을 의미한다.
④ 프랑스 샹빠뉴 지방에서 생산된 리큐르를 의미한다.

31 맥주의 관리방법으로 잘못된 것은?

① 맥주는 5~10℃의 냉장온도에서 보관하여야 한다.
② 장시간 보관·숙성시켜서 먹는 것이 좋다.
③ 병을 굴리거나 뒤집지 않는다.
④ 직사광선을 피해 그늘지고 어두운 곳에 보관하여야 한다.

🍷 맥주는 유효기간을 중시하여 선입선출을 철저히 지켜야 한다.

32 와인의 코르크가 건조해져서 와인이 산화되거나 스파클링 와인일 경우 기포가 빠져나가는 것을 막기 위한 방법은?

① 와인을 서늘한 곳에 보관한다.
② 와인의 보관위치를 자주 바꿔준다
③ 와인을 눕혀서 보관한다.
④ 냉장고에 세워서 보관한다.

33 칵테일 제조 시 혼합하기 힘든 재료를 섞거나 프로즌 스타일의 칵테일을 만들 때 사용하는 기구는?

① Blender
② Bar spoon
③ Muddle
④ Mixing glass

34 메뉴 구성 시 산지, 빈티지, 가격 등이 포함되어야 하는 품목과 거리가 먼 것은?

① 칵테일
② 와인
③ 위스키
④ 브랜디

35 다음은 바 수익관리에 관련된 용어들이다. 틀리게 설명된 것은?

① 수익(Revenue income) - 총수익에서 모든 비용을 빼고 남은 금액
② 비용(Expense) - 상품 등을 생산하는데 필요한 여러 생산 요소에 지불되는 대가
③ 총수익(Gross profit) - 전체음료의 판매수익에서 판매된 음료에 소요된 비용을 제한 것
④ 감가상각비(Depreciation) - 시간의 흐름에 자산의 가치 감소를 회계에 반영하는 것

 Net income : 총수익에서 모든 비용을 빼고 남은 금액

36 가장 차가운 칵테일을 만들 때 사용하는 얼음은?

① Shaved Ice
② Crushed Ice
③ Cubed Ice
④ Lump of Ice

 입자가 가장 작은 얼음이 차가운 칵테일을 만들 때 용이하다.

37 영업을 폐점하고 남은 물량을 품목별로 재고 조사하는 것을 무엇이라 하는가?

① Daily Issue
② Par Stock
③ Inventory Management
④ FIFO

38 주류를 글라스에 담아서 고객에게 서빙 할 때 글라스 밑받침으로 사용하는 것은?

① 스터러(stirrer)
② 디켄더(decanter)
③ 컷팅보드(Cutting board)
④ 코스터(coaster)

39 아래에서 설명하는 Glass는?

위스키 사워, 브랜디 사워 등의 사워 칵테일에 주로 사용되며 3~5oz를 담기에 적당한 크기이다.
Stem이 길고 위가 좁고 밑이 깊어 거의 평형으로 생겼다.

① Goblet
② Wine Glass
③ Sour Glass
④ Cocktail Glass

40 용량 표시가 옳은 것은?

① 1 Tea spoon = 1/32oz
② 1 Pony = 1/2oz
③ 1 Pint = 1/2 Quart
④ 1 Table spoon = 1/32oz

41 브랜디와 코냑에 대한 설명으로 틀린 것은?

① 모든 코냑은 브랜디에 속한다.
② 모든 브랜디는 코냑에 속한다.
③ 코냑비장에서 생산되는 브랜디만이 코냑이다.
④ 코냑은 포도를 주재료로 한 증류주의 일종이다.

42 다음 중 Tumbler glass는 어느 것인가?

① Champagne glass
② Cocktail glass
③ Highball glass
④ Brandy glass

43 다음 중 유효기간이 있는 것은?

① Rum
② Liqueur
③ Guinness Beer
④ Brandy

44 Muddler에 대한 설명으로 틀린 것은?

① 설탕이나 장식과일 등을 으깨거나 혼합하기에 편리하게 사용할 수 있는 긴 막대형이다.
② 칵테일 장식에 체리나 올리브 등을 찔러 사용한다.
③ 롱드링크를 마실 때는 휘젓는 용도로 사용한다.
④ Stirring Rod 라고도 한다.

45 바 웨이터의 역할과 거리가 먼 것은?

① 음료의 주문 그리고 서비스를 담당 한다.
② 영업시간 전에 필요한 사항을 준비한다.
③ 고객을 위해서 테이블을 재정비 한다.
④ 칵테일을 직접 조주한다.

46 다음 중 카페라떼(Caffelatte)커피의 재료로 알맞은 것은?

① 에스프레소 20~30㎖, 스팀밀크 120㎖, 계피가루 약간
② 에스프레소 20~30㎖, 스팀밀크 120㎖
③ 에스프레소 20~30㎖, 스팀밀크 120㎖, 캐러멜시럽 30㎖
④ 에스프레소 20~30㎖, 스팀밀크 120㎖, 화이트초코시럽 30㎖

🍷 계피가루는 카푸치노의 재료로 쓰인다.

47 다음 중 주세법상 발효주류에 해당하지 않는 것은?

① 소주
② 탁주
③ 약주
④ 과실주

48 바텐더가 영업시작 전 준비하는 업무가 아닌 것은?

① 충분한 얼음을 준비한다.
② 글라스의 청결도를 점검한다.
③ 레드와인을 냉각시켜 놓는다.
④ 전처리가 필요한 과일 등을 준비해 둔다.

49 주장의 영업 허가가 되는 근거 법률은?

① 외식업법
② 음식업법
③ 식품위생법
④ 주세법

50 음료를 풀고 할 때 선입선출(FIFO: First In, First Out)의 원칙을 지켜야 하는 이유에 대하여 올바르게 표현한 것은?

① 부패에 의한 손실을 최소화하기 위함이다.
② 정확한 재고조사를 하기 위함이다.
③ 적정 재고량(Par stock)을 저장하기 위함이다.
④ 유효기간을 차악하기 위함이다.

51 The post office is the Hotel?

① close
② closed by
③ close for
④ close to

- close : 문을 닫다
- closed by : 인근에
- close for : ~을 위해 닫힌
- close to : 아주 가까이에

52 밑줄 친 부분의 가장 알맞은 말은?

A : I am buying drinks tonight.
B : _____

① What happened?
② What's wrong with you?
③ What's the matter with you?
④ What's the occasion?

53 다음 문장이 의미하는 것은?

Why don't you come out of yourself?

① 속마음을 이야기해 보는 것이 어때?
② 왜 나오지 않는 거니?
③ 왜 너 스스로 다 하려고 하니?
④ 네 의견은 무엇이니?

- why don't you~ : ~하는 건 어때?

54 다음 문장의 ( ) 안과 같은 뜻은?

You (don't have to) go so early.

① have not
② do not
③ need not
④ can not

"하지 않아도 됩니다." 의 뜻

55 Please select the cocktail-based wine in the following.

① Mai-Tai
② Mah-Jong
③ Salty-Dog
④ Sangria

56 다음 영문의 ( )에 들어갈 말은?

May I ( ) you cocktail before dinner?

① put
② service
③ take
④ bring

식사 전에 칵테일을 돌릴까요?

57 다음 ( ) 안에 알맞은 것은?

> ( ) is mostly made from grain or potatoes but can also be produced using a wide variety of ingredients including beetroot, carrots or even chocolate.

① Gin
② Rum
③ Vodka
④ Tequila

🍷 곡물 또는 감자로 만드는 주류

58 Which of the following is not scotch whisky?

① Cutty Sark
② White Horse
③ John Jameson
④ Royal Salute

59 ( ) 안에 가장 적합한 것은?

> May I have ( ) coffee, please?

① some
② many
③ to
④ only

🍷 셀 수 없는 명사일 때 some, 셀 수 있는 명사는 many

60 Choose a wine that can be served before meal.

① Table Wine
② Dessert win
③ Aperitif wine
④ Port wine

정답 3회 적중 모의고사

01 ③	02 ②	03 ①	04 ③	05 ②
06 ①	07 ①	08 ④	09 ①	10 ①
11 ①	12 ②	13 ④	14 ④	15 ③
16 ④	17 ①	18 ④	19 ③	20 ④
21 ③	22 ②	23 ③	24 ①	25 ④
26 ④	27 ③	28 ④	29 ②	30 ②
31 ②	32 ③	33 ①	34 ①	35 ①
36 ①	37 ③	38 ④	39 ③	40 ③
41 ③	42 ③	43 ③	44 ②	45 ④
46 ②	47 ①	48 ③	49 ④	50 ①
51 ④	52 ④	53 ①	54 ③	55 ④
56 ④	57 ③	58 ③	59 ①	60 ③

4회 적중 모의고사

01 에일(Ale)은 어느 종류에 속하는가?

① 와인(Wine)
② 럼(Rum)
③ 리큐르(Liqueur)
④ 맥주(Beer)

> 상면발효 맥주 : 에일, 스타우트, 프로터

02 탄산가스를 함유하지 않은 일반적인 와인을 의미하는 것은?

① Sparkling wine
② Fortified wine
③ Aromatic wine
④ Still wine

> • Sparkling wine : 발포성 와인
> • Fortified wine : 주정강화와인
> • Aromatic wine : 혼성와인

03 Benedictine의 Bottle에 적인 D.O.M의 의미는?

① 완전한 사랑
② 최선 최대의 신에게
③ 쓴맛
④ 순록의 머리

> Deo Optimo Maximo(=The Optimum Maximum)

04 칵테일을 만드는 3가지 기본 방법이 아닌 것은?

① Pouring
② Shaking
③ Blending
④ Stirring

05 이탈리아 밀라노 지방에서 생산되며, 오렌지와 바닐라 향이 강하고 길쭉한 병에 담긴 리큐르는?

① Galliano
② Kummel
③ Kahlua
④ Drambuie

> • Kummel : 화향초 열매로 만든 리큐어
> • Kahlua : 커피 리큐어
> • Drambuie : 스카치 위스키에 약초와 벌꿀을 첨가하여 만든 리큐어

06 양주병에 80 proof라고 표기되어 있는 것은 알코올 도수 얼마에 해당하는가?

① 80%
② 40%
③ 20%
④ 10%

> 1proof는 0.5도에 해당된다.

07 다음에서 설명되는 우리나라 고유의 술은?

> 엄격한 법도에 의해 술을 담근다는 전통주로 신라시대부터 전해오는 유상곡수(流觴曲水)라 하여 주로 상류계급에서 즐기던 것으로 중국 남방 술인 사오싱주보다 빛깔은 좀 희고 그 순수한 맛이 가히 일품이다.

① 두견주
② 인삼주
③ 감홍로주
④ 경주교동법주

08 샴페인 제조 과정 중 바르게 설명된 것은?

① 2차 발표 : 2차 발효는 포도에서 나온 당과 효모를 이용한다.
② 르뮈아주(Remuage) : 찌꺼기를 병목에 모으는 작업이다.
③ 데고르주망(Degorgement) : 찌꺼기를 제거하기 위하여 영하 10℃ 정도에 병목을 얼린다.
④ 도쟈주(Dosage) : 코르크로 병을 막는다.

- 와인의 2차 발효 : 당과 효모를 주입하여 탄산가스를 만든다.
- 데고르주망 : 샴페인 제조시 찌꺼기를 제거하기 위해 영하 25~30℃에서 얼리는 작업이다.
- 도쟈주 : 데고르주망 작업 후 손실된 양을 와인 등의 혼합물로 채우는 것이다.

09 Grain whisky에 대한 설명으로 옳은 것은?

① Silent spirit라고도 불린다.
② 발아시킨 보리를 원료로 해서 만든다.
③ 향이 강하다.
④ Andrew Usher에 의해 개발되었다.

- 몰트위스키 : 발아시킨 보리를 원료로 한다.
- 블렌디드 위스키 : Andrew Usher에 의해 개발되었다.

10 다음 중 노 믹싱(No Mixing)의 방법으로 만들어지는 칵테일은?

① Highball
② Gin fizz
③ Royal Cafe
④ Flip

11 헤네시의 등급 규정으로 틀린 것은?

① EXTRA : 15~25년
② V.O : 15년
③ X.O : 45년 이상
④ V.S.O.P : 20~30년

- Extra : 70~75년

12 다음 중 중요무형문화재로 지정받은 민속주는?

① 전주 이강주
② 계룡 백일주
③ 서울 문배주
④ 한산 소곡주

13 와인의 발효 중 젖산발효에 대한 설명으로 가장 거리가 먼 것은?

① 보다 좋은 알코올을 얻기 위해서 한다.
② 말로락틱 발효(Malolactic Fermentation)라고도 한다.
③ 신맛을 줄여 와인을 부드럽게 한다.
④ 모든 와인에 필요한 것이 아니라 선택적으로 한다.

14 Draft(or Draught) Beer란?

① 미살균 맥주
② 살균 맥주
③ 살균 병맥주
④ 장기 저장 가능 맥주

15 Whisky의 유래가 된 어원은?

① Usque baugh
② Aqua vitae
③ Eau-de-vie
④ Vodaka

16 다음 중 완성 후 Nutmeg를 뿌려 제공하는 것은?

① Egg nogg
② Tom collins
③ Golden cadillac
④ Paradise

계란의 비린내를 제거하기 위해서 넛멕을 뿌린다.

17 Whisky의 재료가 아닌 것은?

① 맥아
② 보리
③ 호밀
④ 감자

18 칵테일 장식과 그 용도가 적합하지 않은 것은?

① 체리 – 감미타입 칵테일
② 올리브 – 쌉쌀한 맛의 칵테일
③ 오렌지 – 오렌지 주스를 사용한 롱 드링크
④ 셀러리 – 달콤한 칵테일

19 맥주 제조과정 중 1차 발효 후 숙성 시의 적당한 보관 온도는?

① 4℃
② 8℃
③ 12℃
④ 20℃

20 이탈리아 리큐르로 살구 씨를 물과 함께 증류하여 향초 성분과 혼합하고 시럽을 첨가해서 만든 리큐르는?

① Cherry Brandy
② Curacao
③ Amaretto
④ Tia Maria

- Curacao : 오렌지나 그 껍질을 이용해서 만든 리큐어
- Tia Maria : 럼을 베이스로 한 커피 리큐어

21 White Wine을 차게 마시는 이유는?

① 유산은 온도가 낮으면 단맛이 강해지기 때문이다.
② 사과산은 온도가 차가울 때 더욱 Fruity하기 때문이다.
③ Tannin의 맛은 차가울수록 부드러워지기 때문이다.
④ Polyphenol은 차가울 때 인체에 더욱 이롭기 때문이다.

22 다음 중 Dry Sherry의 용도로 가장 적합한 것은?

① Aperitif Wine
② Dessert Wine
③ Entree Wine
④ Table Wine

23 셰이커(Shaker)를 사용한 후 가장 적당한 보관 방법은?

① 사용 후 물에 담가 놓는다.
② 사용할 때 씻어서 사용한다.
③ 사용 후 씻어서 물이 빠지도록 몸통과 스트레이너를 분리하여 엎어 놓는다.
④ 씻어서 뚜껑을 닫아서 보관한다.

24 다음 계량단위 중 옳은 것은?

① 1oz = 28.35㎖
② 1Dash = 6Teaspoon
③ 1Jigger = 60㎖
④ 1Shot = 1.5oz

> • 1Dash = 5~6drops(약 1/32oz)
> • 1Jigger = 45㎖
> • 1Shot = 1oz = 1Finger = 1Pony

25 다음 중 1Pony의 액체 분량과 다른 것은?

① 1oz
② 30㎖
③ 1Pint
④ 1Shot

26 담색 또는 무색으로 칵테일의 기본주로 사용되는 Rum은?

① Heavy Rum
② Medium Rum
③ Light Rum
④ Jamaica Rum

27 달걀, 우유, 시럽 등의 부재료가 사용되는 칵테일을 만드는 방법은?

① Mix
② Stir
③ Shake
④ Float

28 칵테일 잔의 밑받침대로 헝겊이나 두터운 종이로 만든 것은?

① Muddler
② Pourer
③ Stopper
④ Coaster

29 다음 중 데킬라(Tequila)를 주재료로 하지 않고 있는 칵테일은?

① Margarita
② Ambassador
③ Long Island Iced Tea
④ Sangria

> Sangria : 와인, 소다수, 레몬즙

30 다음 재료 중 칵테일 조주 시 많이 사용되는 붉은색의 시럽은?

① Maple Syrup
② Honey
③ Plain Syrup
④ Grenadine Syrup

31 다음 중 Vodka Base Cocktail은?

① Paradise Cocktail
② Million Cocktail
③ Bronx Cocktail
④ Kiss of Fire

> Paradise Cocktail, Million Cocktail, Bronx Cocktail 는 Gin을 베이스로 한다.

32 식료와 음료를 원가관리 측면에서 비교할 때 음료의 특성에 해당하지 않는 것은?

① 저장 기간이 비교적 길다.
② 가격 변화가 심하다.
③ 재고조사가 용이하다.
④ 공급자가 한정되어 있다.

33 접객 서비스의 책임자로 접객원들의 교육훈련 및 관리를 담당하며 접객 서비스 업무를 수행하는 종사원은?

① F&B 매니저(Food Beverage Manager)
② 바 매니저(Bar Manager)
③ 바 캡틴(Bar Captain)
④ 바텐더(Bartender)

34 다음 중 제품을 생산하기까지 소비된 직접 재료비, 직접 노무비, 직접 경비를 합산한 원가는?

① 제조원가
② 직접원가
③ 총원가
④ 판매원가

직접원가 = 직접재료비 + 직접노무비 + 직접경비

35 블랜더(Blend)의 설명으로 어울리지 않는 것은?

① Blender를 사용하여 혼합하는 조주방법이다.
② 일명 믹스하는 칵테일 조주방법이다.
③ 진토닉(Gin Tonic)을 만드는 조주방법이다.
④ 트로피칼(Tropical) 칵테일을 만들 때 주로 사용한다.

36 고객이 위스키 스트레이트를 주문하고, 얼음과 함께 콜라나 소다수, 물 등을 원하는 경우 이를 제공하는 글라스는?

① Wine Decanter
② Cocktail Decanter
③ Collins Glass
④ Cocktail Glass

37 위생적인 맥주(Beer) 취급 절차로 가장 거리가 먼 것은?

① 맥주를 따를 때는 넘치지 않게 글라스에 7부 정도 채우고 나머지 3부 정도를 거품이 솟아오르도록 한다.
② 맥주를 따를 때는 맥주병이 글라스에 닿지 않도록 1~2cm 정도 띄워서 따르도록 한다.
③ 글라스에 채우고 남은 병은 상표가 고객 앞으로 향하도록 맥주 글라스 위쪽에 놓는다.
④ 맥주와 맥주 글라스는 반드시 차갑게 보관하지 않아도 무방하다.

38 Strainer의 설명 중 틀린 것은?

① 철사망으로 되어있다.
② 얼음이 글라스에 떨어지지 않게 하는 기구이다.
③ 믹싱글라스와 함께 사용된다.
④ 재료를 섞거나 소량을 잴 때 사용된다.

39 "핑크 레이디, 밀리언 달러, 마티니, 네그로니"의 기법을 순서대로 나열한 것은?

① Shaking, Stirring, Float&Layer, Building
② Shaking, Shaking, Float&Layer, Building
③ Shaking, Shaking, Stirring, Building
④ Shaking, Float&Layer, Stirring, Building

40 다음의 바의 매출증대 방안에 대한 설명 중 가장 거리가 먼 것은?

① 고객만족을 통해 고정고객을 증가시키고, 방문 빈도를 높인다.
② 고객으로 하여금 자연스러운 추가 주문을 증가시키고, 다양한 세트 메뉴를 개발하여 주문 선택의 폭을 넓혀 준다.

③ 메뉴가격 인상을 통한 매출 증대에만 의존한다.
④ 고객관리카드를 작성하여 고객의 생일이나 기념일 또는 특별한 날에 DM을 발송한다.

41 주장 서비스의 부정요소와 직접적인 관계가 먼 것은?

① 개인용 음료 판매 가능
② 칵테일 표준량의 속임
③ 무료서브의 남용
④ 요금 정산의 정확성

42 실제원가가 표준원가를 초과하게 되는 원인이 아닌 것은?

① 재료의 과도한 변질 발생
② 도난 발생
③ 계획대비 소량생산
④ 잔여분의 식자재 활용 미숙

43 칵테일을 만드는 데 필요한 기물은?

① Wine Cooler
② Mixing Glass
③ Champagne Glass
④ Wine Glass

44 다음 중 일반적으로 남은 재료의 파악으로써 구매수준에 영향을 미치는 것은?

① Inventory
② FIFO
③ Issuing
④ Order

45 프랜차이즈업과 독립경영을 비교할 때 프랜차이즈업의 특징에 해당하는 것은?

① 수익성이 높다.
② 사업에 대한 위험도가 높다.
③ 자금 운영의 어려움이 있다.
④ 대량 구매로 원가절감에 도움이 된다.

46 와인의 서비스에 대한 설명으로 틀린 것은?

① 레드와인은 온도가 너무 낮으면 Tannin의 떫은맛이 강해진다.
② 화이트와인은 실온과 비슷해야 신맛이 억제된다.
③ 레드와인은 실온에서 부케(Bouquet)가 풍부해진다.
④ 화이트와인은 차갑게 해야 신선한 맛이 강조된다.

47 Whisky의 주문·서빙 방법으로 적합하지 않은 것은?

① 상표 선택은 관리인이나 지배인의 추천에 의해 인기 있는 상표를 선택한다.
② 상표가 다른 위스키를 섞어서 사용하는 것은 금한다.
③ 고객의 기호와 회사의 이익을 고려하여 위스키를 선택한다.
④ 특정한 상표를 지정하여 주문한 위스키가 없을 때는 그것과 유사 한 위스키로 대체한다.

48 스카치 750㎖ 1병의 원가가 100,000원이고 평균 원가율을 20%로 책정했다면 스카치 1잔의 판매가격은 얼마인가?

① 10,000원
② 15,000원
③ 20,000원
④ 25,000원

49 Wine Master의 의미로 가장 적합한 것은?

① 와인의 제조 및 저장관리를 책임지는 사람
② 포도나무를 가꾸고, 재배하는 사람
③ 와인을 판매 및 관리하는 사람
④ 와인을 구매하는 사람

50 다음 중 Cubed Ice를 의미하는 것은?

① 부순 얼음
② 가루 얼음
③ 각 얼음
④ 깬 얼음

- 부순 얼음 : Cracked Ice
- 가루 얼음 : Crushed Ice

51 Which of the following is made from grain?

① Rum
② Cognac
③ Champagne
④ Bourbon Whiskey

52 다음 ( ) 안에 알맞은 것은?

Our shuttle bus leaves here 10 time ( ).

① in day
② the day
③ day
④ a day

- 평범한 날을 말할 때는 a
- 특정한 날을 말할 때는 the

53 다음은 어떤 도구에 대한 설명인가?

Looks like a wooden pestle, the flat end of which is used to crush and combine ingredients in a serving glass or mixing glass.

① Shaker
② Muddler
③ Bar spoon
④ Strainer

54 다음 ( )에 적당한 말은?

You ( ) drink your milk while it's hot.

① will
② should
③ shall
④ have

55 What is the name of famous Liqueur on scotch basis?

① Drambuie
② Cointreau
③ Grand marnier
④ Curacao

56 아래와 같은 의미로 사용되는 것은?

1 죄송합니다. (격식, 자기 말이나 행동에 대한 사과를 표함)
2 뭐라고요. (다시 한 번 말씀해 주세요, 상대방의 말을 잘 알아듣지 못했을 때 씀)

① I'm sorry. I don't know.
② What are you talking about?
③ I beg your pardon.
④ What did you say?

57 "How long have you worked for your hotel?"의 물음에 대한 답으로 적당하지 않은 것은?

① For 5 years
② Since 1982
③ 10 years ago
④ Over the last 7 years

58 다음 중 ( ) 안에 알맞은 것은?

( ) is the chemical interaction of grape sugar and yeast cells to produce alcohol, carbon dioxide and heat.

① Distillation
② Maturation
③ Blending
④ Fermentation

- Distillation : 증류
- Maturation : 숙성
- Blending : 혼합
- Fermentation : 발효

59 Which terminology of the following is not related to Cocktail-making?

① Straining
② Beating
③ Stirring
④ Shaking

60 "I'm sorry, but Ch, Margaux is not ( ) the wine list."에서 ( )에 알맞은 것은?

① on
② of
③ for
④ against

정답 4회 적중 모의고사

01 ④	02 ④	03 ②	04 ①	05 ①
06 ②	07 ④	08 ②	09 ①	10 ③
11 ①	12 ③	13 ①	14 ①	15 ①
16 ①	17 ④	18 ④	19 ③	20 ③
21 ②	22 ①	23 ③	24 ①	25 ③
26 ③	27 ④	28 ④	29 ④	30 ④
31 ④	32 ②	33 ④	34 ②	35 ③
36 ②	37 ④	38 ④	39 ③	40 ③
41 ④	42 ③	43 ②	44 ①	45 ④
46 ②	47 ④	48 ④	49 ①	50 ③
51 ④	52 ④	53 ②	54 ④	55 ①
56 ③	57 ③	58 ④	59 ②	60 ①

적중 모의고사

5회 CBT대비 적중 모의고사

QUESTIONS FROM PREVIOUS TESTS

01 다음 중 연속식 증류(Patent Still Whisky)법으로 증류하는 위스키는?

① Irish Whiskey
② Blended Whisky
③ Malt Whisky
④ Grain Whisky

🍷 연속식 증류법 : Grain Whisky, Bourbon Whisky, American Whisky, Canadian Whisky

02 바텐더가 Bar에서 Glass를 사용할 때 가장 먼저 체크하여야 할 사항은?

① Glass의 가장자리 파손 여부
② Glass의 청결 여부
③ Glass의 재고 여부
④ Glass의 온도 여부

03 민속주 도량형 "되"에 대한 설명으로 틀린 것은?

① 곡식이나 액체, 가루 등의 분량을 재는 것이다.
② 보통 정육면체 또는 직육면체로써 나무와 쇠로 만든다.
③ 분량(1되)을 부피의 기준으로 하여 2분의 1을 1홉(合)이라고 한다.
④ 1되는 약 1.8리터 정도이다.

🍷 1되 = 0.1말 = 10홉 = 약 1.8ℓ = 약 6.1oz

04 칵테일 제조 방법 중 셰이킹(Shaking)이란?

① 재료를 셰이커(Shaker)에 넣고 흔들어서 혼합하는 과정을 말한다.
② 칵테일 제조가 끝난 후에 장식하는 것을 말한다.
③ 칵테일 제조가 끝난 후에 따르는 것을 말한다.
④ 칵테일에 대한 향과 맛을 배합하는 것을 말한다.

05 아로마(Aroma)에 대한 설명 중 틀린 것은?

① 포도의 품종에 따라 맡을 수 있는 와인의 첫 번째 냄새 또는 향기이다.
② 와인의 발효과정이나 숙성과정 중에 형성되는 여러 가지 복잡 다양한 향기를 말한다.
③ 원료 자체에서 우러나오는 향기이다.
④ 같은 포도품종이라도 토양의 성분, 기후, 재배조건에 따라 차이가 있다.

06 샴페인 포도 품종이 아닌 것은?

① 삐노 느와르(Pinot Noir)
② 삐노 뮈니에(Pinot Meunier)
③ 샤르도네(Chardonnay)
④ 쎄미뇽(Semillon)

07 "Dry Martini"를 만드는 방법은?

① Mix
② Stir
③ Shake
④ Float

08 칵테일에 대한 설명으로 틀린 것은?

① 식욕을 증진시키는 윤활유 역할
② 감미를 포함시켜 아주 달게 만들어 마시기 쉬워야 한다.
③ 식욕 증진과 동시에 마음을 자극하여 분위기를 만들어 내야 한다.
④ 제조 시 재료의 넣는 순서에 유의해야 한다.

09 Floating의 방법으로 글라스에 직접 제공하여야 할 칵테일은?

① Highball
② Gin Fizz
③ Pousse cafe
④ Flip

10 계량 단위에 대한 설명 중 옳은 것은?

① 1Dash는 1/30ounce이며, 0.9㎖
② 1Teaspoon은 1/8ounce로 3.7㎖
③ 1㎗은 1/10㎖이다.
④ 1ℓ는 32ounce이며 960㎖이다.

11 약주, 탁주 제조에 사용되는 발효제가 아닌 것은?

① 누룩
② 입국
③ 조효소제
④ 유산균

12 위스키(Whisky)를 만드는 과정이 맞게 배열된 것은?

① Mashing – Fermentation – Distillation – Aging
② Fermentation – Mashing – Distillation – Aging
③ Aging – Fermentation – Distillation – Mashing
④ Distillation – Fermentation – Mashing – Aging

당화 - 발효 - 증류 - 숙성

13 오드 비(Eau-de-Vie)와 관련 있는 것은?

① Tequila
② Grappa
③ Gin
④ Brandy

14 칵테일 조주 시 술이나 부재료, 주스의 용량을 재는 기구로 스테인리스제가 많이 쓰이며, 삼각형 30㎖와 45㎖의 컵이 등을 맞대고 있는 기구는?

① 스트레이너
② 믹싱글라스
③ 지거
④ 스퀴저

15 칵테일을 만들 때 흔들거나 섞지 않고 글라스에 직접 얼음과 재료를 넣어 Bar Spoon이나 머들러로 휘저어 만드는 방법으로 적합한 칵테일은?

① 스크류 드라이버
② 스팅어
③ 마가리타
④ 싱가폴 슬링

16 다음 중 양조주가 아닌 것은?

① 맥주(Beer)
② 와인(Wine)
③ 브랜디(Brandy)
④ 폴케(Pulque)

17 다음 중 뜨거운 칵테일은?

① Irish Coffee
② Pink Lady
③ Pina Colada
④ Manhattan

18 발포성 와인의 이름이 아닌 것은?

① 스페인 - 까바(Cava)
② 독일 - 젝트(Sekt)
③ 이탈리아 - 스푸만테(Spumante)
④ 포르투갈 - 도세(Doce)

19 음료류의 식품유형에 대한 설명으로 틀린 것은?

① 무향탄산음료 : 먹는 물에 식품 또는 식품첨가물(착향료 제외)등을 가한 후 탄산가스를 주입한 것을 말한다.
② 착향탄산음료 : 탄산음료에 식품첨가물(착향료)을 주입한 것을 말한다.
③ 과실음료 : 농축과실즙(또는 과실 분), 과실주스 등을 원료로하여 가공한 것(과실즙 10%이상)을 말한다.
④ 유산균 음료 : 유가공품 또는 식물성 원료를 효모로 발효시켜 가공(살균을 포함)한 것을 말한다.

20 포도품종에 대한 설명으로 틀린 것은?

① Syrah : 최근 호주의 대표품종으로 자리 잡고 있으며, 호주에 서는 Shiraz 라고 부른다.
② Gamay : 주로 레드 와인으로 사용되며 과일향이 풍부한 와인 이 된다.
③ Merlot : 보르도, 캘리포니아, 칠레 등에서 재배되며, 부드러 운 맛이 난다.
④ Pinot Noir : 보졸레에서 이 품종으로 정상급 레드와인을 만들고 있으며, 보졸레 누보에 사용된다.

- Gamay : 보졸레 누보에 사용
- Pinit Noir : 버건디 지방에서 많이 사용하는 품종

21 샴페인의 발명자는?

① Bordeaux
② Champagne
③ St. Emilion
④ Dom Perignon

22 맥주용 보리의 조건이 아닌 것은?

① 껍질이 얇아야 한다.
② 담황색을 띠고 윤기가 있어야 한다.
③ 전분 함유량이 적어야 한다.
④ 수분 함유량이 13% 이하로 잘 건조되어야 한다.

23 제조 방법에 따른 술의 분류로 옳은 것은?

① 발효주, 증류주, 추출주
② 양조주, 증류주, 혼성주
③ 발효주, 칵테일, 에센스 주
④ 양조주, 칵테일, 여과주

24 장식으로 양파(Cocktail Onion)가 필요한 것은?

① 마티니(Martini)
② 깁슨(Gibson)
③ 좀비(Zombie)
④ 다이퀴리

25 Table Wine으로 적합하지 않은 것은?

① White Wine
② Red Wine
③ Rose Wine
④ Cream Sherry

26 비알코올성 음료의 분류방법에 해당되지 않는 것은?

① 청량음료
② 영양음료
③ 발포성음료
④ 기호음료

27 비알코올성 음료에 대한 설명으로 틀린 것은?

① Decaffeinated Coffee는 Caffein을 제거한 커피이다.
② 아라비카종은 이디오피아가 원산지인 향이 우수한 커피이다.
③ 에스프레소 커피는 고압의 수증기로 추출한 커피이다.
④ Cocoa는 카카오 열매의 과육을 말려 가공한 것이다.

28 다음과 같은 재료를 사용하여 만드는 칵테일은?

| Liquor + Lemon Juice + Sugar + Soda Water |

① Collins
② Martini
③ Flip
④ Rickey

29 "단맛"이라는 의미의 프랑스어는?

① Trocken
② Blanc
③ Cru
④ Doux

🍷 Trocken : 건조한, Blanc : 흰색의, Cru : 프랑스 포도농장

30 다음 중 나머지 셋과 성격이 다른 것은?

A. Cherry Brandy
B. Peach Brandy
C. Hennessy Brandy
D. Apricot Brandy

① A
② B
③ C
④ D

31 주로 일품요리를 제공하며 매출을 증대시키고, 고객의 기호와 편의를 도모하기 위해 그 날의 특별요리를 제공하는 레스토랑은?

① 다이닝 룸
② 그릴
③ 카페테리아
④ 텔리카트슨

32 다음 중 용량이 가장 작은 글라스는?

① Old Fashioned Glass
② Highball Glass
③ Cocktail Glass
④ Shot Glass

🍷 • Old Fashioned Glass, Highball Glass : 6온스 이상
• Cocktail Glass : 2~4온스 이상
• Shot Glass : 1~2온스 이상

33 빈(Bin)의 의미하는 것은?

① 프랑스산 포도주
② 주류저장소에 술병을 넣어 놓는 장소
③ 칵테일 조주 시 가장 기본이 되는 주재료
④ 글라스를 세척하여 담아 놓는 기구

34 바텐더가 지켜야 할 사항이 아닌 것은?

① 항상 고객의 입장에서 근무하여 고객을 공평이 대할 것
② 업장에 손님이 없을 시에도 서비스 자세를 바르게 유지할 것
③ 고객의 취향에 맞추어 서비스 할 것
④ 고객끼리의 대화를 할 경우 적극적으로 대화에 참여할 것

35 음료를 서빙 할 때에 일반적으로 사용하는 비품이 아닌 것은?

① Napkin
② Coaster
③ Serving Tray
④ Bar Spoon

36 조주 방법 중 "Stirring"에 대한 설명으로 옳은 것은?

① 칵테일을 차게 만들기 위해 믹싱글라스에 얼음을 넣고 바 스푼으로 휘저어 만드는 것
② Shaking으로는 얻을 수 없는 설탕을 첨가한 차가운 칵테일을 만드는 방법
③ 칵테일을 완성시킨 후 향기를 가미 시킨 것
④ 글라스에 직접 재료를 넣어 만드는 방법

37 "Squeezer"에 대한 설명으로 옳은 것은?

① Bar에서 사용하는 Measure-Cup의 일종이다.
② Mixing Glass를 대용할 때 쓴다.
③ Strainer가 없을 때 흔히 사용한다.
④ 과일즙을 낼 때 사용한다.

38 다음 중 믹싱 글라스(Mixing Glass)를 이용하여 만든 칵테일만으로 짝지어진 것은?

① Pink Lady	② Gibson
③ Stinger	④ Manhattan
⑤ Bacardi	⑥ Dry Martini

① ① ② ⑤
② ② ④ ⑤
③ ② ④ ⑥
④ ① ③ ⑥

39 칵테일 레시피(Recipe)를 보고 알 수 없는 것은?

① 칵테일의 색깔
② 칵테일의 분량
③ 칵테일의 성분
④ 칵테일의 판매량

40 "Measure Cup"에 대한 설명 중 틀린 것은?

① 각종 주류의 용량을 측정한다.
② 윗 부분은 1oz(30㎖)이다.
③ 아랫부분은 1.5oz(45㎖)이다.
④ 병마개를 감쌀 때 쓰일 수 있다.

41 재고 관리상 쓰이는 "F.I.F.O"란 용어의 뜻은?

① 정기 구입
② 선입 선출
③ 임의 불출
④ 후입 선출

42 맥주의 보관·유통 시 주의할 사항이 아닌 것은?

① 심한 진동을 가하지 않는다.
② 너무 차게 하지 않는다.
③ 햇볕에 노출시키지 않는다.
④ 장기 보관 시 맥주와 공기가 접촉되게 한다.

43 구매된 주류에 대한 저장관리의 원칙에 해당하지 않는 것은?

① 적정 온도유지의 원칙
② 품목별 분류저장의 원칙
③ 고가위주의 저장원칙
④ 선입선출의 원칙

44 프론트 바(Front Bar)에 대한 설명으로 옳은 것은?

① 주문과 서브가 이루어지는 고객들의 이용 장소로서 일반적으로 폭 40cm, 높이 120cm가 표준이다.
② 술과 잔을 전시하는 기능을 갖고 있다.
③ 술을 저장하는 창고이다.
④ 주문과 서브가 이루어지는 고객들의 이용 장소로서 일반적으로 폭 80cm, 높이 150cm가 표준이다.

45 와인과 음식과의 조화가 제대로 이루어지지 않은 것은?

① 식전 – Dry Sherry Wine
② 식후 – Port Wine
③ 생선 – Sweet Wine
④ 육류 – Red Wine

🍷 생선 - White wine

46 계란, 설탕 등의 부재료가 사용되는 칵테일을 혼합할 때 사용하는 기구는?

① Shaker
② Mixing Glass
③ Strainer
④ Muddler

47 "Bock Beer"에 대한 설명으로 옳은 것은?

① 알코올도수가 높은 흑맥주
② 알코올도수가 낮은 담색 맥주
③ 이탈리아산 고급 흑맥주
④ 제조 12시간 내의 생맥주

🍷 Bock Beer : 알코올 도수가 높고 하면발효법을 사용한 맥주이다.

48 다음 중 백포도주의 보관온도로 가장 적합한 것은?

① 14~18℃
② 12~16℃
③ 8~10℃
④ 5~6℃

🍷 White wine : 8~10℃, Red Wine : 14~18℃

49 애플 마티니(Apple Martini) 칵테일 원가비율을 20%에 맞추어 판매하고자 할 때, 재료비가 1,500원이라면 판매가는?

① 7,500원
② 8,500원
③ 9,000원
④ 10,000원

50 와인(Wine)을 오픈(Open)할 때 사용하는 기물로 적당한 것은?

① Corkscrew
② White Napkin
③ Ice Tongs
④ Wine Basket

51 As a rule, the dry wine is served ( ).

① in the meat course
② in the fish course
③ before dinner
④ after dinner

52 Which of the following is not correct in the blank?

> As a barman, you would suggest guest to have one more drink. Say : ( )

① The same again, sir?
② One for the road?
③ I have another waiting on ice for you.
④ Cheers, sir!

53 아래는 무엇에 대한 설명인가?

> A fortified yellow or brown wine of Spanish origin with a distinctive nutty flavor.

① Sherry
② Rum
③ Vodka
④ Blood Mary

🍷 스페인 전통의 강화와인으로 독특한 열매향을 가지고 있다.

54 다음은 어떤 술에 대한 설명인가?

> It was created over 300years ago by a Dutch chemist named Dr. Franciscus Sylvius.

① Gin
② Rum
③ Vodka
④ Tequila

55 Which of the following is made from grape?

① Calvados
② Rum
③ Gin
④ Brandy

56 "실례했습니다."의 표현과 거리가 먼 것은?

① I'm Sorry to have disturbed you.
② I'm Sorry to have troubled you.
③ I hope I didn't disturb you.
④ I'm sorry I didn't interrupt you

57. "Bring us ( ) round of beer."에서 ( )에 알맞은 것은?

① each
② another
③ every
④ all

> "한잔씩 더 주세요."의 표현

58. "우리 호텔을 떠나십니까?"의 표현은?

① Do you start our hotel?
② Are you leave our hotel?
③ Are you leaving our hotel?
④ Do you go our hotel?

59. Which one is the most famous herb liqueur?

① Baileys Irish cream
② Benedictine D.O.M
③ Cream de cacao
④ Akvavit

60. 다른 보기들과 의미가 다른 것은?

A. May I take your order?
B. Are you ready to order?
C. What would you like Sir?
D. How would you like, Sir?

① A
② B
③ C
④ D

정답 5회 적중 모의고사

01 ④	02 ①	03 ③	04 ①	05 ②
06 ④	07 ②	08 ②	09 ③	10 ②
11 ④	12 ①	13 ④	14 ③	15 ①
16 ③	17 ①	18 ④	19 ④	20 ④
21 ④	22 ③	23 ②	24 ②	25 ④
26 ③	27 ④	28 ①	29 ④	30 ③
31 ②	32 ④	33 ②	34 ④	35 ④
36 ①	37 ④	38 ③	39 ④	40 ④
41 ②	42 ④	43 ③	44 ①	45 ③
46 ①	47 ①	48 ③	49 ①	50 ①
51 ③	52 ②	53 ①	54 ①	55 ④
56 ④	57 ②	58 ③	59 ②	60 ④

최신판!
조주기능사 필기
기출문제(기출 + 적중모의고사)

2026년 01월 05일 인쇄
2026년 01월 20일 발행

저자　　이윤주
발행처　(주)도서출판 책과상상
등록번호　제2020-000205호
발행인　이강복
주소　　경기도 고양시 일산동구 장항로 203-191
전화　　02)3272-1703~4
팩스　　02)3272-1705
홈페이지　www.sangsangbooks.co.kr
ISBN　　979-11-6967-268-9

Copyright© 2026
Book & SangSang Publishing Co.

정가 : 책 뒷면에 있습니다.
※저자와의 협의하에 인지를 생략합니다.